역사의 현장, 서울

역사의 현장, 서울

2010년 10월 1일 초판 인쇄
2010년 10월 5일 초판 발행

지은이 • 박경룡
펴낸이 • 이찬규
펴낸곳 • 북코리아
등록번호 • 제03−01240호
주소 • 121−801 서울시 마포구 공덕동 115−13번지
전화 • (02) 704−7840
팩스 • (02) 704−7848
이메일 • sunhaksa@korea.com
홈페이지 • www.북코리아.com

값 15,000원

ISBN 978-89-6324-085-5(03900)

역사의 현장, 서울

박 경 룡 지음

북코리아

"과거사에 눈을 감는 자는 현재에도 장님이 된다." "과거를 직시하지 않는 사람은 같은 잘못을 반복할 위험이 있다."라는 명언이 있지만, 역사를 올바르게 살펴보고 이해하는 것은 쉬운 일이 아니다.

서울! 오랫동안 지방사람들이 선망의 대상으로 가고 싶고, 살고 싶어 하던 곳이다. 서울은 2천 년 전에 백제가 도읍을 정한 이후 조선왕조가 600여 년간의 도읍하였고, 대한민국이 건국된 후로도 오늘날까지 58년간 수도로 이어오고 있는 우리민족의 활동 중심지임을 부정할 사람은 없을 것이다. 그야말로 전 세계의 각국 수도로서 이만한 연륜을 지닌 도시는 손가락으로 헤아려 볼 정도이다. 1960년대 이후 경제발전과 함께 서울은 도시화가 진행되면서 오늘날에는 통근 및 거주지역이 반경 30km 내의 주변 수도권에 광역적으로 확장되고 있어서, 거대도시Megalopolis가 되었다.

1천만이 사는 오늘의 서울이 있기까지에는 조상들의 슬기로운 정신과 찬연한 민족문화를 꽃피우는 데에 전념한 외에 이를 가꾸려는 시민들의 노력이 있었기에 가능하였다고 생각된다. 충청남도 공주, 연기에 행정수도를 추진하고 있는 차제에 우리 서울은 시민 모두가 대대로 지키고 가꾸어야 할 소중한 삶의 터전이므로 시민들의 자발적인 참여가 뒷받침될 때 비로소 서울의 새로운 도약이 이루어질 것이다.

한국사는 2011년부터 대학입학시험에서나 고등학교 교과목에서 선택으로 바뀐다고 하니 국가의 백년대계와 정체성을 어떻게 지켜나갈 수 있을지 우려된다. 이에 본인은 역사는 학자들의 전유물이 될 수 없기에 모든 시민들이 서울 역사를 이해하기 쉽도록 글을 써야하겠다는 생각으로 2003년도에 『서울을 알고, 역사를 알고』라는 책을 출판하였으나 내용이 소략하고 자료를 충분히 이용하지 못하여 이번에 이를 보완하여 이 책을 출판하게 되었음을 밝힌다.

서울의 주인이 되기 위해서는 무엇보다 서울의 역사와 문화유적을 바로 알고, 바로 보면서 서울 구석구석에 스며 있는 조상의 얼과 슬기를 찾아내어 지난날과 오늘과의 조화를 이루어야 할 것이다.

이제 서울은 선조들이 생활하던 터전의 의미 이상으로 '역사문화로서의 서울'이며, '현대문화로서의 광휘光輝를 지닌 고도古都'가 아닐까. '온고이지신溫故而知新'이라는 명언처럼 오랜 역사를 지닌 서울 구석구석에 스며 있는 조상의 얼과 슬기를 찾아내는 일이 후손들의 사명이라고 생각한다.

보잘 것 없는 이 책이 서울을 진실로 사랑하고 아끼는 시민들이 날로 늘어나서 '서울을 내 고향, 자부심을 느끼는 서울'로 삼는 시민들, 서울의 주인이라는 의식을 지닌 시민들에게 보탬이 되기를 기대한다.

인터넷의 보급으로 출판 불황을 맞은 어려운 시기에 이 책을 발간하기로 결정한 북코리아 이찬규 사장님의 큰 용기에 존경의 뜻을 표한다.

2010년 10월
장충동에서 저자

1

삼국시대

위례성의 함락

| 개로왕의 죽음 |

올림픽대교가 놓인 송파구 풍납동의 동명은 이곳에 있는 풍납성風納城 이름에서 유래된 것이다. 언뜻 보면 마치 한강변의 제방으로 착각되는 이 성은 백제 초기에 쌓은 토성土城 중의 하나이다. 풍납성은 백제의 서울인 위례성慰禮城으로 보이는데 약 2,000년 전에 백제가 고구려의 침공을 막기 위해 쌓았던 것이다. 즉 고구려가 대방帶方을 정벌하려고 군사를 일으키자 대방에서는 백제에 구원을 요청하였다. 이에 백제는 군대를 파견하여 대방을 구하자 고구려의 원한을 사게 되었으므로 고구려의 침공을 우려하여 이 성을 쌓았다는 것이다.

몽촌토성과 거의 같은 시기에 축성된 것으로 보이는 이 풍납성은 사성蛇城, 평고성坪古城, 북성北城 외에 바람드리성으로 불리었다. 풍납성의 원래 이름은 '배암드리성蛇城'으로 불렸다고 하는데, 이것이 후에 와전되어 바람드리성으로 되었다가 한자음으로 풍납성이 되었다고 풀이하고 있다.

또한 평고성이란 명칭도 '드리'라는 말이 '들'의 의미를 가져 이

풍납토성

와 같이 붙여진 것으로 보는 이도 있다.

송파구 풍납동 72-1에 위치한 이 토성은 남아 있는 삼국시대 유일의 평지성平地城으로 이웃한 몽촌토성을 비롯하여 석촌동 고분군·아차산성 등과 함께 한성백제 초기의 가장 중요한 유적의 하나이다. 광주 풍납리토성이란 명칭은 1963년 사적 제11호로 지정할 때의 이곳이 경기도 광주군 풍납리였으므로 이처럼 붙여진 것이다.

이 성은 『삼국사기』 백제 책계왕 1년286과 개로왕 21년475 조에 보이는 사성蛇城으로 추정되기도 하였으나, 최근에는 부분적이기는 하지만 성벽 혹은 토성 내의 발굴이 진행됨에 따라 백제 초기의 왕성王城, 즉 하남위례성河南慰禮城 혹은 북성北城일 가능성이 높아지고 있다. 『삼국사기』 백제 온조왕 조에는, "온조가 하남의 땅이 북으로 한수漢水를 끼고, 동으로 고악高岳에 거하고, 남으로 옥택沃澤을 바라보고, 서쪽은 대해大海로 가로막혀 있어 그 천험天險의 지리를 얻기 어려운 형세이니 여

역사의 현장, 서울

기에 도읍을 정하는 것이 좋을 것이라는 신하들의 말을 듣고 하남위례성에 도읍을 정했다"고 하였다. 따라서 하남위례성이 풍납리토성이라는 주장이 있다.

한편, 고구려의 장수왕은 백제 공격에 앞서 백제 개로왕이 바둑을 좋아한다는 소문을 듣고 바둑을 잘 두는 도림道琳이란 중을 간첩으로 파견하였다. 도림은 일부러 바둑을 한 번 지고, 한번 이겨 왕의 환심을 샀다. 그는 개로왕에게 권하여 백제의 토목 공사를 크게 일으키게 함으로써 백성들을 대대적으로 동원하여 풍납성을 쌓았다는 것이다. 이때 개로왕은 이 성뿐만 아니라 궁궐과 누각을 크게 짓는 외에 제방을 쌓고 선왕先王의 능을 수축하였다.

이에 백성들은 이 노역에 못 견디어 원성이 높아지고 국력은 크게 소모되었다.

개로왕 21년(475)

장수왕은 기회를 놓치지 않고 3만의 군대를 동원하여 위례성을 기습하고 포위하였다. 포위당한 개로왕은 성문을 굳게 닫고 나오지 않자, 고구려군은 사면에서 공격을 감행하여 성문을 불태우기까지 하니 성안 백성들은 두려워 항복하려 하였다.

사태가 불리해지자 개로왕은 수십 기를 거느리고 몰래 성문을 열고 빠져나와 도망하다가 결국 고구려군에게 추격당해 잡히고 말았다. 붙잡힌 개로왕 얼굴에 고구려 장군은 3번 침을 뱉은 뒤 아차산 밑으로 끌고 가서 살해하였다.

『삼국사기』에 보면 「고구려의 대로對盧인 제우齊于와 재증걸루再曾桀

婁 등이 군사를 거느리고 와서 북성北城을 쳐서 7일 만에 함락 시켰다. 그리고 다시 남성南城으로 옮겨 공략하므로 성이 위급하게 되자 개로왕이 도망하였다.」라고 씌어 있다. 즉 여기에 쓰인 북성은 풍납토성을 의미하며 이 성은 수도인 남성에 대하여 북쪽에 위치하였기 때문에 불리어진 것으로도 볼 수 있다.

나라의 재정을 어렵게 하고 국정을 혼란케 하여 백성의 원성을 산 백제의 왕실은 전쟁에 패하여, 자연의 방어시설이며 최상의 도읍지인 한강과 한성을 잃고 공주로 서울을 옮겨서 멸망의 원인이 된 반면 한강을 장악한 신라는 삼국통일의 위업을 이룩하여 통일국가를 세운 것은 역사의 교훈을 준다.

한강을 향해 남북 방향으로 쌓은 타원형 모습의 풍납토성은 그 둘레가 10리가 되었고, 그 높이는 7~8m였다. 그러나 2천 년의 세월이 흐르는 동안 풍납토성은 계속 훼손되어 오다가 1925년 을축년 대홍수 때 서쪽 성벽마저 유실됨으로써 성곽의 흔적은 절반으로 줄어들었다. 이처럼 방치되었던 풍납토성은 뒤늦게 사적史蹟으로 지정되어 보호되었고, 1973년부터 5년 동안 세 차례의 복원공사가 있었다. 이에 따라 446m의 옛 토성 모습을 볼 수 있게 되었으나 2,000m 이상의 구간은 자취조차 찾을 수가 없다.

풍납토성은 1925년 대홍수 때 성 남쪽이 무너지면서 모래밭에서 백제와 중국과 교류했던 것을 알 수 있는 청동으로 만든 다리가 셋이고 자루가 달린 냄비초두鐎斗 2점이 발견되었다. 그 외에 금 귀걸이耳飾金環, 구리 활銅弩, 구리 거울白銅鏡, 원문 수막새 등 기원 전후 5세기에 이르는 많은 유물들이 토성 안의 각처에서 많이 발견되었다.

최근에 풍납토성을 발굴한 조사보고에 의하면 선사시대부터 3국시대에 이르는 많은 토기와 청동기가 드러나 사람들의 주목을 끌었다. 따라서 이 성은 발굴된 토기 조각들의 양이나 그 밖의 건축 관계 유물의 내용을 볼 때 군인들이 주둔하는 방어용 토성이지만 평시에는 많은 민간인이 살고 있었던 백제 초기의 토성으로 확인되었다.

1999~2000년에 걸쳐 한신대학교 박물관이 풍납토성 내 '경당지구' 발굴에서는 백제 초기의 특수 목적용 건물구조물 220여 기와 등 옛 자취가 확인되었다. 특히 제사 유적과 제사 후 버린 도구와 음식을 버리는 구덩이로 추정되는 유적, 기와와 건물바닥에 까는 벽돌, '大夫대부' '井정' 등의 문자가 새겨진 토기를 비롯한 많은 토기 조각, 유리 구슬 조각, 그리고 제사 때 신에게 바친 산 제물로 사용된 것으로 보이는 12마리 분의 말의 머리 뼈 등이 나왔다. 이는 풍년을 기원하는 제사를 지낸 유적으로 추정되며, 이는 국가적 제사의 제물로 보여 지는 등 매우 중요한 유물들이 나왔다.

이 토기에 새겨져 있는 '大夫대부'는 중국의『삼국지』동이전 한조에 보이는 "조선왕이 323년 연燕나라에 보냈다."고 하는 관직 이름과 같은 것으로, 대부는 고대 중국에서 궁중의 최고의 관직이었다.

특히 제사를 지낸 유적의 주요 건물은 길이 13.5m, 폭 5.2m, 깊이 3m의 '呂여'자형 건물이었다. 이러한 제사 유적은 고대국가에서 조상과 하늘에 제사를 지내는 궁궐의 필수적인 요소였다. 그리고 이곳에서는 기와, 기와무지 등과 함께 초화문草花文, 수지문樹枝文, 원문圓文, 능형문 등 수막새가 발굴되어서 백제 때의 가장 중요한 유품으로 평가되고 있다.

그 외에도 독특한 무늬의 수막새 등 기와류와 화재로 인해 파손되면서 기둥이나 판자로 이루어진 벽체시설과 내부에서 사용된 생활용기 등 고스란히 남기고 있는 일부 주거지 등이 나타났다.

또한 초기 백제 때 주거지와 기원전 1세기경부터 존재하였던 것으로 알려지고 있는 3종의 도랑環濠 옛터, 토기, 가마터, 40여 기의 움집터 등과 우리나라에서 가장 오래된 기와 조각 등과 삼발형 토기, 경질 무문토기, 회색 무문토기와 토관 등이 발굴되었다.

따라서 거대한 규모의 성벽, 조상신과 하늘 및 오곡백과의 풍요를 비는 제사 유적 등이 확인됨으로써 풍납토성이 한성백제의 서울이었음이 더욱 유력해졌다. 그 밖에도 여러 점의 중국 도자기류가 출토되어 백제의 대외 활동상을 잘 보여주고 있다.

2008년에도 풍납토성 내의 미래마을, 경당연립 등 재건축 터에서 발굴이 계속되어 마차길, 대로 등 옛 터와 녹슨 철로 만든 기구 그리고 동양 최대의 주거지 우물 터 등이 발굴되기도 하였다.

현재 풍납토성 동쪽 지역은 네 군데나 뚫려 외부와 통해 있는데 이는 전일에 성문이 있던 곳으로 추측된다. 풍납토성의 성벽 표면은 잔디로 덮여 있는데, 내부는 돌이 거의 없고 고운 모래로 쌓아 올렸으며, 외부의 비탈진 면이 2단으로 쌓아진 흔적이 남아 있다. 북쪽 성벽의 높이는 약 8m이고, 기초 부분의 너비는 약 30m이다. 동쪽 성벽 외부가 깊어진 것은 성을 쌓기 위해 모래를 파낸 것 같고, 동쪽 성벽에 같은 간격으로 뚫려 있는 네 곳은 성문 자리인 듯하다.

1996년 풍납토성의 동북쪽 구역의 발굴조사에서는 땅 밑 4m 정도에서 백제 전기의 집터를 비롯하여 가락바퀴紡錘車, 그물추, 토기 등이 나왔다. 이 성은 주민이 생활하던 주거지로 한성백제 시대 유적으로는 최대 규모의 토성이며, 가장 오래된 유적으로 주거지의 규모와 출토된 유물들의 가치는 주변지역에 비해 상당히 높다.

이 성 남쪽의 몽촌토성은 풍납토성을 쌓은 이후 국왕의 권한을 강화하고, 제도를 정비를 하였을 때 북방세력에 대처하기 위해 축조한 수성戌城으로 보아야할 것이다. 풍납토성에서 백제의 가장 오래된 기와 조각 등 5,000여 점이 나왔는데 비해 몽촌토성에서는 불과 100여 점밖에 발굴되고 있지 않고 있다. 또한 언덕을 이용하여 연결되는 토성으로 쌓았고, 언덕 여러 곳에는 군사방어용 나무 울타리木柵가 많이 남아있는 것 등으로 보아도 풍납토성이 왕성이었다고 볼 수 있다.

백제역사 678년 중 493년이라는 대부분의 기간을 차지하며, 31명의 백제왕들 중 22명의 왕위 즉위식이 거행된 한성시대 왕성의 위치가 서울시 송파구 일원인 것만은 확실하지만 어디였는지는 연구해야할 숙제이기도 하다.

한강유역에 백제 온조왕이 첫 도읍지를 정하여 493년간 한성백제의 찬란한 문화를 널리 중국, 일본, 동남아에 전파한 중심지였던 풍납토성은 잘 가꾸고 중수하여 지혜롭고 훌륭하였던 선조들의 업적을 계승하여야 할 것이다.

아차성 전투

| 온달장군의 전사 |

　서울　광진구　광장동 산 16-46번지와 구의동 산 1-2번지에 걸쳐 있는 아차산성은 사적 제234호로 아단성阿旦城 · 아차성阿且城, 峨嵯城 · 양진성楊津城 · 광진성廣津城 등으로 불린다.

　아차산성은 광개토왕비에 적힌 영락 6년서기 396년조에 광개토왕이 백제로부터 빼앗은 58개 성 가운데 아단성이란 이름이 보인다. 서기 475년 고구려 장수왕이 이끈 군대가 백제의 한성을 점령함에 따라 개로왕이 사로잡혀 아단성 아래에서 죽임을 당한 곳이다. 즉 아단성은 고구려 군대가 주둔한 곳이었으며, 그 뒤 77년간 한강 유역을 통치한 고구려의 남쪽 터전으로서 역할을 하였다.

　또 조선 후기 김정호가 쓴 『대동지지』에는 아차산에 양진성과 아차산 고성이라는 2개의 성곽이 있다고 씌어 있다. 양진성은 나루터를 지키기 위한 성곽으로 현재 남아 있는 옛터나 여러 자료를 통해 볼 때 아차산의 한 봉우리인 광나루 북방 약 100m 높이의 동남면에 위치한 광진성을 가리키고 있음을 알 수 있다. 또 아차산 고성은 「대동여지

　　　　　　　　　　　　　　　　　　　　　역사의 현장, 서울

도」에 보이는 망우동쪽 아차산에 위치한 성곽을 아차산 옛 성의 터로 보고 있다.

아차산성은 돌을 쌓아 만든 성으로 기본 모습은 산봉우리를 빙 둘러싸 성을 쌓는 방식인 테뫼식鉢卷式으로 분류된다. 그런데 테뫼식과는 달리 아차산 줄기 끝 부분의 남쪽 지역을 적절히 이용하여 성곽 안에 우물과 작은 계곡이 흐르고, 능선과 계곡을 따라 쌓은 포곡형包谷形 산성에 가까운 모습이다. 성곽은 아차산 남쪽 봉우리의 해발 205.5m 지점 북쪽에 성안의 군사를 지휘하기 위한 장대將臺터로 정하여 높이가 같은 지점을 연결한 곡선等高線을 따라 쌓았다. 산성 전체의 성을 쌓은 모습은 약간 길쭉한 부정형의 6각형이며, 전체 길이는 1,125m, 내부 면적은 약 25,000평133,700m² 정도이다.

산꼭대기 장대 터에서는 서울 시내 전역과 한강변 일대의 풍납리 토성·몽촌토성·이성산성 등을 한눈에 바라볼 수 있다. 그리고 성곽 안에서 7개의 건물 터로 추측되는 곳이 발견되었다.

한편 장한성長漢城의 옛터는 본래 뚝섬 부근의 한강변에서 시작하여 북쪽으로 산꼭대기를 따라 아차산에 이르고, 다시 망우동에 이르는 산줄기를 따라 용마봉에 못 미치는 벼랑바위산에 이르기까지 산마루를 따라 돌로 쌓은 성 터가 있으며, 구리시 아천동까지 그 옛 터가 나타난다. 이를 장성 또는 장한성이라 하는데 『신증 동국여지승람』 한성부 고적 조에 "장한성이 한강 위에 있는데 신라 때 여기에 중요한 진영陣營을 두었으며 고구려에 의해 점령당하였다가 군사를 동원하여 수복하고, 장한성가長漢城歌를 지어 그 공을 기리었다."고 기록하고 있다.

그런데 이 성은 산꼭대기나 주변을 둘러싸고 있는 토성이나 석성이

아차산성

아니고, 산꼭대기를 지나 높이가 같은 지점을 연결한 곡선을 따라 일직선 형태로 축조된 성벽으로 하남시 춘궁동에 있는 이성산성과 성을 쌓은 양식이 같은 신라 때의 산성으로 특히 삼국통일 전쟁을 치르기 위한 북쪽 기지基地 가운데서도 군사적으로 중요한 곳으로 추정된다.

이 장한성의 옛터는 일제 때 발간된『조선 고적 조사보고』에서『조선왕조실록』지리지 등의 살곶이목장에 대한 기록을 소개하면서 조선시대에 말을 기르던 목장의 담장이라는 의견을 제시하였다. 즉 지금의 광진구와 중랑구 일대는 둘레 20km에 이르는 살곶이목장이 자리 잡고 있었으며, 이 목장의 담장은 아차산 능선에서 확인되는 장한성 성벽과 연결되어 있다는 것이다.

아차산성은 서울 근방에서 가장 오래된 사적史蹟이라 할 수 있다.

역사의 현장, 서울

예나 지금이나 우뚝 솟은 아차산을 보고 이곳에서 격전이 벌어졌다고 생각하는 사람은 드물 것이다.

그러나 지금부터 1,600여 년 전, 고구려의 광개토대왕 때부터 3국을 통일한 때까지 약 300년간 고구려, 백제, 신라 3국이 이곳을 차지하기 위해 치열한 쟁탈전이 벌어졌었다. 흙과 돌로 쌓았던 아차성이야말로 그 당시 각국이 필사적으로 적을 막기 위해 쌓았던 것임이 틀림없다.

『동국여지승람』에 아차성을 소개한 내용을 보면,「장한성은 한강 위쪽에 있으며 신라가 이곳에 진鎭을 설치했다가 후에 고구려에게 점령되었는데 신라에서 다시 군대를 출동하여 되찾은 뒤 장한성가長漢城歌를 지어 그 승리를 기렸다.」고 씌어 있다.

아차성을 처음 차지한 나라는 백제였다. 백제는 위례성을 도읍으로 삼아 한강 유역을 400년 동안 지켜왔다. 그런데 이곳을 상실하게 된 것은 고구려 광개토대왕이 친히 4만 대군을 이끌고 수륙양면으로 공격해 왔기 때문이다. 또한 광개토대왕의 뒤를 이은 장수왕이 남하 정책을 본격화하자 백제는 신라와 동맹을 맺고 국가 동원 체제를 갖춰 군사훈련을 강화하는 등 이에 대비하였다. 그리하여 이 체제에 견디지 못한 백제인들 중에서는 몰래 신라로 넘어간 사람조차 있었다.

백제를 쫓아낸 고구려는 한강 지역을 77년간 차지할 수 있었다. 한편 백제는 잃은 땅을 되찾기 위하여 신라와 함께 고구려군을 공격한 끝에 겨우 한강 지역을 회복하였지만 신라의 진흥왕은 백제가 되찾은 한강 지역을 다시 빼앗는 데에 성공하였다.

또한 고구려는 빼앗긴 한강 지역을 수복하기 위하여 신라군이 수비하고 있는 아차성을 공격하였다. 여기에서 우리는 바보 온달溫達장군을 빼놓을 수 없다.

『삼국사기三國史記』〈열전列傳〉에는 온달에 관한 설화가 다음과 같이 소개되어 있다.

온달은 고구려 평원왕平原王 때의 사람으로, 얼굴은 우습게 생겼지만 마음씨는 착했다. 집이 매우 가난하여 항상 밥을 빌어다 어머니를 봉양하였다. 떨어진 옷과 해진 신발로 저자거리를 왕래하니, 사람들이 그를 보고 '바보 온달'이라 불렀다.

평원왕의 어린 딸이 울기를 잘하므로 왕은 "네가 항상 울어서 내 귀를 시끄럽게 하니, 커서 사대부의 아내가 될 수 없겠다. 바보 온달에게나 시집보내야 하겠다."고 놀렸다.

평강공주平岡公主가 16세가 되자 평원왕은 상부上部의 고씨高氏에게 시집보내려고 하였다. 그러자 공주는 '임금은 식언食言할 수 없다.'며 궁궐을 나와 온달을 찾아 부부가 되었다. 공주는 궁중에서 가지고 나온 패물을 팔아 집과 밭을 마련하고, 말을 사서 준마로 키웠다. 고구려에서는 해마다 3월 3일이면 낙랑樂浪의 언덕에 왕과 신하, 5부의 병사들이 모여 사냥을 하고, 그 날 잡은 산돼지·사슴으로 하늘과 산천의 신에게 제사를 지냈다. 온달도 말을 타고 따라 갔는데, 말을 타고 달리는 품이 남보다 앞서고 잡은 짐승도 많았다. 평원왕이 불러서 이름을 묻고는 놀라고 기이하게 여겼다.

북주北周의 무제武帝가 요동을 침략하자 평원왕은 직접 군사를 거느리고 나서 이산肄山의 들에서 맞아 싸웠다. 온달은 선봉장으로 북주의 군사를 물리치는 데 큰 공을 세웠다. 왕이 기뻐하여 "이 사람은 나의 사위다. 예를 갖추어 맞이하고, 작위를 주어 대형大兄을 삼도록 하라."
고 명하였다. 그 뒤 온달은 왕의 은총을 받으며 위엄과 권세를 누렸다.

영양왕이 즉위하자 온달이 아뢰어 말하였다. "신라가 한강 이북의 땅을 빼앗아 군현을 삼았으니, 백성들이 심히 한탄하여 일찍이 부모의 나라를 잊은 적이 없습니다. 대왕께서 어리석은 저를 못나게 여기지 않으신다면 군사를 주시기 바랍니다. 가서 반드시 땅을 되찾아오겠습니다." 영양왕이 허락하자, 온달은 떠나면서 "계립현鷄立峴과 죽령竹嶺 서쪽의 땅을 되찾지 못하면 돌아오지 않겠다."고 맹세하였다. 하지만 온달은 신라 군사들과 아단성阿旦城 아래에서 싸우다가 불행히 화살에 맞아 전사하였다.

이에 부하 군사들이 장사를 지내려는데 관이 움직이지 않았다. 이 말을 들은 평강공주가 평양에서 달려와서 관을 어루만지면서 "죽고 사는 것이 이미 결정되었으니, 돌아갑시다."고 말하자 비로소 관이 움직여 장례를 치를 수 있었다. 영양왕이 이를 듣고 몹시 슬퍼하였다.

2

고려
시대

양주가 남경으로

고려를 세운 태조 왕건은 후 3국을 통일하고 서울 지역을 양주楊州라고 부르게 하였다. 고려 500년 동안 서울 지역은 도읍지는 아니었으나 역대 국왕들이 중요시했던 것은 군사적인 이유보다 지리도참설에 의한 명당明堂이었기 때문이었다.

고려시대 지금의 서울지방은 편의상 세 시기로 나눌 수 있다. 먼저 양주로 불리던 고려 초기에서 정종靖宗 때까지를 전기, '남경南京'으로 불리던 문종 때부터 충렬왕 때까지를 중기, '한양부'로 불리던 충선왕 때부터 고려 말까지를 후기로 나눌 수 있다.

신라 경덕왕 이후 한양군으로 불리던 지금의 서울지방은

태조 왕건의 현릉(顯陵 : 개성시)

고려시대에 양주라고 불리다가 성종 2년983에 지방제도의 개편에 따라 양주목으로 승격되었다. 이때부터 양주 지역을 고려의 중앙정부에서 직접 통치하게 되었다. 즉 성종 2년의 지방제도 개편은 지금까지 지방관을 파견하지 못하던 고려로서 정식으로 지방관을 파견하여 지방 행정을 통제하고, 중앙집권화를 도모하기 위한 목적에서 시행하였다. 그리하여 양주·광주·충주 등 12목牧을 설치하고, 처음으로 상주常駐하는 지방관으로 목사牧使를 파견하였다.

그 후 현종 때 양주는 목牧이나 절도사의 주가 아닌 지사주知事州로 격하되기도 하였다. 그리고 현종 이후 5도·양계兩界가 형성되었는데, 양주는 그중의 하나인 양광도楊廣道 관내에 들게 되었다.

문종의 남경 설치

문종 21년1067에 양주를 남경으로 승격시켜 관제를 마련하는 한편 근방의 백성들을 옮겨 이곳에 살게 하고, 그 이듬해1068 남경에 새로 궁궐을 지어 그 면모를 갖추게 하였다. 경京은 고려의 지방제도상 도호부·목牧과 함께 최고 행정단위의 하나였다. 이 당시 남경의 행정구역은 『고려사』를 보면 남쪽으로 한강 이북지역, 북쪽은 북악산, 동쪽은 낙산, 서쪽은 안산무악이었다.

문종이 3경三京의 하나로 현재 서울 지역에 남경을 설치한 것은 이곳이 교통이 편리하고, 물산이 풍부한 역사적·지리적인 이유를 들 수 있지만, 그것보다는 지리도참사상에 보다 근원적인 것이 있었던 것으로 보인다. 즉 『도선기道詵記』라는 지리도참서에 "왕조를 세운 뒤 160여 년이 지나서 이씨李氏가 한양 남산 부근에 도읍한다."라는 구절이 있으

역사의 현장, 서울

남경궁궐 터(청와대)

므로 이를 막기 위해 개경 외에 서경_{평양}, 남경_{한양}을 두는 3경제도를 실시한 것이다.

문종은 남경을 설치한 후에도 이렇다 할 길조가 나타나지 않자 이를 폐지하고, 다시 양주라고 고친 것 같다. 이는 숙종 때 김위제金謂磾가 남경의 설치를 건의하고, 또한 새로 남경이 설치된 사실로 보아 문종 때 설치된 남경은 그 동안 폐지된 것이 분명하다.

숙종의 남경 설치

그 후 30년이 지나 숙종이 즉위한 이듬해 8월, 음양가 김위제가 지리도참설에 의거하여 남경의 설치를 건의하였으나 신하들이 강력하게 반대하여 일단 보류되었다.

숙종이 남경을 설치하게 된 동기는 문종 때와 같이 지리도참사상을 믿었기 때문이다. 조선왕조의 세조가 단종을 쫓아내고 왕위에 오른 것처럼 숙종은 어린 조카인 헌종으로부터 양위를 받는 형식으로 왕위에 올랐으나 실제는 찬탈이나 다름이 없었고, 이러한 과정에서 많은 사람을 죽이거나 귀양 보냈다.

숙종 4년1099에 가뭄, 장마, 우박 등 천재지변이 자주 일어나자 숙종은 도읍을 옮길 것을 결심하고, 신하들에게 양주에 남경을 건설할 것을 의논하게 하였다. 숙종은 그해 9월에 왕비·왕자·군신·승려 등을 이끌고 삼각산 승가사를 거쳐 양주에 이르러 도읍할 땅을 친히 살폈다. 그리고 2년 뒤인 숙종 6년1101 9월에는 「남경개창도감」을 설치하고, 최사추崔思諏·윤관尹瓘 등을 양주에 보내 도읍으로 적당한 곳을 살펴보게 하였다. 최사추 등은 남경 후보지로 면악북악산 남쪽 지리가 옛 문헌 내용과 일치한다고 보고하였다.

이에 숙종은 명을 내려 그 해 10월에 남경의 경영을 종묘·사직·산천에 고하고, 공사에 착수하여 3년 뒤인 숙종 9년1104 5월에 현재 경복궁 북쪽 터에 남경궁궐의 낙성을 보게 되었다. 그때의 궁궐터는 지금의 경복궁 신무문 밖 청와대 자리였던 것으로 짐작된다. 이는 최근 경복궁 발굴과정에서 고려 궁궐 초석이 나타나고 있음으로 증명된다.

숙종은 남경궁궐을 완공한 뒤 남경에 행차하여 연흥전延興殿에서 백관의 축하를 받았고, 인근의 백성들을 남경으로 옮겨 살도록 하였다. 그 후 예종·인종·의종 등 고려의 여러 왕들은 남경에 자주 행차하여 이곳에 머물다가 돌아갔다. 남경은 지방행정의 중심지였으므로 관아·객사·향교·성황·누정·사찰·역원 등이 들어섰다.

예종 이후의 남경 경영

숙종 때 설치된 남경은 지리도참설에서 뿐만 아니라 지방행정상에서도 매우 중요시되어 충렬왕 말까지 약 2세기 동안 지속되었다.

의종 24년1170에 무신정권이 세워지고 나서는 왕의 남경 행차의 기록이 보이지 않다가 고종 21년1234 7월에 왕이 내시 이백전李百全을 보내어 어의御衣 : 왕의 의복를 남경 가궐假闕에 안치하였다는 기록이 보인다. 이것은 이때 한 승려가 "옛 양주 땅에 궁궐을 짓고 왕이 그곳에 거처하면 국운이 800년 더 연장될 것이다."라고 한 말을 듣고 그렇게 한 것인데, 그때는 몽고의 침입을 피하여 강화에 피난하고 있었으므로 왕이 친히 가서 거처할 수 없어 어의로써 대신하여 안치하게 된 것이다.

한양부의 설치

몽고군이 북쪽으로부터 침입함에 따라 남경궁궐은 불에 타버렸고, 고려가 원나라 지배하에 들어가자 남경은 2세기 만에 한양부로 이름이 바뀌고, 그 지위도 낮아졌다. 한양이 개경과 가깝기 때문에 국왕의 휴양처와 사냥터가 되었다. 충숙왕은 결혼한 원나라의 조국공주와 함께 한양에 휴양갔다가 용산행궁에서 용산원자龍山元子를 낳았다.

충선왕은 즉위1308하면서 남경을 한양부로 개편하는 동시에 서경을 평양부, 동경을 계림부로 하였다. 이리하여 고려의 지방제도상 · 풍수지리상의 3경제도가 없어지고 말았다. 이러한 개편은 지방제도의 개혁에 기인한 것이지만 지리도참사상이 그만큼 퇴색한 현상으로도 볼 수 있다.

그리고 한양부에는 장관으로 윤尹을 두고 그 아래 판관 · 사록을 두었다. 이렇게 한양부윤의 품계를 평양부윤과 같이 '종2품'으로 본다면 남경을 한양부로 개편함으로써 그 장관은 품계상으로 격이 높아진 것이 된다.

그러나 그 개편에 따라 관할구역이 크게 축소됨으로써 그 격이 크게 낮아졌다. 즉 남경이었을 때는 그 관할구역이 지금의 서울지방을 중심으로 북쪽으로 포천·파주, 서쪽으로 인천·강화, 남쪽으로 평택·안성에 이르는 경기도의 절반 이상을 차지하는 것이었으나, 한양부로 개편된 후에는 남경일 때의 3개의 속군屬郡과 4개의 속현屬縣 만을 관할하게 되어 지금의 서울지방을 중심으로 고양·양주·파주·포천을 포함하는 지역으로 축소되었다.

한양으로

| 우왕과 공양왕의 체류 |

<u>원나라의 지배를</u> 받던 고려 충선왕 때 남경에서 격하된 한양부는 고려말 공민왕 때부터 다시 각광을 받게 되었다. 공민왕 5년 1356에 원나라를 배척하고 주권을 회복하는 정책을 단행하여 문종 때의 관제를 복원하였는데, 이때 한양부도 남경으로 환원시켰을 것으로 보인다.

공민왕이 한양천도를 결심하게 된 것은 중 보우普愚가 "한양에 도읍하면 36개국이 조공을 바치게 됩니다."라고 제안한 때문이다. 공민왕은 왜구와 홍건적이 침입하는 등 나라 안팎에 어려움을 겪자 수도를 옮김으로써 국내외적인 환난을 피하고, 국가 기업의 연장과 국운의 쇄신을 기하려 하였다. 이에 공민왕은 남경궁궐을 수리하게 한 후 공민왕 6년1357에 봉은사로 가서 태조 왕건의 어진御眞을 뵙고 한양 천도가 좋은지 나쁜지를 물었다.

며칠 후에 이제현李齊賢에게 천도의 가부를 점을 치게 하여 길조吉兆의 점괘를 얻음으로써 한양천도의 의사를 더욱 굳혔다. 그해 2월에 이

공민왕 어진(종묘 내)

제현에게 한양의 집터를 보게 한 후 궁궐과 성곽을 다시 짓게 하는 외에 남경유수南京留守를 임명하는 등 한양에 대한 본격적인 경영에 착수하였다. 그러나 신하들의 반대론이 많았고, 또한 태묘太廟에 점을 친 결과 불길하다는 점괘가 나와 한양천도를 포기하고 말았다.

다음 우왕 때는 천도론이 한층 높아졌다. 우왕 1년1375 8월에 서운관에서 "근래 천재지변이 자주 일어나니 마땅히 거처를 옮기어 재앙을 피하십시오."라고 상언하자, 왕은 곧바로 이를 중신들에게 논의하게 하고, 철원·연천·장단 등의 궁궐터를 찾아 궁궐공사를 착수하기도 하였으나 판삼사사 최영崔瑩의 반대로 천도론이 중단되고 말았다.

우왕 7년1381부터 한양천도론이 다시 크게 일어났다. 즉 서운관에서 한양천도를 주장하고, 이듬해 2월에 기상 이변이 자주 일어나자 이

역사의 현장, 서울

를 이유로 천도를 청하였다. 우왕 8년1382 8월에 우왕은 간관諫官의 반대에도 불구하고 한양천도를 결정하였다. 그리하여 9월에는 수시중 이자송李子松에게 개성을 지키게 하고 드디어 한양천도를 단행하였다. 그러나 이 천도는 천재지변을 피하기 위한 임시 천도였다. 그러나 한양에는 호랑이가 출몰하여 사람을 상해하고 정치가 불안하자 6개월 만인 이듬해 2월에 다시 개경으로 돌아갔다.

우왕 13년1387 11월에는 한양산성 축성을 논의하고, 이듬해 2월에 군인을 동원하여 수리를 하는 등 한양천도에 노력을 기하였으나 우왕 14년1388 요동정벌을 기화로 이성계李成桂의 위화도 회군으로 수포로 돌아갔다.

한양천도론은 공양왕 때 또다시 고조되었다. 공양왕 2년1390 7월에 서운관에서 "『도선비기道詵秘記』에 지리쇠왕설이 있으니 마땅히 한양으로 천도함으로써 송도松都 : 개성의 지덕地德을 쉬게 하십시오."라고 상서하자, 공양왕은 문하평리 배극렴裵克廉을 보내어 한양의 궁궐을 수리하게 하였다. 그해 9월에 유생들의 많은 반대에도 불구하고 한양천도를 단행함과 함께 판삼사사 안종원安宗源 · 문하평리 윤호尹虎 등으로 하여금 개성을 지키게 하였다.

이 당시 공양왕의 한양 천도는 개경의 지덕地德을 쉬게 하고 이변을 피하기 위한 것이었는데 얼마 뒤에 다시 호랑이가 출몰하여 사람을 상하게 하는가 하면 이성계를 도모하려는 사건이 일어나 변고가 가시지 않으므로 5개월 만인 이듬해 2월에 다시 개성으로 환도하였다.

3

조선시대 전기

한양 천도

| 태조 이성계의 도읍 |

　지금부터 608년 전 7월, 이성계는 고려의 공양왕을 밀어내고 정도전 · 조준 · 배극렴 등의 신하들로부터 왕으로 추대되어 조선왕조를 세웠다.

　태조 이성계는 옥좌에 앉은 지 1개월도 채 안 된 1392년 음력 8월에 새로운 국가의 면모와 인심을 일신하기 위해 오늘날 국무회의와 유사한 도평의사사都評議使司에게 "한양으로 도읍을 옮길 것을 준비하라."고 명하였다. 원래 한양은 고려 5백년 동안 명당으로 알려져 있었고, 이 씨가 이곳에 나라를 세울 것이라는 도참설圖讖說이 있던 곳이었다.

　그러자 국무총리 격인 시중侍中 배극렴 등이 나서서 "전하, 얼마 안 있으면 날씨도 추워지는데 군신君臣들의 숙소도 마련되지 않았으니 궁궐과 성곽을 쌓은 후에 천도해도 늦지 않을까 하옵니다." 하고 품의하자 태조 이성계는 이를 좇아 천도계획을 늦추기로 하였다.

　이에 온 나라 백성들은 두 세 사람만 모여도 천도 문제가 화제의 초점이 되었다.

태조 이성계 어진

"상감께서 천도를 저렇게 서두르시는 이유가 뭘까?"

"그거야 간단하지. 새 술은 새 부대에 담아야 하지 않나. 새 왕조를 세웠으니 새 정치를 백성들에게 보이기 위해서도 도읍지를 새로 정해서 옮기는 것이 필요한 게 아닐까."

"듣고 보니 그 말이 맞는 것 같군."

"그 외에도 전해오는 '비록秘錄'에 보면 이씨가 한양에 도읍 한다고 했고, 천도하지 않으면 군신君臣을 폐한다고 씌어 있으니 상감이 풍수지리설을 깊이 믿는 까닭이지."

그런데 이로부터 4개월 정도 지났을 때 태조 이성계는 우연히 계룡산鷄龍山 신도안新都內의 지도를 보자 이곳을 새 도읍지로 삼고 싶은 생각이 들었다.

새 도읍지로 삼은 계룡산

이 지도는 3남 지방 쪽으로 왕실의 태胎를 묻을 명당을 찾으러 나갔던 풍수지리에 밝은 권중화權仲和가 바친 것이다. 태조 이성계는 호기심을 나타내어 일부 신하들의 반대를 물리치고 중신들을 거느리고 계룡산을 살피러 떠났다.

역사의 현장, 서울

태조 이성계는 계룡산의 도읍지를 살피러 가면서 남은南誾 등에게 "예로부터 역성혁명易姓革命의 왕은 반드시 도읍을 옮기었소. 지금 과인이 급히 계룡산을 보러 가는 것은 과인이 왕위에 있을 때 친히 새 도읍을 정하려는 것이오. 자식들이 내 뜻을 이어받아 도읍을 옮기려 하더라도 대신들이 불가하다고 저지한다면 어찌 실행할 수 있을 것이오." 라고 말하였다. 이로써 태조 이성계가 천도를 하려는 의지가 얼마나 굳은지를 알 수 있다.

이윽고 계룡산에 도착한 태조 이성계는 지세地勢를 살피고 도시 계획도에 따라 측량을 해 본 끝에 이곳을 도읍지로 확정짓고 새로 궁궐을 짓게 하였다.

이리하여 새 궁궐공사가 10개월이 지난 어느 날, 경기 좌우도 관찰사 하륜河崙이 "전하, 새 도읍지 계룡산은 국토의 중앙에 있지 않고 남쪽에 치우쳐 있는데다가 강물이 흉凶한 쪽에서 나와 길吉한 쪽으로 흐르니 풍수지리설에 따르면 나라가 쇠약해져 패망하게 됩니다."고 아뢰자, 태조 이성계는 깜짝 놀라 "그렇다면 이는 중대한 일이니 당장 중신들을 입궐시켜 이를 검토한 뒤에 아뢰도록 하라."고 명하였다.

입궐한 중신들은 하륜이 지적한 내용을 심의한 끝에 이 주장이 사리에 맞는다는 결론을 내렸다. 이에 따라 태조 이성계는 계룡산의 궁궐 공사를 중단시킴으로써 오늘날까지 '계룡산 신도안'이란 명칭이 남아 있게 되었다. 그런데 계룡산의 도읍지를 바꾸게 된 내력에는 다음과 같은 이야기가 있다.

태조 이성계가 계룡산에 도읍하기 위해 한창 궁궐공사를 하고 있는 어느 날 밤에 백발의 노인이 나타나 "여기 계룡산은 정씨鄭氏가 도읍을 하여 살 땅이오. 왜 하필이면 남의 땅에 말목을 박으려고 하오. 상감이 도읍할 터는 한양漢陽이니 그리로 가보도록 하오." 하고 사라졌다. 깜짝 놀라 깨어보니 꿈이었다.

이 꿈을 꾼 뒤에 태조는 계룡산의 궁궐 공사를 중지시키고 한양으로 도읍을 정했다는 것이다.

계룡산에 도읍 하려던 계획을 중단시킨 태조 이성계는 하륜을 불러 "경은 서운관書雲觀에 있는 풍수지리설에 관한 책을 읽은 뒤에 새 도읍지가 될 곳을 찾아보시오." 하고 명하였다.

이 당시 조정에서는 계룡산 대신 새 도읍지로 한양 서쪽의 안산鞍山, 즉 무악毋岳을 주산主山으로 삼는 지금의 서대문구 일대 지역이 적합하다는 주장이 대두되어 논의가 분분하였다.

하륜 역시 무악이 새 도읍지로 적당하다고 보았다.

"전하, 우리나라에서 새 도읍지는 위치로 보거나 지리책을 보아도 무악이 가장 적절합니다."

"그렇다면 즉시 무악에 사람을 보내 지형을 살펴보게 해야겠소." 하고 태조 이성계는 권중화權仲和, 조준趙浚과 서운관의 관원들을 무악으로 보냈다.

태조 3년1394 2월, 개경을 떠난 조준 일행은 무악에 이르러 주위를 살펴보았다. 그러나 이들 눈에는 무악 일대가 새 도읍지로써 마땅치 않았다. 개경으로 돌아온 조준 등은 곧 입궐해서 태조 이성계를 알현하였다.

"전하, 분부대로 새 도읍지가 될 무악 일대를 살펴본바, 무악은 그 지역이 협소하여 천도하기에는 마땅치 않은 줄로 생각됩니다."

"으음."

이때 하륜이 앞으로 나서면서 "전하, 무악이 도읍지로써 협소한 것은 사실입니다. 그러나 개경이나 평양에 비하면 결코 좁지 않습니다. 또한 무악은 풍수지리설을 기록한 비록秘錄이나 중국통행지리법中國通行地理法 등에 모두 부합되는 명당이 틀림없습니다." 하고 강력히 주장하였다.

이에 태조는 "알겠소. 그렇다면 과인이 무악에 친히 가 본 뒤에 가부可否간을 정하겠소." 하고 일단 보류시켰다.

이 일이 있은 뒤에 태조는 천문, 역법을 맡아보는 서운관書雲觀 관원들에게 새 도읍지를 물색해 보라고 명하였다. 이에 서운관 관원들은 새 도읍지로 개성 동쪽의 불일사佛日寺 일대와 선점鐥店 일대가 적합하다는 보고를 하였다.

그러자 태조 이성계가 이곳을 도평의사사都評議使司 관원들로 하여금 살펴보고 오게 하였다. 도평의사사는 이곳도 역시 적합치 못하다는 보고를 함으로써 새 도읍지 선정은 원점으로 돌아왔다.

조준 등이 무악을 살피러 갔다 온 지 5개월이 흘러 어느새 봄이 지나고 더위가 기승을 부리는 태조 3년1394 7월로 접어든 어느 날, 태조 이성계는 초조해진 나머지 하륜河崙이 명당으로 손꼽는 무악을 친히 살피기로 정하였다.

조회朝會가 열렸을 때 태조는 "새 도읍지를 고르는 데 이렇게 날짜를 끌 수 없소. 그래서 과인이 무악을 직접 가서 살펴보고자 하니 경들은 길을 떠날 채비를 하시오." 하고 명하였다.

이에 문하부門下府에서 "전하께오서 이 무더운 삼복더위에 먼 길을 떠나심은 건강에 극히 해로우므로 서늘한 바람 부는 때를 기다려 떠나시는 것이 옳은 줄로 아옵니다."라고 상소를 올리자 태조도 이에 따르기로 하였다.

한양과 무악을 둘러 본 태조 이성계

추석을 며칠 앞 둔 음력 8월 초순이 되었다.

태조는 무악을 살피기 위해 양주 회암사檜嵒寺에 있던 무학대사無學大師를 모셔오게 하고 중신들과 함께 길을 떠났다.

8월 11일에 태조 일행은 무악에 도착하였다. 태조가 무악에 올라 일대의 지리 형세를 살펴보고 있을 때 서운관書雲觀의 판사 윤신달尹莘達이 나서서 "전하, 무악은 풍수지리설상 새 도읍지가 될 수 없습니다."고 말하자, 태조의 안색은 금방 변하였다.

"아니 무악이 새 도읍지가 될 수 없다는 이유가 어디에 있으며, 이곳이 좋지 않다면 어느 곳이 도읍지로 적당하다는 말이오."라고 힐문하자, 옆에 서 있던 서운관 부정副正 유한우劉旱雨가 한발 나서서 "개경이 원래 명당이오니 전하께서는 개경에 궁궐을 지으시고 도읍을 삼는 것이 옳을까 합니다."라고 응답하였다.

이에 태조는

"무악의 지형이 도읍지로서 정말 불가하오?"

"신의 생각으로는 진실로 불가합니다."

"여기가 불가하다면 어디가 도읍지로 좋소?"

"신은 모르겠습니다."

이에 태조가 크게 노하여

역사의 현장, 서울

"경이 천문·역법·측후 등을 맡아보는 서운관의 관원으로서 알지 못한다고 하는 것은 나를 기만하는 것이 아니냐? 서운관에서 개경의 지기地氣가 쇠약해졌다고 하지 않았느냐?"

"지기가 쇠약해졌다는 것은 도참설圖讖說로서 신은 다만 지리地理를 공부했을 뿐이므로 지리도참설은 알지 못합니다."

무학대사

"지리도 도참설과 같다는데 경은 어찌하여 그렇게 허무한 이야기를 하느냐, 그렇다면 경이 가可하다고 생각되는 곳을 말하라."

이에 유한우가 말하기를

"고려 태조께서는 개경을 명당이라고 하여 궁궐을 지었습니다만, 고려 중기 이후에는 그 명당이 폐지되었으므로 왕이 자주 이궁離宮으로 옮겼습니다. 신은 명당이라는 것은 지덕地德이 쇠하지 않는다고 생각하오니 개경에 다시 궁궐을 지어 도읍을 정하시고 천도하지 않는 것이 옳다고 생각합니다."

라고 대답하였다.

이 말에 태조는 노기를 띠며

"무엇이라고, 이제 와서 그런 말을 할 수 있는가? 과인이 천도하기로 정했으니 명당이 없으면 전일에 고구려·백제·신라 3국이 도읍했던 곳이라도 명당이 있을 터이니 의논해서 보고하시오."

라고 강경하게 말하였다.

서울을 옮기려던 태조 이성계의 확고부동한 결심을 알게 된 서운 관에서는 의견을 모은 후

"우리나라에서 도읍지로는 개경이 명당으로서 첫째요, 한양이 둘째인데 천도를 꼭해야 한다면 한양으로 하는 것이 좋겠습니다."
라고 건의하였다. 이를 들은 태조 이성계는 새 도읍지의 최종 결정은 개경에 돌아가서 하기로 하고 무악에서 내려왔다.

한양에서 하루를 묵은 다음 이튿날 아침, 태조는 현재 경복궁 북쪽 일대전일 남경 궁궐터를 유심히 살펴보다가 서운관 판사 윤신달에게 "이곳의 지세는 어떠한가?"라고 하문하자, 윤신달은 "한양은 개경에 이어 두 번째 명당인데, 다만 흠이 있다면 서쪽이 낮고 수원水源이 마른 것이 유감입니다."

(이곳이 개경 다음의 명당이라……) 태조는 고개를 끄덕이면서

"개경에도 부족한 것이 없을 리가 있는가? 지금 한양을 살펴보니 우리나라의 중앙이며, 수륙水陸교통이 편리하니 도읍지로서는 적합한 곳이다."라고 말하였다. 그리고 옆의 무학대사에게 "지금 한양의 지형을 돌아보니 새 도읍지로서 적합한 것 같은데 왕사王師께서는 어떻게 생각하십니까?" 하고 묻자, 무학대사는 "이곳의 사면이 높고 빼어난 데다가 중앙이 평평하니 도읍이 될 만합니다. 그러나 여러 사람들의 의견을 따라서 정하십시오."라고 대답하였다. 그러자 측근의 여러 중신들도 "전하, 반드시 천도를 하려면 이곳이 좋습니다."라고 찬성을 하였다. 이로써 태조 이성계는 왕위에 오른 지 3년 만인 8월 추석날, 한양의 남경 궁궐터에서 한양을 새 도읍지로 정하게 되었다.

역사의 현장, 서울

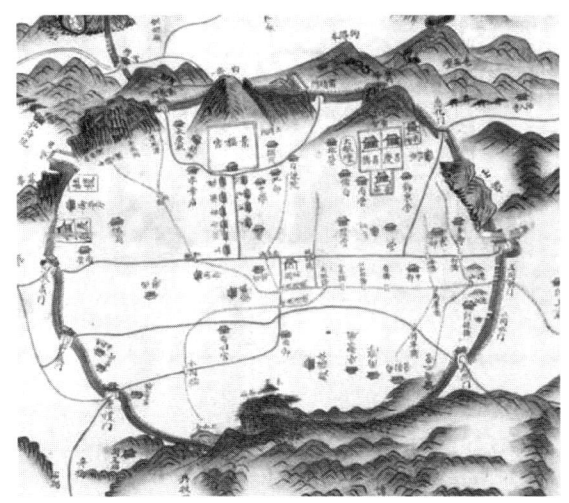

한양 지도

　이 당시 태조와 중신들이 한양을 도읍지로 삼게 된 것은 예로부터 명당으로 알려져 온 탓도 있지만, 한반도의 중심지로서 육상교통이 편리하고 한강과 바다를 통해 물자를 운반하기에 편리하며 북악산, 인왕산, 남산, 낙산 등의 산이 병풍처럼 둘러싸고 있는데다가 한강이 흐르고 있으므로 외적을 방어할 천연의 요새지로서 적합한 까닭이었다.

　한편 태조 이성계 일행이 개경으로 돌아오는 길에 전서典書를 지냈던 양원식楊元植이 "전하, '밀기密記'에 보면 도읍지로는 경기도 적성현積城縣 광실원廣實院 동쪽 산이 명당이라고 합니다."라고 말하자, 옆에 있던 민중리閔中理가 나서서 "전하, 아무래도 도읍지로서는 장단長端의 도라산都羅山 이상으로 좋은 곳이 없는 줄로 아옵니다." 하고 말하였다.

　그러자 태조는 "그렇다면 개경으로 가는 길에 들러서 가보도록 합시다." 하고 긍정적인 태도를 보였다.

이리하여 태조 일행은 귀경歸京 길에 광실원 동쪽과 도라산 및 백학산白鶴山 일대를 돌아보았다. 그러나 이곳들은 모두 도읍지로서는 부적당하다는 결론을 내렸다.

도읍지로 결정된 한양

개경에 돌아온 지 며칠이 지난 8월 말, 도평의사사에서는 중신들이 모여 천도를 논의한 끝에 한양을 도읍으로 삼도록 태조에게 건의하기로 하였다.

"예로부터 왕자王者가 하늘의 명을 받아 일어나면 모두 도읍을 정해 백성을 안주하게 했습니다. 이제 전하가 하늘의 명을 받아 나라를 일으키고 제도를 마련하여 만세의 왕통王統을 세웠으니 도읍을 새로 정하여 만세의 터전을 마련하여야 합니다. 살펴보건대 한양은 앞뒤로 산과 강이 뛰어난 형세를 갖추었다고 예로부터 일러오는 곳입니다. 또한 사방으로 거리가 균등하고 수륙교통이 좋으니, 이곳에 도읍을 정하여 후세에 길이 전함이 하늘과 사람의 뜻에 합하는 길입니다."라는 요지의 건의문을 올렸다.

태조 이성계는 이 주청奏請을 받아들여 한양을 새 도읍지로 정식 결정하고 이를 전국에 발표하였다.

곧이어 9월 초가 되자 태조는 한양을 새 도읍지로 건설하는 임시기구를 설치한 뒤 심덕부沈德符를 공사 책임자로 정하였다. 이어서 태조는 권중화權仲和, 정도전鄭道傳, 심덕부, 남은南誾 등을 궁궐로 들게 한 뒤 "경들에게 이르노니 이제 곧 한양으로 떠나 그곳에 지을 종묘, 사직, 궁궐, 관아 시전, 도로 등을 살펴보고 그 계획안을 작성하여 짐에게 보여

주시오." 하고 명하였다.

이들이 한양으로 떠나 개경으로 다시 돌아오기 전날인 9월 22일에 태조는 중신들에게 한양으로 천도할 시기를 정하도록 하였다. 이에 도평의사사에서는 천도를 1개월 후인 금년 내로 실시하기로 의견을 모으고 그 날짜는 길일吉日을 택하여 음력 10월 25일로 잡았다.

정도전

그런데 한양으로 도읍하기에 앞서 궁궐과 도성 축조 위치에 대해 개국공신 정도전과 무학대사 간에 의견이 달라 두 사람이 격론을 벌였다는 후문이 있다.

정도전은 삼각산을 무척 좋아하여 몇 번이나 산에 오르내렸기 때문에 삼각산 줄기의 북악산 밑에 궁궐을 지어야 한다고 생각하였다. 그러나 무학대사는 인왕산을 주산으로 삼아 궁궐을 지어야 한다고 굳게 믿었다.

어느 날 무학대사는 정도전을 만나 "북악산 밑은 풍수지리설로 보면 학鶴의 허리에 해당합니다. 만일 이곳에 궁궐을 짓는다면 학이 움직여 궁궐은 와르르 무너질 뿐만 아니라 왕실도 망하게 되오."라고 북악산 밑에 궁궐을 짓는 것에 반대하였다. 그러자 정도전은

"그렇다면 대사께선 어디에 궁궐을 세워야 좋다고 생각하시오?"

"한양의 지형을 살펴보면 동쪽이 낮아 허虛하므로 아무래도 궁궐은

경복궁

인왕산 밑에 짓는 것이 옳지요."

"아니, 그러면 궁궐을 동쪽을 향해 짓는단 말입니까?"

"할 수 없지요. 인왕산 아래에 궁궐을 지어 놓아야 앞으로 장남이 왕위를 이을 수 있지요. 만일 북악산 아래에 궁궐을 지으면 지자支子가 왕위를 잇게 될 것이오."

"옛적부터 제왕들은 모두 남쪽을 향하고 나라를 다스리었거늘 동쪽을 향하였다는 말은 들어보지 못하였소."

"그렇지만 북악산 아래에 궁궐을 지어 놓는다면 도성을 쌓고 그 밑에 해자垓字를 깊게 파야 외적을 막을 수 있을 텐데 이 물은 한강 물을 끌어 들어야만 가능한 것이오. 그런데 동쪽이 낮기 때문에 홍수가 나면 사람들은 모두 물고기 신세가 될 것 아니겠오. 이제 소승 말대로 인왕산 밑에 궁궐을 짓지 않으면 뒤에 가서 내 말을 생각하게 될 것이

역사의 현장, 서울

오."라고 하였다.

그런데 조선 말 순조 때 유본예柳本藝는 『한경지략』에서 "내 말대로 하지 않으면 200년 뒤에야 내 말을 생각하게 되리라."하였는데 무학대사가 200년 뒤라 한 것은 곧 임진년壬辰年 : 1592을 가리킴이다. 임진왜란으로 도성이 무너지고 깨지고 불탔으니 이 예언이 맞는 말이었다고들 말한다고 소개하고 있다.

이처럼 무학대사는 인왕산 밑에 궁궐을 지어야 한다고 주장했지만 정도전과 그의 일파들은 이 의견을 듣지 않고 경복궁을 끝내 북악산 아래에 짓게 하였다.

조선 초에 정도전의 주장대로 북악산 밑에 경복궁을 지은 결과, 조선 5백 년 동안 역대 왕위는 거의 장남이 계승하지 못하고 왕자들끼리 왕위쟁탈을 벌여 대대로 유혈이 낭자했다는 것이다.

어좌(경복궁 근정전)

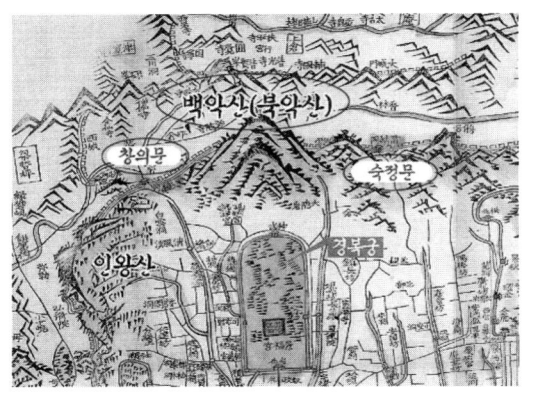
불타버린 경복궁

성현成俔의 『용재총화』에 보면, "개경은 산골짜기로 빙 둘러싸인 포장지세包裝之勢이므로 많은 권신들이 발호할 형상이고, 한양은 북서쪽이 높고 남동쪽이 낮은 관계로 장남은 가벼워지고 지자支子는 무거워지게 된다. 그리하여 국왕과 중신들이 거의 지자支子 출생이다."고 씌어 있다.

그리고 무학대사가 정도전과 궁궐터를 놓고 논쟁을 할 때 무학대사는 신라 때 의명義明대사의 예언을 들어 "한양 도읍을 정하는 데 정씨鄭氏 성을 가진 사람이 옳다 그르다 하고 말이 많으면 5대도 못 가서 곧 왕위 찬탈의 화가 일어날 것이다."라고 말하였다는 것이다.

이와 같은 속설俗說이 전래되는 것은 조선시대의 변칙적인 왕위세습과 왕위 찬탈, 왕자의 난 등이 일어난 사건 원인을 모두 풍수지리설로만 해석하려고 한 데에서 그 원인을 찾아볼 수가 있다.

그 밖에도 무학대사는 경복궁을 북악산 밑에 지어 놓으면 화재가 자주 일어난다고 반대했다는 것이다. 원래 관악산은 풍수지리적으로 볼 때 화산火山이므로 이 산을 마주보고 궁궐을 지으면 화재가 일어난다는 것이다. 그러자 정도전은 북악산 밑에 경복궁을 지어도 남쪽에 한강이 있어서 무관하다고 주장했다는 설이 있다.

　　　　　　　　　　　　　　　역사의 현장, 서울

조선말 홍선대원군은 경복궁을 임진왜란 때 소실된 지 270여 년 만에 재건하면서 관악산의 화기火氣를 누르기 위하여 해태 한 쌍을 광화문 앞 좌우편에 조각해서 세워 놓았다. 그뿐만 아니라 관악산의 주봉인 연주대戀主臺 위에 연못을 파고 구리로 만든 용龍을 그 속에 넣어 두는 한편 산허리에 물동이를 묻어 관악산의 화기를 눌렀다는 것이다.

역사적인 한양천도

태조 이성계가 왕위에 오른 지 3년 3개월이 지난 10월 25일양력 11월 26일 아침이 밝았다.

역사적인 한양천도가 실현되는 날이므로 고려의 5백년 도읍지 개경은 소란하고 분주하였다. 날씨는 쌀쌀했지만 한양으로 가는 짐을 가득 실은 수레가 늘어서고, 소와 말들이 동원되는 등 사람들은 길 떠날 채비로 바쁘게 움직였다.

한양천도가 실현되기까지 3년 동안 우여곡절이 많았지만 막상 정든 개경을 떠나려고 하니 사람들은 섭섭한 표정을 감출 수 없었다.

"이제 모든 사람들이 한양으로 떠나버리면 개경은 텅 비지 않겠나?"

"그럴 리가 있나. 상감께서 개경을 다스리는 분도평의사사分都評議使司라는 관청을 설치하고, 각 관청에 두 명씩 남도록 했다는군."

당시에 태조 이성계는 한양천도에 앞서 문하시랑찬성사 최영지崔永沚와 상의문하부사 우인열禹仁烈 등을 불러, "이제 종묘사직과 모든 관청을 한양으로 옮기게 되었으니 경들은 분도평의사사의 일을 맡아 개경에 남은 백성들을 잘 보살피도록 하오."라고 당부하였다.

개경을 떠난 지 3일 만인 11월 29일 태조와 수만 명의 백성들은 드디어 한양에 도착하였다.

당시에 한양부漢陽府는 한때 남경南京이라고 불리던 곳이었지만 한적한 지방 도시로 별다른 시설은 없었다.

1394년 11월 29일, 한적한 전원도시인 한양에 도착한 태조 이성계와 조정 대신들은 엄동설한과 싸우지 않으면 아니 되었다.

우선 왕실과 조정은 고려 때 한양부 객사客舍로 사용하던 것을 임시왕궁으로 정하였고, 관원들은 민가를 점유하여 임시 거처로 삼았다.

한양에 도착한 지 5일 째 되는 날 태조 이성계는 새로운 서울의 건설을 위해 공작국工作局이란 기구를 두었다.

우선 국가의 상징인 종묘와 사직을 비롯하여 궁궐을 건설하는 기공식을 올렸다. 그러나 목재, 석재 등 건축자재가 미처 준비되지 않아 본격적인 공사는 1394년 12월 3일에 시작되었다. 또한 도평의사사 등 각 관아를 지을 자리와 규모도 계획서에 따라 배정하였다.

이 당시 새 도읍지 건설공사는 경기 · 충청도 지방의 장정과 전국의 승려들을 동원하였다. 이들은 가장 추운 때에 동원되었으므로 그고역은 이루 말할 수 없었다.

조정에서는 농사철을 피하기 위해서 1월과 2월, 그리고 8월, 9월에 장정들을 동원했으므로 공사는 주로 승려들이 주로 담당하게 되었다.

한성부에서는 고위관리에서부터 일반 서민에 이르기까지 집 지을 땅을 각각 차등을 두어 나누어 준 뒤 건축하게 하였다.

그런데 한양에 천도한 지 1개월이 지난 어느 날 갑자기 태조 이성계는 최고 의결기관인 도평의사사에 "사람들이 이곳 한양보다 서쪽의무악이 명당이라고들 하니 백관을 인솔하여 그곳이 도읍지가 될 만한

지를 알아보고 오시오." 하고 명하였다.

왕의 명을 받은 도평의사사는 백관을 이끌고 무악의 지형을 살피러 갔다. 그러나 무악 일대를 살펴 본 관원들은 이구동성으로 도읍지로서는 협소하다고 말하였다. 이로부터 태조 이성계는 무악으로의 천도 문제는 다시 언급하지 않았다.

정도전은 태조 5년1396에 한성부의 행정구역을 5부部 52방坊으로 정할 때 방坊의 명칭을 유교의 경전에서 찾아 붙였으며 그 일부가 현재도 사용되고 있다.

한성부로 불리운 서울

한양에 천도한 지 이듬해인 1395년 6월 6일, 조정에서는 한양漢陽이라는 명칭 대신 한성부漢城府라고 고쳤다. 이로부터 한성부란 이름은 일제에게 국권을 빼앗길 때까지 518년간 공식 명칭으로 쓰였다.

같은 해 9월에는 경복궁 동쪽에 종묘가 대체로 완공되었고, 서쪽에는 사직단이 먼저 세워졌다. 그리고 경복궁도 공사를 시작한 지 1년 만에 준공을 눈앞에 두게 되었다.

서울 성곽

드디어 섣달그믐이 가까운 12월 28일, 태조는 새 궁궐에 들게 되었다. 감개무량한 태조는 새 궁궐에서 잠을 이루지 못하였다.

한편 경복궁이 거의 완공되던 9월에, 태조는 서울을 지킬 울타리인 도성都城을 쌓으라는 명을 내렸다.

태조는 좌의정 조준과 우의정 김사형에게 "도성은 중요한 방위 시설인데 작년에 종묘, 사직, 경복궁 건설과 함께 건축했어야 했소. 그런데 종묘·사직·경복궁 건축이 시급하여 동시에 건축하지 못한 것이오. 그러니 내년 정월부터 전국 각도의 장정들을 징집하여 도성을 쌓도록 하시오."라고 지시하였다.

이리하여 조정에서는 도성 축조도감을 설치하고 그 책임자로 개국공신 정도전을 추천하였다.

태조는 정도전을 도성 건축책임자로 임명하고 나서 정도전에게 "경은 앞서 한양을 새 도읍지로 하는 계획을 세웠던 만큼, 이번에는 도성을 쌓을 계획을 확정지어 곧 보고하시오."라고 명하였다.

이에 정도전은 도성 축조계획을 세워 1396년 1월부터 약 12만 명을 동원하여 49일 만에 돌과 흙으로 쌓았으나 여름에 장마로 무너졌으므로 이 해 8월에 약 8만 명의 장정을 다시 동원해서 보수하였다. 서울 성곽은 쌓아졌지만 남대문 등의 문루門樓는 2년 뒤에 승려들을 동원해서 완성시켰다. 그러나 서울 성곽은 많은 부분이 흙으로 쌓은 토성이어서 큰 비만 내리면 보수를 해야만 되었다. 태종 때에도 무너져서 그때마다 도성 보수를 했지만 대대적인 보수는 끝내지 못하였다.

역사의 현장, 서울

골육상쟁

| 왕자의 난 |

태조 이성계가 한양에 도읍한 지 3년 후 무인년 8월 26일 새벽

이른바 '왕자의 난'이 일어나 한양에는 피바람이 일었다. 한양의 종묘, 사직, 궁궐, 도성을 완공하고, 지금 「세종로」 양쪽의 중앙관서를 지어 새 도읍지로서의 면모가 잡아가던 태조 7년₁₃₉₈ 8월 26일, 이른바 '제1차 왕자의 난'이 일어났다. 일명 '무인戊寅의 난'이라고 불리는 이 난은 그 중심인물이 왕자들이었으므로 '왕자의 난'이라고 칭한다.

이 난은 세자世子 책봉에서 그 원인을 찾을 수 있다.

태조 이성계에게는 두 왕비가 있었다. 첫 번째 부인은 신의왕후 한씨韓氏로 6남 2녀를 두었고, 두 번째 부인인 신덕왕후 강씨康氏는 2남 1녀가 있었다.

그런데 신의왕후는 태조가 왕위에 오르기 전에 세상을 떠났으므로 신덕왕후가 왕비에 올랐다. 신덕왕후는 미모가 있고 총명한 자질을 지녔던 까닭에 내조를 잘하여 태조의 총애를 받았다.

이윽고 태조의 뒤를 이을 세자 책봉을 눈앞에 두게 되었다.

태조 원년 8월, 무더위가 기승을 부리던 어느 날,

"오늘 상감께서 세자 책봉을 온 나라에 널리 알린다면서?"

"글쎄 어느 왕자가 세자에 책봉되려는지."

"그야 지금 중전마마이신 신덕왕후의 소생이 세자에 책봉된다는 소문이 자자하더군. 더구나 개국공신인 정도전·조준·배극렴이 신덕왕후의 차남인 방석芳碩을 세자로 추대한다지 않아."

예상대로 태조는 신의왕후의 소생을 젖혀놓고, 총애하는 신덕왕후의 소생인 11세의 나이 어린 방석을 세자로 책봉하였다.

이에 신의왕후의 소생의 형제들은 불만이 없을 수 없었다.

그중에서도 신의왕후의 5남인 정안군 이방원李芳遠은 크게 불만을 가졌다. 이방원은 문무를 겸비한 인물로 이성계가 조선왕조를 세우는 데 오른팔 역할을 했고, 야심이 대단하였다.

그러나 부왕의 의사가 확고하고 계모인 신덕왕후가 생존해 있는데다가 개국공신인 정도전을 비롯하여 남은, 세자의 장인 심효생沈孝生 등의 중신들이 세자를 옹호하고 있으니 어찌할 수가 없었다.

신의왕후 한씨의 소생들은 불만을 품은 채 때를 기다리면서 나날을 보냈다. 그러던 차에 태조 4년1395, 경복궁이 거의 완성되던 8월에 신덕왕후 강씨는 숨을 거두었다. 이로부터 3년 뒤인 태조 7년1398 7월, 태조 이성계는 병환이 위독해지면서 궁궐 내외는 긴장감이 나돌았다.

"상감께서 병환이 위중하여 세자 이외는 입견入見하지 못하게 했다는구먼."

이 당시 세자 이외는 태조를 입견할 수 없게 한 조치는 다른 왕자들이 왕을 살해할 계획이 있다는 소문을 우려한 것이다.

그런가 하면 '정도전·남은·심효생 등이 자주 송현松峴에 있는 남은의 소실 집에 모여 비밀리에 모의를 꾸미고 있다.'라는 말도 나돌았다. 이에 호시탐탐 기회를 엿보고 지내던 이방원李芳遠과 그의 형제들은 의안군 화和와 충청도 관찰사 하륜河崙 등이 "정안대군, 아무래도 위험이 시시각각 다가오고 있으니 조심해야 합니다."라고 은밀히 고하자, 크게 긴장하였다.

하륜에 관한 일화 중에 다음과 같은 내용이 있다.

일찍이 이방원이 장가를 들 때에 이 잔치에 참여했다가 그의 관상을 보고는 반색하여, 장인 되는 민제閔霽를 보고 "당신의 사위야말로 장차 세상에 으뜸가는 인물이 되겠소이다." 하였다. 그 뒤부터 하륜은 민제를 통해 이방원과 친숙해져 이방원은 하륜을 신임하게 되었다.

태조 7년1398 8월, 하륜은 풍문으로 정도전, 남은, 유만수 등이 이방원 등의 한씨 소생의 왕자들을 제거하기 위해 모의하고 있다는 소식을 들었다.

하륜은 크게 놀라 이방원에게 이 내용을 알려야겠는데 그에게 갑자기 충청도 관찰사로 부임하라는 교지敎旨가 내렸다. 하륜이 충청도 관찰사로 떠나기 전날, 친지들이 남대문 밖의 그의 사저로 찾아와 작별 연회를 열었는데 이방원도 찾아왔다. 하륜은 이방원이 찾아오긴 했으나 좌석의 이목이 번거로워 이야기를 나눌 수가 없어 마음이 초조하고 답답하였다.

그러자 이방원이 술 한 잔을 따라 하륜에게 권하면서 "하감사, 이 술은 작별주니, 자시고 부디 괄목할 치적을 거두고 보국안민에 힘써주오." 하였다. 하륜은 잔을 받아드는 순간 술잔을 입에 대는 척하다가 그만 술잔을 엎질러 이방원의 옷에 엎질러 버렸다.

이것을 본 이방원은 매우 불쾌한 듯, 만면에 노기를 띠고 일어나 문을 차고 나가 버렸다. 좌중에 냉랭한 공기가 감돌 때, 하륜은 여러 손님들에게 "내가 갑자기 수전증이 있어 잔을 놓쳤더니 이제 왕자께서 진노하신 모양입니다. 내 잠깐 사과를 드리고 오겠습니다." 하고 교묘히 변명을 하고, 밖으로 뛰어나와 말도 타지 않고 걸음을 재촉하여 이방원의 뒤를 쫓았다. 이윽고 이방원의 집 가까이 이르러서야 만날 수 있었다.

이방원은 하륜의 거동이 심상치 않음을 보고 "무슨 일이오?" 그러자 하륜은 입을 가리고 조용한 곳으로 가자는 시늉을 해 보였다. 이방원은 괴이하게 여겨 하륜을 침방으로 불러들이고, 좌우를 물러가게 하였다. 하륜은 그제야 나직한 말로 "위급한 일이 닥쳤기에 이목이 번다함을 피할 양으로 일부러 술잔을 엎었나이다." 하고는 이방원의 귀에 입을 대고 정도전, 남은, 유만수 등이 모의를 하여 며칠날 거사하기로 작정했다는 이야기를 했다는 것이다.

그러나 정도전 등이 왕자들을 제거하려 했다는 일은 확실하지 않다.

하륜으로부터 정도전 일파의 어마어마한 모의 내막을 들은 이방원은 놀라움보다 분노에 치를 떨었다.

"그렇다면 장차 어찌하면 좋겠오?" 하고 묻자, 하륜은 "안산군수 이숙번李叔蕃은 지략이 출중하오니, 그로 하여금 별초군 삼백 명을 인솔하고 올라오게 하여 정도전의 무리를 소탕함이 옳을까 합니다." 하고 계책을 말한 뒤 몸을 일으켜 작별을 한 다음 남대문 밖의 자기 집으로 돌아왔다. 그리고는 아무 일도 없었던 것같이 여러 손님들과 술을 나누다가 헤어지고 나서 임지任地로 떠나갔다.

이방원은 이숙번, 처남인 민무구 등과 긴밀한 연락을 취하면서 세자를 둘러싸고 있는 정도전, 남은, 심효생 등을 제거하기로 결정하고 거사하기로 하였다.

무인의 난이 일어나다

태조 7년1398 8월 26일, 정안군 이방원은 하륜의 계책대로 그의 노복奴僕, 하인들로 편성한 사병私兵과 이숙번이 거느린 정릉교안군貞陵校安軍 등을 지휘하여 경복궁을 포위하였다. 이른바 '왕자의 난'이다.

"정도전과 남은 그리고 그 일파를 급습해서 모두 처단하라."
고 명하자 정도전, 남은 등이 모여 있는 곳을 습격하여 이들을 살해하였다. 그리고 나서 이방원은 광화문 밖에 장막을 치고 앉아 도평의사사都評議使司에서 태조 이성계에게 상소를 올리게 하였다.

병석에 누워있던 태조 이성계의 귀에도 비명과 군사들의 고함이 들리지 않을 리가 없었다. 그는 좌우에게, "왜 이리 밖이 소란한지 알아 오너라." 하니, 밖에 나갔던 측근이 돌아와서,

"정안군靖安君께서 역모逆謀를 꾀하는 무리들을 주살하고 궁궐을 호위하기 위해 궁성 남문 밖에 군사를 주둔하고 있습니다."

"누가 감히 역모를 꾸몄는가?"

"여기 정안군의 상소문이 있으므로 그 전말을 아실 수가 있을 줄로 믿습니다."

"전하께서는 장자長子 대신에 어린 세자를 세웠으므로 정도전 등이

세자를 끼고 모든 왕자들을 해치려 하였기에 화를 예측하기 어려웠는데 하늘의 도움으로 난신亂臣이 죽었습니다. 원컨대 전하께서는 적장자嫡長子인 영안군永安君을 세자로 세우십시오."

이와 같은 상소는 정안군 이방원 등이 평소에 불평불만의 대상이었던 세자 방석과 정도전 일파를 제거한 뒤 그의 거사를 합리화한 것이다.

이에 태조 이성계는, "적장자인 영안군을 세자로 세우자는 상소 내용이 어찌 불가함이 있겠느냐." 하면서 마지못해 승인하고, 곁에 있는 세자 방석을 돌아보고 "네게는 편하게 되었다."고 말하였다.

이방원은 여러 사람들이 자기를 세자로 추대하는 것을 극구 사양하고 계획대로 정치적 야심이 없는 둘째형 방과芳果를 세자로 삼게 하여 백성들의 비난을 피하였다.

그리고 이복동생인 세자 방석과 방번芳蕃을 귀양 보내도록 한 뒤 중도에서 살해하도록 하였다. 또한 태조 이성계의 측근인 사위 이제李濟도 죽이고 나머지 무리들은 귀양 보내도록 하였다.

태조 이성계는 사랑하던 강씨康氏 부인을 잃은 데다가 귀여워하던 두 아들과 사위마저 살해당하자 크게 상심하여 병이 더욱 깊어졌다.

한편 영안군 방과는 소격전昭格殿에서 태조의 병이 낫기를 기원하고 있다가 반란이 일어났다는 소식을 듣고, 시종 한 명을 데리고 도성을 넘어 양주楊州로 피신하였다. 그러나 은신처를 찾아온 이방원은 "형님은 세자를 해야 합니다."라고 말하였다. 그러자 영안군은 극구 사양하다가 "그렇다면 내가 처리하는 방법이 있을 것이다." 하고 응낙한 뒤 서울로 올라가서 세자가 되었다.

골육상쟁骨肉相爭의 왕자의 난으로 큰 충격을 받은 태조 이성계는 왕위를 내놓을 결심을 하였다. 태조 이성계는 2년 전에 강씨 부인을 잃은 데다가 아끼던 두 아들과 사위마저 살해당한 충격에 침통하여 '병이 더하여 토하려 하면서도 토하지 못하고 물건이 인후咽喉 사이에 있는 것 같은데 내려가지 않는다.'고 당시의 고통을 실토하였다.

왕자의 난이 일어난 지 열흘 뒤인 9월 5일, 태조 이성계는 도승지 이문화李文和를 불러

"오랫동안 내가 병으로 정사를 보지 못했으니 하루인들 1만 가지 일을 폐지할 수 있겠느냐. 내가 세자에게 전위傳位하고 편한 마음으로 병을 치료하려 한다."

고 하면서 전위하는 교서敎書를 지어오게 하였다.

교서를 써오자 태조 이성계는 만조백관이 모인 앞에서 천천히 읽어 내려갔다.

"과인이 덕이 없는 몸으로 조종祖宗의 음덕을 이어 받고 천자天子의 신령함을 받들어 국가를 창건하고 백성을 다스린 지 7년이 지났다. 오랫동안 군진軍陣 중에서 풍상을 겪었고 지금은 늙고 병이 들어 아침 일찍 일어나 밤늦게까지 일을 보기가 어려우니 많은 일들이 잘못될까 심히 염려된다."

여기까지 읽고 나서 태조 이성계는 이어서

"세자는 적장자嫡長子로서 일찍부터 어질고 효도하는 사람으로 널리 알려져 있고 나라를 세우는데도 공이 많았음을 온 나라의 사람들이 다 잘 알고 있다. 이리하여 오늘 종묘宗廟에 고하고, 세자를 왕으로 명하니 모든 것을 법전法典에 의하여 처리하되 군자君子를 친히 하고 소인

을 멀리하여 보고 듣는 것이 한쪽에 치우침이 없게 할 것이며, 옳고 그른 것을 국민의 공론公論으로 정하여 조금이라도 잘못 됨이 없게 하고 부지런하여 그 지위를 편안히 하며 후사를 번창하게 하라."

교서를 읽는 동안 대신들은 숙연하였다.

교서를 다 읽고 나자 태조 이성계는 좌의정과 우의정을 가까이 불러 "경들에게 이르노니 내 이제 세자에게 전위하기로 발표한 만큼 앞으로 세자를 잘 보필하도록 하오."라고 부탁한 뒤 옥새玉璽를 내어 주었다.

태조 이성계는 옥새를 내어주고 나자 마음이 개운하였지만 문득 지난날의 일들이 주마등走馬燈처럼 떠올랐다.

태조 이성계의 일화

이성계가 아직 젊었을 때 일이다.

우연히 함경도 안변安邊의 석왕사釋王寺 자리에 있는 작은 암자를 지나게 되었다. 마침 날이 저물어 그 암자에 들어가 쉴 곳을 청하고 잠을 자다가 이상한 꿈을 꾸었다.

그 꿈은 다름이 아니라 이성계 자신이 쓰러져 가는 집에서 서까래 3개를 나란히 짊어지고 나왔는데 난데없이 꽃이 떨어지고 거울이 깨진 것이다.

꿈을 깨고 난 이성계는 하도 괴이하여 고개를 갸웃거리다가 마침 이 암자에 글씨를 짚으면 글씨로 점을 치고 해몽解夢을 잘하는 도승道僧이 있다는 이야기를 들었다.

이성계는 지체 없이 그 도승을 찾았다. 방안에 들어가 보니 먼저 온 손님이 있었다. 그 손님은 점을 치러왔는지 도승이 글씨를 내놓자 '물을 문間'자를 손으로 짚었다. 그러자 도승은 그 손님을 물끄러미 바라보다가 "바른 대로 말하리까? '문間'의 글자모양은 입이 문 앞에 붙었으니 걸인乞人의 신수身數외다." 하였

석왕사(안변)

다. 이 말을 들은 그 손님이 멍하니 앉았다가 탄식하는 말이 "쯧쯧… 팔자 도망은 못하겠군." 하고 나가 버렸다. 그 손님은 다름 아닌 걸인으로써 도승이 신통하다는 이야기를 듣고 잠시 남의 옷을 빌려 입고 와서 몰래 점을 쳐 본 것인데 도승이 단번에 알아보는 것을 보고 찬탄하여 나간 것이다.

그 광경을 바라보고 있던 이성계는 하도 이상히 여기면서 자신도 점을 쳐 달라고 한 뒤 먼저와 같은 '문間'자를 짚었다.

그러자 도승은 물끄러미 이성계의 얼굴을 바라보다가 일어나 합장배례하면서, "'문間자' 모양은 왼편으로 보아도 '임금 군君자'요, 오른편으로 보아도 '임금 군君자'이니, 장차 군왕이 되실 신분이십니다." 하고 말하는 것이었다. 이에 이성계는 웃으면서 "아까 그 사람이 짚은 '문間자'와 똑같은 글자인데 해석하는 방법이 어찌 그리 다르오?" 하

고 따져 묻자 도승은 "아니올시다. 이는 글자에만 달린 게 아니라 묻는 사람의 기상에도 달렸습니다." 하고 대답하였다.

그러자 다시 이성계는

"그럼 점占은 대사의 마음대로 돌려 댈 수 있는 것이지만 꿈은 각자의 심령心靈으로 꾸는 것이니 대사 마음대로 풀지는 못할 것이오."

"……."

"내 간밤 꿈에 다 쓰러져 가는 집에서 서까래 셋을 짊어져 보았고, 또 꽃이 떨어지고, 거울이 깨어진 것을 보았으니 그 길흉이 어떤지 해몽해 주시오."

하고 부탁하였다. 그 말을 들은 도승은 자세를 바로 하고 나서 "그 꿈은 보통 꿈이 아닙니다. 등에 서까래 세 개를 짊어졌으니 임금 왕王자가 틀림없고, 꽃이 떨어졌으니 열매가 맺을 것이오, 거울이 깨어졌으니 어찌 소리가 없으리까. 조만 간에 임금이 되실 징조이니 이야말로 길몽吉夢이옵니다." 하고 해몽하는 것이었다.

일찍부터 큰 포부와 뜻을 가슴 깊이 간직하고 있던 이성계는 이 도승의 말이 십중팔구는 맞는지라 마음속으로 은근히 기뻐하면서도 "그럴 리가 있겠소이까?" 하고 부인하자 도승은 다시 일어나 합장 배례하면서 "소승의 법명法名은 무학無學이라 하옵는바, 비록 어리석으나 약간 법술이 있어서 오늘 귀인께서 찾아오실 줄 알았습니다. 하문下問 하신 것에 대해서는 속이는 바 없이 사실대로 말씀드렸사오니 조금도 의심 마시옵고 아무쪼록 대업을 성취하신 후에는 이곳에 절 하나를 세우시어 천세千歲를 축원하는 원당을 삼게 해주십시오." 하고 간곡하게 말하는 것이 아닌가.

이성계는 무학이 범상한 중이 아님을 깨닫고 정색을 하고 말하기를 "진정 대사의 말처럼 되겠습니까마는 만약 후일에 그렇게만 된다면 원당願堂 하나쯤이야 문제되겠습니까?" 하고 장담하였다.

그 뒤 이성계가 조선을 세웠으니 무학의 점과 해몽은 들어맞는 것이었다.

이성계는 왕위에 오르자, 곧 관원을 안변으로 보내어 무학과 만났던 곳에 큰절을 짓게 하고 절 이름을 석왕사釋王寺라 하였다. 석왕사라는 것은 이성계가 임금이 될 꿈을 해석하였다는 뜻에서 지은 이름이다.

왕위에 오른 정종

태조 이성계가 왕위를 내어주자 영안군 방과芳果, 정종定宗이 조선의 제2대 왕으로 즉위하였다. 정종은 왕위 계승에 대한 야심은 없었다. 이는 이방원이 일시 그를 왕세자로 추대하고 백성들의 비난을 면하려는 계책이었다.

정종이 왕위에 올랐지만 행정과 군사 등 주요관직에 앉은 것은 조영무, 이숙번 등 지난번 왕자의 난에서 공을 세운 사람이거나 이방원과 친근한 이들이 대부분이었다.

따라서 정종은 명목상의 왕이요 실권은 이방원이 갖고 있었다. 게다가 당시 새 도읍지 한성은 왕자의 난으로 인심은 흉흉하였다.

한성漢城에 대한 불안감이 높아짐에 따라 사람들은 옛 서울인 개경開京에 대한 향수를 불러 일으켰다.

왕위에 오른 정종 역시 한성을 그다지 달갑게 생각하지 않았다. 게다가 상왕上王인 태조 이성계는 분노와 불평의 안색을 거두지 않고 있어 심기가 불편하였고, 이방원 등의 동생들은 감시의 눈초리를 번뜩이고 있었다. 또한 주위의 신하들도 이방원의 심복들이어서 믿을 수가 없었다.

더구나 거처하고 있는 경복궁에는 밤이 되면 부엉이가 울고 호랑이가 담을 넘어와 궁녀를 물어 가는 가하면 낮에는 지붕 위에 까마귀들이 날아와 '까악 까악' 울어대니 정종은 불길한 예감이 들어 마음이 뒤숭숭하였다.

그러자 정종은 즉위한 지 5개월이 지난 1399년 2월에 한성을 떠나기로 하였다. 떠나는 명분은 생모인 신의왕후 한씨의 능을 참배하는 것으로 하기로 하였다.

정종이 개경으로 일시 떠난다고 하자 신하들은 반대를 했지만 이를 무릅쓰고 강행하였다. 이윽고 개경에 도착한 정종은 주위를 살펴보니 감회가 깊은데다가 산천이 아름답고 조용한 것에 마음이 끌렸다.

정종은 좌우의 사람들을 돌아보고 "고려 태조 왕건의 지혜로 이곳에 도읍을 정한 것이 어찌 우연한 일이겠느냐." 하고 의미심장한 말을 함으로써 개경으로 다시 천도하겠다는 뜻을 나타냈다.

이윽고 정종이 개경에서 돌아오자 서운관書雲觀에서 "한양에 뭇 까마귀가 모여 울고 들 까치가 와서 집을 지으며 심상치 않은 일이 자주 나타나니 불길한 징조입니다. 따라서 전하께서는 이곳을 피해 궁궐을 옮기시는 것이 옳은 줄로 생각됩니다."라고 상소하였다.

이 글을 읽은 정종은 종친宗親과 공신들을 궁궐에 들게 한 뒤에 이들에게 서운관에서 올린 것을 보였다. 그리고 흉한 곳을 피해 거처를 옮기는 일에 대한 의견을 물었다.

그러자 모든 사람들이 "피방避方하시는 것이 옳은 줄로 아옵니다." 하고 찬성하였다.

이에 정종은 "그렇다면 어느 곳으로 피방하는 것이 좋겠소?" 하고 문자 참석한 사람들은 "서울에서 가까운 주현州縣에는 관원들과 군사들이 거처할 곳이 없지만 개경에는 궁궐과 신하들의 집이 모두 완전하다고 하니 개경으로 일시 천도하는 것이 가한 줄로 아옵니다."라고 대답하였다.

그런데 이와 같은 피방 의논이 있자 어느새 이 소식을 들은 도성사람들은 서로 기뻐하며 어쩔 줄 몰라 하였다.

도성사람들이 이토록 좋아하는 것은 이번에 개경으로 가는 것이 도읍지를 완전히 옮기는 것은 아니었으나 개경을 다시 도읍지로 삼을 가능성이 있었기 때문이었다.

그래서 성미 급한 사람들은 노인과 어린이를 앞세우고 개경을 향해 길을 떠나 행렬이 길에 가득 찼다. 이를 알게 된 조정에서는 성문을 막아 행렬을 중지시키게 하였다.

개경에 가기로 한 지 10일 뒤인 1399년 3월 7일, 태조 이성계가 한양에 천도한 지 4년 4개월 만이었다. 정종은 한양을 떠나 개경으로 향하였다. 물론 왕족과 궁중의 모든 사람들이 정종을 따라 나섰으나 각 관청의 관원들의 반은 한양에 계속 남고 나머지 반은 개경으로 떠났다.

한양을 떠나 개경으로 향하는 모든 사람들 중에 가장 마음이 착잡한 사람은 바로 태조 이성계였다.

태조 이성계는 왕과 조정대신들이 개경에 도착하기 4일 전에 미리 당도하였다. 태조 이성계는 주위 사람들에게 "내가 한양에 천도하여 왕비와 아들을 여의고 오늘 이곳에 이르니, 개경 사람들 보기가 매우 부끄럽다. 그러나 앞으로 출입할 때 반드시 날이 밝기 전에 함으로써 사람들의 이목을 피할 것이다." 하고 말한 뒤 이를 실천하였다.

태조 이성계는 신하와 백성들의 다수 의견을 억제해 가며 천도를 단행했다가 다시 옛 도읍 개경에 돌아온 자신의 모습을 무척 초라하게 생각한 것이다. 왕실과 조정이 개경으로 옮겨 자리가 안정되자 일부 대신 중에는 개경을 영구적인 도읍지로 삼으려고 하였다. 정종도 이들의 의견을 옳게 여겨 "지금 과인은 개경에 있는데 종묘는 한양에 있으니 참으로 불편하다. 따라서 종묘도 개경으로 옮기고 제사를 받드는 것이 어떠한가?" 하고 묻자, 참찬문하부사參贊門下府事 이거이李居易가 나서서 "전하, 한양에 도읍을 정해 건설하신 것은 상왕上王이십니다. 그런데 지금 한양에 있는 종묘를 옮기시려 하신다면 이것은 선대先代의 사업을 계승·상속하는 도리가 아닌 줄로 아옵니다." 하고 종묘의 개경 이전을 반대하고 언젠가는 한양으로 다시 돌아가야 한다고 주장하였다. 그러자 정종은 "경의 말이 옳소." 하고 당초의 자신의 의견을 바꿨다.

그렇지만 도읍이 확정되지 않음으로 인해서 불편한 일이 할 두 가지가 아니었다.

이에 정종은 왕자와 종친들을 상왕 이성계에게 보내어 개경에 도읍을 정하겠다는 허락을 받으려 했으나 실패하였다.

그런데 한양에서 개경으로 온 것은 한양에서 불길한 징조가 보여 피방해 온 것인데 개경에서도 불길한 징조가 하나 둘씩 나타나기 시작하는 것이 아닌가.

이 당시 개경 사람들은 모이기만 하면

"여보게, 요즈음 이상한 소문 못 들었나?"

"무슨 소문인데……."

"요사이 상감마마께서 거처하는 수창궁壽昌宮 주변에서 부엉이, 여우가 울고 올빼미까지 대궐 지붕 위에서 기분 나쁘게 운다니 이게 어찌 보통 일인가."

"그거 예삿일이 아니구먼. 게다가 요사이 태풍이 몰아쳐서 큰 피해를 입었는데 밤에 별자리조차 심상치가 않다니 큰일이네."

"그뿐인가. 남쪽의 울산, 동래, 영덕, 등의 동해안 바닷물의 색깔이 피 빛으로 변해 고기떼가 죽어서 떠올랐다니 아무래도 이변일세."

"그래서 조정에서도 통도사, 불은사 등 큰 절에 재앙을 막아달라는 기도를 하고 있다는 군."

이처럼 나라 안의 이변이 끊이지 않자 서운관에서 다시 "전하께서는 잠시 침소를 옮기소서." 하고 건의하였다. 이에 정종은 거처를 옮겼지만 그 곳도 여전히 밤이 되면 부엉이의 구성진 울음소리가 끊이질 않았다. 민심이 흉흉한 속에서 사람들의 불길한 예감대로 내란이 일어나고 말았다.

방간의 난이 일어나다

정종 2년1400 정월 그믐날, 일명 '방간芳幹의 난' 이라 불리는 제2차 '왕자의 난' 이 일어났다.

제2차 '왕자의 난' 은 태조 이성계의 3남 방간과 5남 방원芳遠 : 후일 太宗이 왕위를 차지하기 위한 골육상쟁이었다.

원래 방간은 학문이 없고 성질은 거친 편으로 친동생인 방원을 시기하여 왕위를 엿보고 있었다. 방간은 공훈, 인격, 명망, 군사력 등이 방원보다 못하여 불안감을 갖고 있었다.

한편 1차 왕자의 난에 가담했던 지중추원사知中樞院事 박포朴苞는 논공행상에 불만이 컸다. 그는 방간의 집에 자주 드나들면서 방원 사이를 이간질하기에 힘썼다.

박포는 어느 날 방간에게

"정안군 방원이 나리를 보는 눈이 다르니 반드시 변이 생길 것인즉 선수先手를 써야 합니다."

"으음, 선수라……."

"그렇습니다. 정안군은 군사가 강하고 그 수효도 많습니다. 나리께서는 군사도 약하여 위태롭기가 아침 이슬 같으니 선제공격으로 제압해야 가히 승산이 있습니다."

이 당시에는 개인이 거느리는 사병私兵이 있었으므로 방간은 자기가 거느리는 군대를 동원할 수가 있었다. 한참동안 생각하던 방간은 이윽고 박포의 의견을 따르기로 정하였다.

이럴 즈음 방원도 그의 형 방간의 동정이 심상치 않음을 눈치 챘다.

"아니, 형님이 어찌하여 나를 해치고자 군대를 일으킨단 말인가."

"나리께서는 지체하시지 말고 이에 대비하셔야 돌이킬 수 없는 사태를 막으실 수 있습니다."

라고 방원의 측근들은 무력으로 대결할 것을 권유하니 형세는 일촉즉발이었다.

이에 따라 양쪽 진영은 어떻게 하면 상대방에 기선機先을 잡을 수

역사의 현장, 서울

있을까 하고 고심하면서 한쪽으로는 군사를 일으킬 명분을 찾으려고 기회를 엿보고 있었다.

드디어 정종 2년1400 정월 그믐날, 살을 에는 듯한 추위 속에 두 왕자는 실력대결을 위해 군사를 일으켰다.

먼저 방원은 예조전서禮曹典書 신극례를 왕에게 보내 군사를 일으키게 된 사실을 아뢴 뒤에 대궐문을 엄중히 지켜 비상사태에 대비할 것을 청하였다. 또한 방간은 심복인 상장군上將軍 오용권을 왕에게 보내 아뢰기를 "전하, 정안군定安君 : 芳遠이 군사를 일으켜 회안군懷安君을 해치려고 하므로 부득이 군사를 일으켜 막지 않으면 아니 되었습니다." 하고 군사를 일으킨 책임을 서로 상대방에게 미루었다.

이에 정종은 크게 놀라 도승지를 방간에게 보내어 군사를 해산하고 궁궐로 들어오라고 명하였다.

상왕 이성계도 이 말을 전해 듣고, "같은 형제끼리 어찌하여 이 지경에 이르렀느냐." 하고 크게 노하며, 각각 군사를 거두도록 하였다.

한편 정종은 방간이 왕명을 거역하고 군사를 내어 출전했다는 소식을 들었다. 이에 정종은 크게 노하고 한편으로는 두려워하면서 하륜河崙과 상의하였다. 하륜의 의견대로 정종은 다시 교서敎書를 내려 싸움을 중지하도록 명하였으나 방간은 이를 듣지 않고 수백 명의 사병을 이끌고 개경의 동대문을 향해 진입하였다.

방원도 그의 사병을 지휘하여 남산 등의 요충지를 점유한 다음 이윽고 거리를 내려와 방간의 군사들과 접전하였다.

이 골육상쟁의 전투는 결국 이방원의 승리로 끝이 났다.

이방원은 형인 방간을 사로잡은 뒤 황해도 토산兎山으로 귀양 보내고 그를 추종하던 박포, 오유권 등을 참형에 처하였다.

제2차 '왕자의 난'이 이방원의 승리로 끝나자 그 이튿날 하륜河崙 등의 대신들이 정종에게 나아가 "전하, 전일에 정몽주 일파가 음모를 꾸몄을 때와 정도전이 정변을 꾀했을 때 정안군이 없었다면 어찌 오늘이 있었겠습니까. 또 어제 일로 보더라도 하늘의 뜻과 민심의 소재를 파악할 수 있으니 정안군을 세워 세자로 삼는 것이 가할 줄로 아옵니다."라고 아뢰었다. 이 당시 하륜은 참찬문하부사參贊門下府事의 자리에 있었는데 1차 '왕자의 난' 때도 태종을 도운 사람이다. 태종이 왕위에 오른 뒤에 영의정까지 오른 그는 음양, 지리, 의술에 능통하여 남의 관상觀相을 잘 보았다. 태조 때는 계룡산 천도를 부당하다고 상소하여 중지시키기도 하였다.

찌는 듯한 삼복더위 어느 날

태조 이성계가 계비繼妃 강씨와 만나게 된 사연에는 다음과 같은 이야기가 남아 있다.

황해도 곡산군谷山郡 신류산神留山 아래쪽에 용연龍淵이란 연못이 있다. 강씨는 고려 말기 어수선한 사회 속에서 이곳에 사는 강윤성康允成의 딸로 태어나 점점 자랄수록 용모와 자질이 뛰어났다.

강씨 처녀는 용연에서 빨래를 하고 있었다. 마침 이곳에서 사냥을 하다 지나던 이성계가 물을 찾으러 헤매다가 이 연못을 발견하고 황급히 말에서 내려 물을 마시려 하였다. 이를 본 강씨 처녀는, "잠깐. 소녀가 마실 물을 떠 드리지요." 하고는 바가지에 물을 떠서 옆의 버드나무 잎을 훑어 물위에 띄웠다.

정 릉

"물을 드시지요."

물위에 뜬 버들잎을 본 이성계는

"낭자는 무슨 일로 마실 물에 버들잎을 띄웠는가?"

"예. 뵙자니 갈증이 몹시 심하신 것 같은데 만약 찬물을 급히 마시면 병이 나기 쉽습니다. 아무리 갈증이 심하시더라도 버들잎을 훅훅 부시면서 천천히 드십시오."

하고 강씨 처녀는 공손히 말하였다. 이에 이성계는 의혹을 풀고 영특한 강씨 처녀에 마음이 끌려 그녀를 아내로 맞이하게 되었다고 한다.

태조는 그토록 총애하던 강씨 부인을 잃고 그의 능을 덕수궁 옆 영국 대사관 자리에 정릉貞陵을 만들었으므로 이 부근을 정동貞洞이라고 하게 되었다.

동전 점괘

| 태종의 한양 재천도 |

제2차 '왕자의 난'에서 이방원이 승리하자 하륜 등의 대신들은 그 이튿날 정종定宗에게 정안군 이방원을 세자世子로 삼도록 건의하였다. 정종은 아무 말 없이 듣고 있다가 그 말이 가하다고 생각하였다. 이들 대신들을 내 보낸 뒤 정종은 도승지 이문화李文和를 상왕 이성계에게 보내 이 일을 문의하였다. 그러나 태조 이성계는 옳다 그르다는 뜻을 밝히지 않았다.

이로부터 3일 후, 정종은 동생인 정안군을 세자에 책봉하기로 하였다. 이로써 방원은 오랫동안 염원하던 왕위 계승의 길이 열리게 되었다.

정종은 정안군을 세자에 책봉한 뒤 그에게 군국軍國의 대사를 맡기고 신하들과 한가로이 놀이를 즐기면서 가끔 상왕 이성계를 찾아가 위로하는 것을 일과로 삼았다.

정안군이 세자로 책봉된 지 9개월이 지났다.

정종 2년1400 11월 11일, 정종은 정안군에게 왕위를 내어주기 위하

역사의 현장, **서울**

여 도승지에게 옥새를 전하면서 "세자는 조선을 세우는 데 큰 공이 있는데다가 과인이 3년간 왕위에 있는 중에 부덕不德한 탓에 천재지변이 잦았도다. 원래부터 과인이 질환이 있는 터에 중임을 맡아 병이 더욱 심하니 물러나 심신을 쉬고 싶다. 세자가 덕과 지혜가 뛰어나 제세안민濟世安民의 자질을 갖추었으니 대통大統을 잇는 것이 마땅하도다."라고 전교傳教를 내렸다.

이 전교를 받은 정안군은 눈물을 흘리면서 사양하였다. 그러나 정종은 재차 세자에게 명을 받들어 종사宗社를 안정시키고 민생을 돌보라는 전지傳旨를 내리자 그제야 정안군은 왕위에 올랐으니 이가 곧 조선 제3대 태종太宗이다.

이 당시 이성계는 강원도 오대산의 중 설오雪悟 등과 함께 있었다. 정종은 정안군에게 왕위에 오르라는 전지를 내리는 한편 좌승지左承旨 이원李原을 이성계에게 보내 이 뜻을 고하도록 하였다.

그러자 이성계는 "해서도 아니 되고 아니해도 안 될 것이다. 이제 벌써 선위禪位를 하고서 다시 무엇을 말하는가?" 하고 왕위를 물려주는 것에 반대도 찬성도 하지 않았다.

왕위에 오른 태종

11월 12일에는 의정부議政府에서 백관을 거느리고 세자가 왕위에 오르기를 요청했으므로, 그 다음날인 11월 13일에 세자 정안군은 면류관을 쓰고 용포를 입고서 수창궁壽昌宮에서 즉위식을 거행하였다.

태종太宗이 조선 제3대 왕으로 등극한 지 며칠 지나지 않았을 때 오대산에 있었던 이성계가 하산하였다. 부자가 서로 상면했을 때 이성계가 태종에게 "네 형이 한양에 천도하여 내 마음을 위로하겠다는 뜻을 갖고 있었는데 네가 내 마음을 헤아려 행할 수 있겠느냐?" 하고 물었다. 그렇지 않아도 태종은 평소에 이성계와 같이 조성 왕조의 도읍지는 개경을 떠나 새 도읍지를 정해야 한다고 생각하고 있었다. 이에 태종은 "아버님, 어찌 감히 명령대로 따르지 않겠습니까?" 하고 충심에서 우러나오는 대답을 하였다.

이리하여 한양으로의 천도 계획은 다시 수립하게 되었다.

그런데 태종이 등극한 지 1개월 뒤인 12월에 갑자기 왕이 거처하던 수창궁壽昌宮에 화재가 났다. 참으로 불길한 조짐이었다. 궁궐이 모두 타버리자 왕실과 백성들의 인심은 뒤숭숭하여 천도 문제가 본격적으로 거론되었다.

화재가 일어난 날, 태종은 조준, 성석린 등을 불러 "불행히도 오늘 화재가 나서 궁궐이 불타버렸으니 경들은 서운관에 있는 비기秘記를 적어 놓은 책들을 찾아서 한양 천도에 대한 이해利害 관계를 밝혀 보고하시오." 하고 명하였다.

그러자 조정 대신들은 모여 앉아 이 문제를 둘러싸고,

"아무래도 개경이 명당明堂이니 이곳을 서울로 삼아야 하오."

"전국을 찾아보아도 경복궁을 지어 놓은 한양만 한 명당이 어디 있습니까?"

라고 주장하는가 하면 태조 이성계가 왕위에 있을 때부터 무악毋岳 천도론을 주장하던 우의정 하륜河崙은 "새 도읍지 한양과 구 도읍지 개경에 모두 재변災變이 있었으니 풍수지리적으로 볼 때 무악만 한 길지吉地가 없으니 이곳으로 천도하는 것이 타당하오."라고 강경하게 주장하

역사의 현장, 서울

는 것이었다.

어느덧 해를 넘겨 태종 원년1401 1월이 되었다. 이 당시 남양군 홍길문洪吉文이 태종에게 건의하기를 "도읍은 종묘와 사직이 있는 곳이자 공물貢物이 집결하는 중요한 곳입니다. 지난달 태상왕太上王께서 도읍을 한양에 정하여 궁궐, 시가 등을 훌륭하게 개설한 지 수년이 못되어 이곳을 떠났기 때문에 새 도읍지가 황폐하여 이를 보는 사람들마다 서글프게 생각하지 않는 이가 없습니다."

"……"

"또한 종묘에 제사를 올릴 때만 되면 개경과 한양을 왕래하는 폐가 많으니 이것은 전하께서 효도하는 도리가 아닙니다. 바라옵건대 전하께서는 태상왕의 천도하신 뜻을 받들어 만세무강의 기업基業을 정하십시오."라고 건의하였다.

태종은 이 건의를 듣고서 고개를 끄덕였다. 이 말에 힘을 얻은 태종은 한양천도를 하고자 했으나 대신들 중에는 개경을 떠나는 것을 반대하는 의견이 많았으므로 천도를 강행하기가 어려웠다.

태종은 속으로 (태상왕에게 한양으로 돌아가겠다고 약속했는데 대신들과 백성들은 개경에 있기를 원하고 있으니……쯧쯧) 하면서 못마땅하게 생각하였다.

한편 수창궁이 소실되어 태종은 추동궁楸洞宮으로 옮겼으나 너무 협소하였다. 이에 태종은 추동궁을 헐고 새로 지으려고 하자 사간원司諫院에서 "전하, 추동궁이 조금 좁고 낡았지만 헐어내고 다시 짓는 일은 부당합니다."라고 반대하였다.

태종은 추동궁을 헐고 새로 지으려고 계획할 때 사헌부가 반대하자, 크게 노하였다.

"나더러 거리에서 자란 말이냐. 그렇다면 한양으로 환도할 것이니 서운관書雲觀에서 천도할 날짜를 택하여 보고하라."고 명한 뒤 반대한 간관諫官 윤사수 등을 옥에 가두게 하였다.

이 소식을 들은 정승 김사형 등이 태종을 알현하려고 청하자, 태종은 측근에게 "필요 없다. 한양 도읍지로 떠나는 날 만나자고 하여라."고 물리친 뒤 한성으로의 환도를 강력하게 밀고 나갔다.

그러나 하륜·조영무·이직 등이 다시 들어와 한양 환도를 중지하고 추동궁을 건설하자고 건의함으로써 태종의 노기는 풀렸다.

그렇지만 한양 환도 문제는 여전히 문제로 남아 있었다. 이후 태종은 기회 있을 때마다 중신들과 환도 문제를 논의하였으나 중신들은 항상 환도는 불가하고 개경에 도읍하는 것이 옳다는 것이었다.

서울 후보지, 개경·무악·한양

태종은 즉위한 지 1년 3개월이 된 2월에 하륜과 김사형을 불러 "경들은 문무 관리들에게 한양 환도에 대해 가부可否를 물어 결정해서 보고하시오."라는 명을 내렸다.

그래서 두 사람은 여론 조사에 나서 문무 각 관원들과 의논하였으나 개경에 정도하자는 의견, 한양으로 환도하자는 의견, 무악毋岳에 정도하자는 의견 등 분분하였다. 그러나 대체적으로 개경에 그대로 정도하자는 의견이 다수였다.

이 보고를 들은 태종은 착잡하여 측근의 신하들과 장시간 논의하였지만 결론을 내리지 못하였다.

역사의 현장, 서울

그런 중에 어느새 세월은 1년이 흘렀다. 그간 태종 3년1403 1월과 2월 두 차례에 걸쳐 사헌부 · 사간원 · 3부에서 한양에 두고 있는 종묘와 사직을 개경으로 옮겨와야 한다는 건의가 있었다. 이어서 그 이듬해 7월에도 이와 같은 주장이 있었다.

무악(안산)

태종은 천도 문제를 결정하지 못하고 시일만 끄는 것이 못내 못마땅하였다. 태종은 "6년 전 한양에서 개경으로 환도한 것은 피방避方을 위해서였는데 여태껏 종묘와 사직을 한양에 두고 도읍을 확정하지 못한 지 오래되었다. 근래에 와서 천재지변이 자주 나타나는데 이는 종묘와 사직이 멀리 한양에 있고 도읍이 정해지지 못해 인심이 불안하기 때문이다. 사람들이 오랫동안 개경에 살다 보니 고토故土에 친하고 생업이 안정되어 천도하기 어려운 것인즉 종묘와 사직을 개경으로 옮기는 것이 어떨지 내일까지 의논해서 보고하라."고 의정부議政府에 명하였다.

의정부는 태종의 명에 따라 종친들과 원로대신들을 불러 의논해 본 결과 참석한 모든 사람들이 종묘와 사직을 개경으로 옮기는 것이 좋겠다고 하였다. 그런데 찬성사로 있는 남재南在만은 "종묘를 옮기는 것은 중요한 문제이니 『경전經典』과 『사기史記』를 널리 참고하여 예법에 어긋나지 않는가를 밝힌 후에 옮기는 것이 옳을까 합니다."라고 신중하게 처리하자는 의견을 냈다.

이와 같은 남재의 의견을 채택한 좌의정 조준은 즉시 사람을 시켜 중국의 역사책인 『사기』를 뒤지게 하여 천도에 관한 일을 알아보게 하였다. 마침 주周나라 역사를 들추니, 성왕 때 두 개의 서울을 둔 양경제兩京制를 실시한 것이 눈에 뜨이었다.

중국의 역사책 『사기』에서 주나라 때 두 개의 서울을 둔 양경제兩京制가 실시된 것을 알아낸 의정부는 태종에게 "전하, 한양은 태조가 창건한 도읍이요, 개경은 백성들이 안주하고 있는 곳이므로 두 곳 모두 폐지할 수 없으니, 주나라 때의 호경鎬京과 낙읍洛邑의 제도를 본받아 양경제를 실시하되 개경을 중심으로 도읍을 삼는 것이 옳을까 합니다."라고 보고하였다.

그러자 태종은 고개를 갸우뚱하며 "양경제를 실시하되 개경을 중심으로 도읍을 삼는다? 원래 한양은 태조께서 창건하신 땅이요, 종묘와 사직이 있는 곳인 만큼 양경제를 실시한다면 한양이 중심이 되어야 마땅하지 않소." 하고 반문하였다. 그러자 의정부는 개경을 중심으로 양경제를 실시하는 것이 옳다고 하여 결론을 짓지 못하였다.

한편 양경제를 실시한다는 소식을 들은 이성계는 태종에게 교지敎旨를 내려 섭섭한 뜻을 나타냈다.

"내가 한양으로 천도할 때에도 번거로움은 있었지만 개경은 왕씨王氏의 구 도읍지이므로 천도한 것인데, 지금 상감이 다시 개경에 도읍한다면 이것은 시조始祖의 뜻을 따르는 것이 아니오."

이 교지를 읽은 태종은 즉시 의정부에 교지를 내려 "한양은 종묘와 사직이 있는 곳으로 오랫동안 비워두고 거처하지 아니했으니 이는 선대先代의 뜻을 계승하는 효도가 아니므로 명년 겨울에는 도읍을 옮길 것이니 궁궐을 수리하도록 하시오."라고 명하였다.

이때 원로대신 하륜河崙이 다시 입궐하여 "한양이나 개경은 모두 풍수지리적으로 길吉하지 못한 곳이니 명당인 무악毋岳으로 천도해야 합니다."라고 강력하게 주장하였다. 이 말을 들은 태종은 그의 의견을 무시할 수 없어 직접 무악을 살펴보기로 결정하였다.

태종 4년1404 9월 26일, 태종은 종친, 중신들과 풍수지리가 등을 이끌고 개경을 출발하였다.

이로부터 8일 후인 10월 4일에 무악에 도착한 태종은 한강변에 커다란 흰 깃발을 꽂아 놓게 하고 산 위에 올랐다.

태종은 산 위에서 사방의 지형을 살펴보고 (흰 깃발의 북쪽에다 도읍을 할 수 있겠다) 라는 생각을 하였다. 태종은 무악에서 내려와 곧 회의를 열었다.

"도읍지에 대해 무슨 말을 하든지 탓하지 않을 것이니 소신껏 의견을 말해 보시오."

그러자 서운관에 근무하는 윤신달, 유한우 등은 "한양은 사면이 험한 돌산으로 되어 있고 명당에 물이 없어 도읍지로서 부적당하나 무악은 도참설에 부합하니 도읍지로서 적당한 곳입니다."라고 찬동했으나 이양달은 "무악은 풍수지리적으로 불길한 곳이므로 도읍지로는 불가합니다."라고 강력하게 반대하였다.

또한 민중리는 "삼각산에 올라가서 사방을 바라보고 도읍지를 정하는 것이 옳습니다."라는 의견을 제시하는 등 대신들의 의견은 분분하여 일치하지 않았다.

동전 점괘로 정해진 한양

도읍지를 개경, 무악, 한양으로 정해야 옳다는 신하들의 의견이 맞서자 태종은 종묘宗廟에 나가 점占으로 결정하기로 하였다. 태종의 이같은 생각에 반대하는 사람은 없었다. 다만 점을 치는 방법에 대해서

종 묘

역사의 현장, 서울

논의를 하게 되었다.

점은 옛날 중국에서도 중요한 일을 결정할 때도 사용했고 고려를 세운 태조 왕건이 철원에서 개경으로 도읍을 옮길 때에도 척철법擲鐵法, 즉 동전을 던져서 결정했다는 것이다.

태종 4년1404 10월 6일, 가을 하늘은 티 한 점 없이 맑았다.

새 궁궐 경복궁 침전에서 일찍 일어난 태종은 맑은 하늘을 바라보고 심호흡을 하더니 뜰을 거닐면서 혼잣말로 중얼거렸다.

(오늘 점괘占卦가 한양으로 나와야 부왕父王에게 면목이 서겠는데……)

이미 종묘 문 앞에는 이른 아침인데도 많은 사람들이 모여들고 있었다.

"한양과 무악, 개경 중에서 서울이 된다지요."

"그렇다나 봐요. 어느 곳이 서울이 될는지……."

"한양과 무악, 개경 중에서 어느 곳이 서울로 정해질 것 같소?"

"글쎄, 상감마마께서는 무악이 서울로 정해지기를 바라신다지만 그거야 점을 쳐보아야 알 수 있지 않겠소."

드디어 군중들이 운집한 속으로 태종의 거동이 있자 웅성대는 소리가 사라지고 숙연해졌다.

저마다 웅성대는 가운데 태종 임금이 도착되자 군중들은 숙연해지고 모두 길에 부복하였다. 이날따라 종묘에 참배한 태종과 조준趙浚 등 신하들의 낯빛은 굳어 있었다.

태종은 종묘 앞에 도착하자 모인 사람들에게 장중한 어조로 다짐을 하였다.

"과인이 개경에 있는 동안 재난이 자주 있었다. 이를 기이하게 여겨 문의했더니 정승 조준을 비롯한 많은 사람들이 신 도읍지로 가야만 천재지변이 일어나지 않는다고 하였다. 그러나 신新 도읍지 한양에도 천재지변이 적지 않게 일어났기 때문에 도읍을 결정하지 못해 인심이 매우 불안하였다. 이제 종묘에 들어가서 어느 곳을 도읍지로 정할 것인가를 조상님께 고하고 점을 쳐서 길吉한 곳을 도읍지로 삼을 것인데 일단 정해진 뒤에는 절대로 이의異議를 제기해서는 아니 될 것이오."

이어서 태종은 대신들과 같이 종묘에 들어가 배례拜禮를 하였다. 그리고 좌의정 조준, 대사헌 김희선, 지신사 박석명, 사간 조휴와 태종의 사촌 정산군 이천우李天祐 등 5명을 거느리고 묘실廟室 안으로 들어갔다.

태종은 향을 피운 다음에 꿇어앉아 정면을 바라보다가 그의 사촌 이천우를 불렀다.

"이 동전 3개를 던져 점괘를 내 보시오."

동전 3개에는 각각 앞면에 "길吉", 뒷면에 "흉凶"자가 쓰여 있었다.

"분부대로 거행하겠습니다."

이천우는 소반 위에 동전을 던져 길흉을 점치는 역사적인 운명을 맡았다.

장내는 숨소리 하나 들리지 않았다.

'짤그랑' 소리가 울리고 드디어 점괘가 나왔다.

"어서 점괘를 발표하시오."

"한양은 '길'이 2번, '흉'이 1번, 무악과 개경은 '길'이 2번, '흉'이 2번으로 나왔습니다.

이 점괘에 태종은 만면에 희색을 감출 수가 없었다. 그가 바라는 대로 한양이 길하다고 나왔기 때문이다. 당시 조선 초기는 여론 정치 사회이므로 비록 자신이 왕이지만 민의民薏를 무시하고 혼자 천도를 결정하거나 강행할 수 없었다. 이리하여 태종이 즉위한 후 5년간이나 의견이 분분하였던 천도 문제는 매듭을 짓게 되었다. 태종은 이듬해 1405년 10월 8일에 개경을 출발하여 3일 후인 11일에 한양에 도착하였다. 그러니까 정종이 한양을 떠난 지 만 6년 7개월 만에 환도한 셈이다.

태종은 대신들에게 "과인은 무악에 도읍하지 못했지만 후세에 반드시 도읍할 사람이 있을 것이오."라고 말하였다.

이와 같이 동전 점괘로 한양 천도가 이루어진 극적인 광경을 생각해 보면 아찔한 생각이 들지 않을 수 없다. 그 당시 태종과 동전을 던진 이천우 등이 600여 년 후 오늘의 대서울이 있으리라고 짐작이나 했겠는가.

수양대군의 집권

| 계유정난 |

노산군(魯山君) 단종은 세종 23년 7월 23일, 현덕왕후의 몸에서 태어나 3일 만에 모친을 잃었다. 단종은 세종 30년1448에 왕손으로 책봉되었고, 문종 원년1450 10세에 왕세자가 되었다. 문종은 병약한데다가 부친 세종의 소상, 대상을 치르는 동안 건강을 잃어 병색이 완연하였다. 문종은 세자의 나이는 어리고 종실은 강성하므로 장차 나라를 다스릴 일이 걱정되었다. 즉위 2년째에 더욱 병이 깊어져 밤낮으로 자리에 누워 있던 문종은 영의정 황보인, 좌의정 김종서, 우의정 정분 등을 불러 "세자의 일이 걱정되어 경들에게 부탁하니 세자는 경들이 잘 받들어 보살피면 성군의 뜻을 펼 수 있을 것이오." 하며 친히 후일을 당부하였다. 어린 아들을 남기고 재위 2년 4개월 만에 병으로 세상을 떠나야했던 문종의 마음은 착잡하기 그지없었다.

문종이 39세에 승하하자 1451년 5월에 단종이 왕위를 이어 받았다. 그때 단종의 나이는 불과 12살이었다.

경복궁에는 어린 임금만이 외롭게 지낼 뿐 아무리 총명하다고는

역사의 현장, 서울

하나 정치를 제대로 처리할 수가 없었다. 이런 경우에는 궁중에서 가장 서열이 높은 대왕대비나 왕대비가 정사를 돌보는 것이 일반적인 경우이지만 단종에게는 어머니와 할머니도 없었으므로 수렴청정垂簾聽政할 사람도 없었다. 단종이 즉위하면서 임금과 신하 사이의 힘의 균형이 깨지기 시작하였다. 어린 국왕이 왕위에 오른 틈을 타서 대신들이 자신의 권한을 강화시키고, 세종 이후 크게 성장한 집현전 학사들의 정치 참여도가 높아졌다. 이른바 '황표정치黃標政治'라는 말이 등장한 때도 이 무렵이었다. 조선시대에는 관리를 임명할 때 복수의 후보를 추천하고 국왕으로부터 낙점落點을 받았다.

황표정치

단종이 관리를 임명해야 하는데 "수많은 관리들을 임명하고 또 체직해야 하는데 나는 너무 어려서 누가 누구인지 잘 모르겠습니다." 하고 말하자 영의정 황보인, 좌의정 김종서, 우의정 정본의 세 정승은 "그래서 여기에 이렇게 노란 표시를 해 올렸습니다. 저희가 표시해 놓은 대로 처리하시면 됩니다."라고 말하며 결재를 올렸다. 세 정승이 노란 표시를 하여 올리면 단종은 그 사람을 임명하거나 파면시켰다. 이를 두고 '황표정치'라고 하였다. 세 정승은 '황표정치'를 함으로써 자기들 마음대로 관리를 임명·파면해 가며 정치를 할 수 있게 되었다. 국가의 정치가 세 정승에 의해 좌지우지되자 수양대군은 국왕이 나이가 어린 것을 빌미로 점점 자신의 세력을 키워 나갔다. 늙은 재상들에게 불만을 품고 있던 젊은 선비들도 수양대군 휘하로 몰려들기 시작하였다.

단종의 나이가 어리므로 자연히 국가 기강이 잡혀 있지 않아 안평·수양대군뿐만 아니라 조정의 고관집은 항상 벼슬자리를 얻으려는 사람으로 북적거렸다. 이러한 엽관운동獵官運動을 일컬어 분경奔競이라 하였다. 그러자 안평대군은 분경을 금하는 것을 황보인 등과 의논하였다. 영의정 황보인은 좋은 의견이라고 하여 세 정승과 의논하여 단종에게 분경을 금하는 교서敎書를 내릴 것을 청했다. 이에 따라 사헌부에 명하여 종친들과 당상관들은 분경을 금하도록 통지하고, 이를 어길 시에는 지위고하를 막론하고 처벌한다는 것을 제정하여 공포하였다.

　　이렇듯 대군大君의 집에 대한 '분경奔競 금지' 조치까지 내려지자 왕실 종친들의 불만은 극에 달했다. 수양대군은 이와 같은 왕실의 불만을 정치적으로 이용하였다. 분경을 금한다는 교서가 내리자 수양대군은 조정에서 자신을 견제하려는 것임을 알고 곧장 영의정 황보인과 좌의정 김종서를 찾아가 이를 따졌다.

　　"오늘 분경을 금한다는 첩지牒紙를 받았는데 당상관 이상과 대군의 집을 출입하는 것을 법으로 다스린다고 하였는데 도대체 대군의 집에까지 출입을 금하는 것이 어느 나라의 법입니까? 상감마마의 뜻이 그러하오?" 하

김종서의 집터

며 따졌다.

김종서가 근엄한 어조로 "요즈음 분경으로 공직 기강이 해이해진 것을 바로 잡으려고 교서를 내렸소."라고 하였으나 수양대군은

"대군의 집까지 분경을 금한다는 것은 종실의 손발을 묶어 두자는 속셈이 아니고 무엇이오. 그리하면 필경 연소한 금상 전하는 조정 대신들의 손안에 갇힐 것이오. 그렇게 된다면 종실에서도 가만히 보고만 있지는 않을 것이요."

수양대군의 태도가 의외로 강경하자 황보인과 김종서는 "조정에서도 종실과 대립하는 것을 원치 않소이다. 사헌부에 진상을 알아보도록 하고 다시금 조치토록 하지요."

이리하여 분경 금지법은 유명무실해지고 말았다. 이에 수양대군의 위세는 날로 높아져 갔다. 수양대군은 자기 나름대로의 계획을 세워 주변세력 확장에 힘을 쏟았다.

조선 초부터 국왕 주도의 정치를 지향하는 왕실세력과 신하 주도의 정치를 지향하는 관료세력 간의 대립이 있어서 '왕자의 난'이 일어났고, 어린 단종이 왕위에 오르자 다시 이런 동향이 나타났다.

시대가 혼란할수록 기라성 같은 인물은 많이 나오게 되어 있다. 단종 때의 인물이라면 한명회韓明澮를 빼놓을 수가 없다. 한명회는 계유정난에 핵심인물로, 수양대군이 왕위에 오르도록 성사시킨 인물이다. 한명회는 조선의 개국공신 한상질韓尙質의 손자이다. 한상질은 예문관학사藝文館學士로서 주문사奏聞使가 되어 명나라에 가서 국호를 조선으로 결정 받고 이듬해 돌아와 경상도관찰사를 지낸 인물이었다. 그러나 그의 아들 한기는 변변치 못하여 벼슬자리 하나 제대로 못하였다.

칠삭둥이 한명회

한기의 아들 한명회는 하도 못생기고 몸집이 작아서 어릴 때부터 '칠삭둥이' 라는 별명이 붙었다. '칠삭둥이' 란 일곱 달 만에 미리 낳았다는 뜻이나 조금 모자라는 사람을 놀림조로 이르는 말이다. 그래도 한명회는 명문 집안의 자손이라 하여 열 살이 넘자 중추부사 민대생의 사위로 정해졌다. 한명회의 장모가 되는 허씨 부인은 사윗감이 마음에 안 들었다.

부인 허씨는 "여보, 대감! 한명회는 칠삭둥이가 분명한데 그토록 모자라는 사람을 사위로 고르다니요."

남편 민씨는 "그게 무슨 말씀이오. 사람을 겉만 보고 그 사람의 앞날을 점치면 아니되오. 지금은 사위가 칠삭둥이처럼 보이지만 두고 보시요. 뒷날 반드시 크게 성공할 것이오."

허씨 부인의 반대에도 불구하고 민대생은 한명회를 사위로 맞았다.

한명회와는 반대로 민대생의 딸은 보기 드문 미인이었다. 그래서인지 예종비 장순왕후와 성종비 공혜왕후로 되어 시집까지 잘 보냈다. 한명회는 나이가 서른이 넘도록 과거 급제도 못하고 떠돌아다니는 낭인 신세가 되니 처갓집에서 좋아할 리가 없었다. 그래도 장인 민대생만은 한명회를 잘 대접해 주었다.

한명회의 친구이며 집현전 학사였던 권람은 과거를 보아 세 번이나 장원을 하여 이름을 떨쳤으나 웬일인지 출세의 길이 열리지 않았다. 세 번은 그만두고라도 한 번도 과거에 급제하기 어려운데 세 번씩이나 그것도 장원으로 급제했다는 것은 보통 사람의 힘으로는 불가능할 정도였다.

역사의 현장, 서울

한명회는 젊어서 여러 번 과거에 응시했지만 번번이 낙방하자 권람의 주선으로 나이 40세가 다되어 문종 2년1452 음보蔭補로 경덕궁직敬德宮直을 얻었다. 하지만 한명회는 궁지기 노릇이 마음에 들지 않아 큰 뜻을 품고 다시 서울로 올라왔다. 한명회가 서울로 올라오자 권람은 그를 데리고 수양대군의 사저로 찾아갔다. 수양대군은 술상을 앞에 놓고 한명회의 재주를 시험해 보았다.

한명회의 능란한 언변과 세상사를 꿰뚫는 안목을 보자 수양대군은 단박에 그에게 반해 버렸다.

"늦게 만난 것이 한스럽도다."

수양대군은 입에 침이 마르도록 한명회를 칭찬하였다. 이후 한명회는 수양대군의 장자방張子房 : 한나라 장량이 되었다. 한명회는 자기 집 드나들 듯 수양대군의 사저를 출입하면서 쿠데타를 일으킬 계획을 세워 추진하기 시작하였다. 한명회는 매일 수양대군을 만날 때마다 스스로 종부시관宗溥寺官 혹은 의원醫員이라고 일컬었다. 두 사람의 밀담은 해가 저무는 줄 모르고 계속 되었다.

한명회는 수양대군에게

"다음부터는 궁노의 팔에 긴 끈을 매달아 놓으십시오."

"그게 무슨 까닭인가?"

"제가 밤늦게 이곳에 찾아와 그 끈을 당기면 대문을 열어주도록 하십시오. 한밤중에 소리를 쳐 사람을 부른다면 이 또한 남의 이목을 끌 것입니다."

"과연 그대는 나의 장자방이로다."

어느 날 한명회는 수양대군의 사저를 찾아가 "대감께 한 말씀드립니다. 한나라 고조에게 장자방만 있었더라면 천하를 얻기가 어려웠을 겁니다. 번쾌와 같은 장수들이 없었더라면 천하통일은 요원했을 겁니다. 그러니 대감께서도 휘하에 장수를 거느리셔야 합니다."

권람 또한 두 가지 계책을 수양에게 말한 적이 있었다. 첫째가 명나라 사신으로 임명되어 외교권을 쥐는 것이요, 둘째가 용맹한 무사를 암암리에 모아 대사를 준비하는 것이라고 하였다. 권람과 한명회는 수양대군을 향한 의견이 완전히 일치하였다. 수양대군은 한명회의 의견에 크게 고개를 끄덕였다.

이 당시 안평대군은 그의 성격상 글 잘하는 선비들을 불러 모았고, 수양대군은 용맹한 무사들을 모으려고 하였다.

한명회는 수양대군에게

"시생이 이제부터 전국을 돌아다니며 용맹한 무사들을 불러 모아 오겠습니다."

"그렇게 하시오. 이 일은 쥐도 새도 모르게 해야 하오. 조정에서 무슨 의심이나 트집을 잡히지 않도록 각별히 유념해야 하오."

"물론입니다."

한명회는 수양대군으로부터 밀명을 받고 어디론가 종적을 감췄다. 그리고 한 달 보름이 지나서 마침내 한명회가 돌아왔다.

"대감! 들으시면 놀랄 정도로 많은 사냥꾼을 데려 왔습니다."

"무사들이 아니라 사냥꾼 말이오?"

"대감! 백두산 호랑이를 잡을 사냥꾼 말입니다."

수양대군은 그제야 한명회의 말뜻을 알아들었다. '백두산 호랑이' 라 함은 김종서를 말함이다.

역사의 현장, 서울

"그래 모두 몇 명이요?"

"자그마치 서른 명입니다. 우선 양정은 범의 뒷다리를 한 손으로 잡아 내동댕이쳐 잡았다는 장수이고, 홍달손은 말을 한 손으로 번쩍 들어 올렸다는 장사이며, 유수는 곰의 목덜미를 물어 피를 빨아먹은 맹수와 같은 무사이옵니다. 이런 장수들을 모았으니 대감께서 그들을 어떻게 다루냐에 따라 대사가 판가름 날 것입니다."

그리고는 수양대군에게 이들을 한번 시험해 보라고 하였다. 수양 대군은 한 사람 한 사람 모두의 특기를 점검하였다. 서른 명은 제각기 특기를 갖추고 있어 일당백의 장사들이었다. 수양대군은 이들 무사 30여 명을 얻었으므로 '사나운 범이 날개를 단' 격이 되었다.

단종이 즉위한 지 몇 달 뒤인 1452년 10월, 명나라 황제가 단종이 새 임금으로 되었음을 인정하는 이른바 고명誥命을 보내오고, 대행왕의 묘호廟號를 문종으로 하는 것을 인허하는 명나라의 칙사勅使가 조선에 나왔다. 조선은 비록 자주국이었으나 명나라의 영향력에서 벗어날 수는 없었다. 외교적으로 명나라에 대해 사대주의 정책을 취했으므로 명나라 황제로부터 고명이 내려온 것이다. 당시 명나라에서 고명을 가져오면 그 보답으로 고명 사은사謝恩使를 보내게 되어 있었다. 이 고명 사은사는 사은사 중에서도 가장 명예로운 것으로 이 일을 수행한 사람은 이를 가문의 크나큰 영광으로 여겼다. 사은사로 임명되는 것은 조선의 외교권을 장악한다는 의미가 있었다. 더욱이 수양대군과 안평대군은 훗날 자신들이 지금의 임금을 폐하고, 왕위에 올랐을 때 명나라 황제의 인허認許를 받기 어려울 것이므로 미리 명나라에 들어가 잘 보이자는 야심도 없지 않아 이 고명 사은사 자리를 노렸다.

조정에서도 고명 사은사의 임명 문제로 김종서와 황보인은 이 일을 논하면서 "좌상이나 이 사람 중에 한 사람이 갔다 와야 할 텐데……. 우리 둘 중 한사람이 없으면 종친들이 불궤不軌 도모를 할지도 모르는데. 명나라를 왕복하려면 줄잡아 서너 달은 걸릴 텐데……." 하며 김종서와 황보인은 결정을 못 내리고 고심하고 있을 때 안평대군이 나타났다. 안평대군은 단종에게 말하길 고명 사은사의 대임을 맡겨 주시면 임무를 탈 없이 시행하겠다고 하자 김종서와 황보인은 갑자기 긴장하였다. 두 사람에게 일언반구의 의논도 없이 안평대군이 임금에게 직접 주청을 하였으니 당황할 수밖에 없었다.

이럴 즈음 수양대군도 권람, 한명회 등의 권유로 명나라 사은사를 맡으려고 입궐하였다.

수양대군은 단종에게 "전하! 듣자하니 명나라에 고명 사은사로 갈 사람이 마땅치 않다 하여 소신이 맡을 까하여 이렇게 왔습니다."

수양대군이 단도직입적으로 말하자 단종은 어리둥절하였다. 사은사 일로 김종서와 황보인 두 정승과 수양대군의 언성이 높아지며 다투자 어린 단종은 눈물을 글썽이며 "수양 숙부에게 사은사 일을 맡기도록 합시다."라고 하였다.

김종서와 황보인은 주상이 눈물을 글썽이며 부탁하자 거절할 수가 없었다. 수양대군에게 사은사 일이 맡겨지자 수양대군은 신바람이 났다. 그리하여 수양대군과 함께 공조판서 이사철이 부사, 집현전 교리 신숙주가 종사관이 되었다. 김종서와 황보인은 이 두 사람을 수행원으로 보내면서도 마음이 놓이지 않아 황보인의 아들 황보석과 김종서의 아들 김승규를 수양대군의 감시 역으로 임명하여 배행하게 하였다.

이듬해 단종 원년1453 2월, 수양대군이 명나라로부터 돌아오자 그를 따랐던 관원들에게 후한 벼슬을 내렸다. 이에 대간사헌부에서 벼슬이 지나치게 높게 책록되었다고 하며 문제를 삼았으나 수양대군의 위세가 드높은 터라 이들의 관직을 깎아 내리지는 못하였다.

수양대군의 거사

마침내 수양대군은 단종 원년1453년 10월 10일을 거사일로 정하고, 그 전날 밤 한명회와 권람을 불러들여 거사를 논의하였다.

수양대군이 새벽에 권람·한명회·홍달손을 불러 말하기를, "오늘은 요망한 도적을 소탕하여 종사를 편안히 하겠으니, 그대들은 마땅히 약속과 같이 하라. 내가 깊이 생각하여 보니 간당姦黨 중에서 가장 간사하고 교활한 자로는 김종서 같은 자가 없다. 저 자가 만일 먼저 알면 일은 성사되지 못할 것이다. 내가 한두 명의 역사力士를 거느리고 곧장 그 집에 가서 선 자리에서 베고 곧바로 전하에게 아뢰면, 나머지 도적은 평정할 것도 없다. 그대들은 어떻게 생각하는가?" 하니, 모두 말하기를, "좋습니다." 하였다.

수양대군이 말하기를, "내가 오늘 여러 무사를 불러 후원에서 과녁을 쏘고 조용히 이르겠으니, 그대들은 느지막히 다시 오라." 하고, 드디어 수양대군은 계획대로 활쏘기 대회를 열어 자기의 무리들을 집결시켰다.

이튿날 아침 수양대군의 사저로 무사들이 몰려들기 시작하였다. 5, 60명의 무사들은 스산한 가을 날씨 속에 연회를 베풀며 즐겁게 하루를 보냈다. 뒤뜰에는 거사를 주도할 주요 인물들이 따로 주연을 베풀고 있었다.

한명회가 "이제 날이 어두워질 테니 먼저 김종서의 동태를 살펴 두는 것이 좋을 듯하오."라고 말한 뒤에 홍달손을 좌의정 김종서의 사저로 보내 그쪽의 상황을 살피게 하였다.

홍달손은 서둘러 대문을 나섰다가 날이 어두워지기 전에 수양대군의 사저로 돌아왔다. 홍달손이 김종서의 집 근처에 무사들이 많이 있다는 제보에 거사를 뒤로 미루자는 의견이 지배적이었다.

수양대군은 단종이 경혜공주의 생일이라 왕궁을 떠났다는 것을 알자, 조급한 나머지 측근들을 한자리에 모아놓고 거사를 어떻게 일으킬 것인지 회의하고 있었다.

먼저, 한명회와 권람이 흥분하는 수양대군을 막아섰다.

"대군, 아니되오이다."

"한명회의 말이 맞소이다. 때를 다시 노리소서."

권람도 적극 말렸지만 수양대군의 고집을 꺾기는 어려웠다. 결국 탁상 밑에서 긴 환도環刀를 꺼내들어 달빛에 그 날카로움을 비쳐보며 수양대군이 말했다.

"그대들이 가기 싫다면, 나 혼자서라도 가겠네!"

수양대군이 벌떡 일어나 문을 박차고 나섰다. 측근들이 이미 말리기는 어렵다고 생각되어 "지금 수양대군께서 몸을 일으켜 홀로 가니 지원이 없을 수 없다." 하고 권언權躽 등으로 하여금 서대문 안 내성內城 위에 잠복하게 하고, 또 양정楊汀 · 홍순손洪順孫 · 유서柳溆에게 은밀히 수양대군의 뒤를 따라가게 하였다.

수양대군은 먼저 권람에게 명하여 김종서 집에 가서 동정을 살피

역사의 현장, 서울

게 하였다. 이때 홍순손 등이 한손에 철퇴를 들고 수양대군 뒤에 바싹 붙어있었다.

"대군을 도우라는 주인님의 명입니다요."

수양대군은 웃으며 고개를 끄덕거렸다.

"너희들은 멀리 떨어져 있다가, 내가 들어오라 할 때 들어와서 거사를 도와라."

"예이."

이어서 권람이 돌아와 보고하자 수양대군은 무사들을 김종서 집 주위에 매복시킨 다음 가동家僮 임어을운林於乙云 만을 데리고 말에 올라 서대문 밖의 김종서 집으로 갔다.

수양대군이 김종서의 집 동구洞口에 이르니, 김종서의 아들 김승규金承珪가 집 앞에 무사 세 사람과 무기를 들고 귀엣말을 하고 있고, 말을 탄 30여 인이 길 좌우를 끼고 있었다.

수양대군이 김종서의 집에 이르자 덩치 크고 힘이 장사인 김승규가 수양대군을 멀리하며 경계하고 있었다. 수양대군을 보고,

"대군, 이리 늦은 시간에 무슨 일이요?"

"급한 일이니 절제김종서의 자대감을 불러주게."

김승규는 수양대군을 응시하며 경계를 늦추지 않았다. 그리고는 방으로 들어가서 김종서를 불렀다.

"아버님, 수양대군이 찾아왔는데 급한 일이랍니다."

이날 김종서는 역사力士를 모아 음식을 먹이고 무기를 정돈하고 있었다. 수양대군이 이르렀다고 하므로, 사람을 시켜 담 위에서 망을 보게 하며 말하기를 "사람이 적으면 나아가 접하고, 많으면 쏘라!" 하였

다. 망보는 자가 말하기를, "사람이 적습니다." 하니, 김종서가 승규에게 말했다.

"내가 변을 당하면 살릴 생각 말고, 솔매김종서의 수양딸에게 일러 양지 바른 곳에 묻고, 집현전 학사들과 나의 측근 무장들에게 이를 알리도록 하라."

승규는 아버지의 이상한 말에 고개를 갸우뚱하며 그를 보좌했다. 그리고는 김종서가 나가자 승규도 재빨리 따라 나섰다. 김종서는 몰랐으나 승규는 수양대군의 옆에 호위들이 바짝 서 있는 것을 보았다. 아까만 해도 없었던 호위였다.

수양대군이 멀찍이 서서 앞으로 나오지 않는 것을 보고 김종서가 들어오기를 청하니, 수양대군이 말하기를, "해가 저물었으니 문안에는 들어가지 못하겠고, 다만 한 가지 일을 청하려고 왔습니다." 하였다. 김종서가 두세 번 들어오기를 청하였으나 수양대군이 굳이 거절하니, 김종서가 부득이 앞으로 나왔다. 김종서가 나오기 전에 수양대군은 사모紗帽뿔이 떨어져 잃어버린 것을 깨달았다. 수양대군이 웃으며 말하기를, "정승의 사모뿔을 빌립시다." 하니, 김종서가 창황히 사모뿔을 빼어 주었다.

수양대군이 말하기를, "종부시宗簿寺에서 영응대군의 부인의 일을 탄핵하고자 하는데, 대감께서 지휘하십니까? 대감은 대를 이어 조정의 훈로勳老이시니, 대감께서 종실 편을 들지 않으면 어느 곳에 부탁하겠습니까?" 하였다. 김종서가 하늘을 우러러보며 한참 말이 없었다.

호위하던 윤광은·신사면이 그대로 앉아 물러가지 않자, 수양대군이 말하기를, "비밀한 청이 있으니, 너희들은 물러가라." 하였으나, 멀리 피하지 않았다. 수양대군이 김종서에게 이르기를, "또 청을 드리는 편지가 있습니다." 하고, 종자從者를 불러 가져오게 하였다. 양정楊汀이 미처 나오기 전에 수양대군이 임어을운을 꾸짖어 말하기를, "그 편지 한 통이 어디 갔느냐?" 하였다. 그러자 지부知部의 것을 바치니 김종서가 편지를 받아 물러서서 달빛에 비춰 읽어볼 때 수양대군이 눈짓을 하니 임어을운이 철퇴로 김종서를 쳐서 땅에 쓰러뜨렸다. 김승규가 놀라서 그 위에 엎드리니, 양정이 칼을 뽑아쳤다.

승규와 김종서가 철퇴를 맞고 쓰러지자 양정과 홍달손이 다시 한 번씩 내리치려 했으나 수양대군은 고개를 저으며 나가자고 했다.

"시간이 없다. 궁궐로 가자!"

그렇게 김종서를 쓰러트리면서 '계유정난癸酉靖難'의 서막을 올리고 있었다.

"빨리 움직여라."

수양대군은 서둘러 말을 달려 집으로 돌아왔다. 그의 저택에는 순장 홍달손이 무사를 이끌고 대기하고 있었다.

한명회가 수양대군을 따라 성문에 이르렀다가 돌아와서 수양대군이 돌아오는 것을 기다리고 있었다. 권람이 달려 순청巡廳에 이르러 홍달손洪達孫을 보고 수양대군이 이미 김종서의 집에 간 것을 비밀히 알리고, 순졸巡卒을 발하지 말고 기다리라고 약속한 뒤에 두 사람을 나누어 보내어 숭례문·서소문 두 문을 닫게 하였다. 권람은 스스로 갑사 두 사람, 총통위銃筒衛 열 사람을 거느리고 서대문에 이르러 지키게 하고 명령하기를, "수양대군께서 중요한 일로 인하여 대문 밖에 나갔으니, 비록 종鍾소리가 다하더라도 문을 닫지 말고 기다리라." 하고, 권언權躽

을 시켜 서대문을 감독하게 하였다. 권람이 수양대군의 저택으로 돌아가려고 미처 돌다리를 건너기 전에 성 안으로부터 달려오는 사람이 있었다. 돌아보니 수양대군이었다.

수양대군이 웃으며 권람에게 이르기를, "김종서와 아들 김승규를 이미 죽였다." 하였다. 권람이 말하기를, "여러 무사가 아직도 대군의 저택에 있으니, 따르게 할까요?" 하였다. 수양대군이 조금 멈추었다가 부르니 한명회가 무사들을 거느리고 달려왔다. 수양대군이 순청에 이르러 홍달손을 시켜 순졸을 거느려 뒤에 따르게 하고, 시좌소時坐所로 달려가서 권람을 시켜 입직 승지 최항崔恒을 불러내었다.

수양대군은 군사를 이끌고 단종이 머물고 있는 향교동의 정종鄭悰 : 단종의 매형 집으로 향하였다. 수양대군은 군사들을 밖에 대기시키고 엄히 명하였다.

"너희들은 이곳을 물샐틈없이 지켜야한다."

수양대군은 대문을 열고 안으로 들어갔다. 단종은 정종과 더불어 정사를 논하고 있다가 수양대군이 찾아왔다는 전갈을 받고 급히 입을 다물었다.

방안에 단종이 있다는 것을 확인한 수양대군은 옷맵시를 고치고 문밖에 선 채 아뢰었다.

"전하! 급히 아뢰올 말씀이 있습니다."

"숙부께서 이 밤중에 무슨 일이요?"

"승정원에서 이르기를 좌의정 김종서가 모반하였다고 합니다."

그 말을 들은 단종은 귀를 의심하며,

"김종서가 모반을 일으켰다니요? 도무지 믿을 수가 없습니다."

"틀림없습니다. 신이 김종서의 집에 가보니 사태가 급박하여 미처 아뢰지 못하고 그 자리에서 주살하였습니다."

그 순간 단종은 아찔한 현기증을 느끼며 어디까지가 진실인지 허위인지 종잡을 수가 없었다.

정종이 의아한 투로 "도무지 알아들을 수가 없소이다. 좌의정이 누구와 역모를 했다는 말이요?" 라고 묻자 "황보인, 김종서, 이양의안대군화의 아들 등이 안평대군을 주상으로 옹립하고자 이조판서 민신, 병조판서 조극관, 군기판사 윤처공, 선공부정 이명민, 원구, 조빈 등이 함길도 절제사 이징옥, 종성부사 이경유, 평안도 관찰사 조수량, 충청도 관찰사 안원경 등과 결탁한 줄로 아옵니다."

단종은 입을 벌린 채 다물 줄을 몰랐다. 그들은 한결같이 선왕의 뜻을 받들어 충성을 바쳐온 신하들이 아닌가.

단종은 절래 절래 고개를 내저으며, "그럴 리가 있겠습니까? 그들이 역모를 일으켰다면 도대체 그 까닭이 뭡니까?"

"역신들은 주상 전하의 보령이 유충幼冲하신 것을 구실로 삼아 종사를 모역하려 했다 하옵니다. 몇몇 내관들 또한 주상의 측근에 있으면서 모역을 기도한 괴수들이옵니다. 그들 또한 제거하였습니다. 그러니 나머지 잔당들도 반드시 포박하고자 하오니 윤허하여 주시옵소서."

그때 승지 최항이 방문을 열고 나와 수양대군을 안내하여 방으로 들어오니 단종이 화들짝 놀라 일어섰다. 아무리 나이 어린 주상이지만 이미 대세가 기울였다는 것을 짐작하였다. 단종은 몸을 떨면서 수양대군의 소매를 붙들고,

"숙부님 나를 살려주십시오."

"걱정 마십시오. 신이 알아서 처리하겠습니다. 어명만 내려 주십시오."

단종은 물끄러미 승지 최항과 정종의 얼굴만 바라보았다. 최항은 입을 다문 채 한숨만 내쉬고 있을 때 수양대군은 틈을 주지 않고 단종에게 주청하였다.

"승지 최항에게 모든 조정대신들은 입시하라고 명을 내려 주옵소서."

"알겠소. 숙부께서 알아서 처리하시지요."

마침내 단종의 윤허가 내려졌다. 수양대군은 그 즉시 단종의 명을 받들어 여러 대신들에게 입궐하라는 분부를 내리고, 군사들로 하여금 대궐을 엄중히 지키게 하였다.

성공한 계유정난

수양대군은 처음에 궁궐 문에 이르러 입직하는 내금위 봉석주 등으로 하여금 무장을 하고, 남문 내정內庭에 늘어서서 김종서 일당을 방비하도록 하였다. 또 입직하는 여러 곳의 별시위 갑사·총통위銃筒衞 등으로 하여금 둘러서서 홍달손의 부서를 시위하게 하고, 여러 순군巡軍은 시좌소의 앞뒤 골목을 파수하여 차단하게 하였다.

수양대군은 친히 순군 수백 인을 거느리고 남문 밖의 가회방 동구 돌다리 가에 주둔하고, 서쪽으로는 영응대군 집 서쪽 동구, 동쪽으로 서운관 고개에 이르기까지 좌우익을 나누어 사람의 출입을 절제하고, 또 돌다리로부터 남문까지 기병·보병으로 문을 네 겹으로 만들었다. 또 힘센 함귀·박막동·수산·막동 등은 제3문을 지키게 하였다. 그리고 영을 내리기를,

"이 안이 심히 좁으니, 여러 재상으로서 들어오는 사람은 따르는 종복을 기다리게 하고 혼자 들어오도록 하라."
하였다.

한명회는 대신들이 제1문을 들어서면 먼저 뒤따르던 종복들을 들어오지 못하게 하고, 제2문을 들어설 때 살생부殺生簿에 이름이 올라 있는 자는 무사들로 하여금 철퇴로 살해하도록 하였다.

이에 따라 한명회는 미리 작성한 살생부를 들고 궁궐문 안에 앉아 입궐하는 대신들을 기다리고 있었다.

영의정 황보인은 단종의 부름을 받고 초헌을 타고 오다가 종묘 앞을 지나면서 혼자 중얼거렸다.

"끝났도다. 끝났도다."

황보인은 수양대군의 음모를 알아차리고, 자신 앞에 놓인 죽음을 예감하고 있었던 것이다.

한명회는 먼저 온 영의정 황보인에게 인사했다.

"영의정 대감, 소인 경덕궁 지기 한명회올시다."

한명회도 수양대군의 측근으로 알고 있는 영의정 황보인은 고개를 저으며 대답했다.

"네놈이 어찌 여기 있는가?"

한명회는 거리낌 없이 "전하께서 그러시는데, 입궐하는 문이 좁아져서 호위병들을 데리고 들어갈 수 없다고 하였습니다."

황보인은 어쭙잖은 한명회의 안내에 노하여 버럭 소리를 질렀다.

"무례한 놈! 어제까지만 해도 입궐 궁문이 저리 좁지 않았도다! 무슨 해괴한 짓거리를 하는 것이냐!"

"어명이요! 저는 어명에 따를 뿐이니 그 좁은 문에 호위까지 데리고 가시려면 힘드시겠소이다."

한명회는 명패를 들며 당당히 대답했다. 그것은 바로 권람이 제조한 가짜 명패였다.

황보인은 호위를 시켜 한명회를 혼내려 했지만, 어명 명패가 있기에 떨떠름하게 호위를 궁 밖에 대기시키고는 경복궁 안으로 혼자 들어섰다. 그러나 그것이 영의정 황보인의 마지막 가는 길인 줄 알았으랴.

"에라잇!"

홍달손과 유수가 차례로 입궐하는 황보인의 옆에 바짝 서서 황보인의 뒤통수를 철퇴로 후려쳤다. 그러자 두 대를 연속적으로 맞은 황보인은 선혈을 낭자하게 흘리며 그 앞으로 고꾸라졌다. 그러나 황보인의 시체를 수습할 겨를도 없이 우의정 정분이 길을 이었다.

"아니 왜 이리 궁문이 좁은 거지. 으음……."

아무렇지도 않게 들어온 우의정 정분 또한 홍달손과 양정의 철퇴에 황보인의 시체와 함께 궁궐 바닥으로 곤두박질쳤다.

이어서 이조판서 조극관趙克寬, 찬성 이양李穰 등이 대궐문을 들어오다가 모두 죽음을 당했다.

수양대군은 입궐하지 않은 대신들까지 사람을 보내어 윤처공·이명민·조번·원구·김연金衍 등을 그 집에서 죽였다. 그 당시 병조판서 민신閔伸은 문종의 능인 현릉구리시 동구릉에 비석을 세우는 일을 감독하기 위해 한성을 떠나 있었다. 수양대군은 병권을 쥐고 있는 민신을 죽이기 위해 삼군 진무 서조徐遭를 현릉에 파견하여 그 자리에서 참살하였다.

역사의 현장, 서울

돈의문(서대문)

　한편 집 대문 앞에서 칼을 맞은 좌의정 김종서는 가까스로 목숨을
건졌다. 그는 정신이 들자 믿을 만한 측근인 원구元矩를 집으로 불러서
돈의문을 지키는 자에게 달려가 고하게 하였다.

　"좌의정 김종서가 밤에 어떤 사람에게 상처를 입어 죽게 되었으니,
빨리 의정부에 고하여 의원으로 하여금 약을 싸 가지고 와서 구제하게
하고, 또 속히 안평 대군에게 고하고, 아뢰어 내금위內禁衛를 보내라. 내
가 나를 상하게 한 자를 잡으려 한다." 하였으나, 돈의문을 지키는 자
가 듣지 않았다. 김종서가 상처를 싸매어 여장을 한 뒤 가마를 타고 돈
의문·서소문·숭례문 세 문에 이르렀으나 모두 들어가지 못하고 돌
아와 그의 아들 김승벽金承璧의 처가에 숨었다. 수양대군이 김종서 등

정적들이 다시 소생할 것을 염려하여, 양정과 의금부 진무 이흥상을 보내어 김종서의 동향을 살피게 하고, 김승벽의 처가에 이르러 군사를 보내어 김종서를 체포하였다. 김종서가 감옥에 갇히는 것이라 생각하여 말하기를, "재상인 내가 어떻게 걸어가겠느냐? 초헌軺軒을 가져오라." 하니, 끌어내어 목을 베었다. 수양대군은 김종서와 그의 아들 외에 황보인·이양·조극관·민신·윤처공·조번·이명민·원구 등의 목을 베어 모두 저자에 효수梟首하였다.

수양대군의 거사가 성공리에 거두자 단종은 1453년 10월 10일, 거사가 필요했다는 것을 알리는 교서를 내렸다.

> 간신 황보인, 김종서 등은 안평대군 용瑢과 결탁하여 널리 친당을 부식하고, 중외에 거점을 나누어 의거하면서 은밀히 죽기 각오한 병사들을 양성하였으며, 비밀리에 변방에서 병기를 실어 나르며 모역을 기도하였다. 간당奸黨들은 모두 그 참당한 보응을 받았으나 지친至親:숙부 안평대군 만은 차마 국법대로 처리할 수가 없으니 외방에 안치토록 하라.

이 교서에 따라 수양대군은 의금부 금부도사 신선경愼先庚으로 하여금 군사 100명을 거느리고 안평대군을 성령대군 집에서 체포하여 압송한 다음 강화도에 유배하고, 수양대군이 손수 편지를 써서 사람을 시켜서 말하기를, "네 죄가 커서 참으로 처형하지 않을 수 없으나, 다만 세종·문종께서 너를 사랑하시던 마음으로 너를 용서하고 다스리지 않는다." 하였다. 안평대군이 사자使者를 대하여 눈물을 흘리며 말

역사의 현장, 서울

하기를, "나도 또한 스스로 죄가 있는 것을 안다. 이렇게 된 것이 마땅하다." 하였다. 또한 삼군 진무 나치정은 군사를 거느리고 안평대군의 아들 이우직李友直을 잡아 압송하여 강화도에 보냈다.

안평대군은 현재 종로구 부암동 329번지 4호에 무계정사武溪精舍를 지어 그곳에서 김종서 등과 더불어 정사를 논한 일이 있는데 그것이 역모의 죄가 된 것이다. 좌의정 정분과 조극관의 동생인 조수량은 귀양 보냈다가 사약을 내려 죽였다. 지정, 조수량, 이석종, 안완경 등은 유배하였고, 허후, 유등무 등은 거제도에 안치되었다가 사사賜死되었으며, 충청감사 안완경도 귀양지에서 사사 당하였다.

수양대군은 스스로 영의정 부사에 올라 군사권을 장악하고, 정인지는 좌의정, 한확을 우의정에 임명하였다. 또 정창손을 이조판서, 이계진을 병조판서, 권준을 대사헌에, 박중손을 병조참판, 최항을 도승지에 임명하였다. 수양대군은 이를 빌미로 집현전 학자들로 하여금 자신을 찬양하는 교서敎書를 짓게 하고, 이를 임금에게 올리는 등 모든 권력을 장악하였다.

안평대군이 강화도로 유배되자 사헌부와 사간원에서 그에게 사약을 내려야 한다고 상소를 올렸다.

"안평대군은 하늘 아래 함께 있지 못할 모역의 괴수인데 어찌하여 한 나라 안에 함께 살겠습니까? 청하옵건대 그 죄를 물어 사약을 내리십시오."

그러나 단종은 차마 숙부인 안평대군의 죽음을 윤허할 수가 없었다. 그러나 좌의정 정인지와 우의정 한확은 백관을 데리고 어전에 들어와 안평대군에게 사약을 내릴 것을 거듭 아뢰고, 수양대군은 상소를 올려 안평대군의 처형이 조정대신들의 한결같은 뜻임을 강조하여 전하의 결단을 기다릴 뿐이라고 하였다.

결국 단종은 백관들의 상소와 주청에 못 이겨 눈물을 머금고 전교를 내린다.

"그렇다면 부득이 청하는 바에 따르겠노라."라 하고, 이백순을 강화도에 보내 안평대군을 사사賜死하게 한 뒤 그의 아들 우직을 진도로 옮겨 안치토록 하였다가 얼마 지나지 않아 사사하였다.

이리하여 어린 단종은 매사에 아무 말도 못하고 수양대군 일파가 가지고 온 문서에 옥새를 찍고 교지를 내렸다. 수양대군은 정권과 군사권까지 한 손에 거머쥐어 조선의 정치를 좌우하게 되었다. 또한 역모를 빌미삼아 왕실의 가장 강력한 경쟁자였던 안평대군과 그의 일파를 제거한 계유정난癸酉靖難으로 수양대군 일파는 모두 중요한 벼슬자리에 앉게 됨으로써 '황표정치'는 막을 내렸다.

치마바위의 전설

| 중종반정 |

　연산군은 성종의 뒤를 이어 조선 10대 왕으로 오른 후 재위 12년 동안 무오·갑자사화를 일으켜 많은 선비들을 죽이고, 전국의 미녀들을 모아들여 음란한 행동을 일삼았다. 또한 연산군은 경치 좋은 곳에 누각과 정자를 짓고, 서울 근교 이곳저곳에 통행금지 구역을 설정하는 등의 일로 백성들의 원성을 산 폭군暴君으로 알려졌다.

　연산군은 궁중의 복잡하고 어려운 분위기 속에서 태어나 자랐다. 연산군의 생모 숙의 윤씨淑儀尹氏는 원자를 낳았으므로 세상을 떠난 공혜왕후 한씨의 뒤를 이어 성종 7년1476에 왕비로 책봉되었다. 그러나 왕비 윤씨는 주위의 시기하는 무리와 인수대비仁粹大妃와의 갈등으로 입장이 어려운 가운데에 품행까지 어질지 못하여 결국 성종 10년1479에 서인庶人으로 폐출되었다가 3년 뒤에는 사약까지 마시게 되었다.

　연산군은 이러한 사실을 모르고 자라다가 8세 때 세자로 책봉되고, 18세인 1494년에 성종의 뒤를 이어 왕위에 올랐다. 즉위 초에는 사창社倉, 상평창을 설치하고, 비융사備戎司를 두어 병기를 만들며, 변경지방에 사민徙民을 독려하는 등 국방대책과 『국조보감國朝寶鑑』·『동국여지승람東國輿地勝覽』 등을 수정하는 문화적 치적을 남기기도 하였으나 시일이 지날수록 많은 실정失政을 하였다.

연산군은 세자로 있을 때 부친 성종이 아끼는 사슴이 자기를 핥는다고 발로 찼다가 짐승이 사람을 따르는데 잔인하게 찼다하여 성종한테 꾸중을 듣기도 하였다. 이후 왕위에 오른 날 손수 그 사슴을 쏘아죽일 정도로 성품이 모질었다. 이런 성품이므로 폭정을 하고, 두 번의 사화를 일으킨 것이다.

연산군의 폭정

먼저 연산군 4년1498에는 김일손의 '조의제문弔義帝文' 사초史草를 문제 삼아 무오사화를 일으켜 김종직 일파의 사림士林세력을 처형하고 귀양 보냈다.

다음에 연산군은 즉위 전부터 생모 윤씨의 죽음에 대하여 의문을 가졌는데 연산군 10년1504에 외조모 신씨를 통하여 생모 윤씨가 비명非命에 죽은 사실을 상세히 알게 되었다. 28세의 젊은 연산군은 생모 윤씨에 대한 연민憐憫의 정을 새삼 느껴 혼령을 위로하는 사당을 세우고, 회기동의 묘소를 크게 꾸미는 한편 회묘懷墓를 회릉懷陵으로 높였다. 그리고 생모 윤씨를 생전에 시기하고 모함하였던 귀인 정씨, 엄씨 등을 그들의 소생 자녀와 함께 무참히 살해하고, 성종 때 폐비 윤씨를 폐출하였거나 또는 사약을 내릴 당시에 간여하였던 윤필상尹弼商·김굉필金宏弼 등을 사형에 처하였으며, 김종직金宗直·한명회韓明澮·정여창鄭汝昌 등의 관리들을 밝혀내어 이들을 살해하거나 파직·귀양을 보낸 갑자

사화를 일으켰다.

연산군이 무오사화와 갑자사화를 일으켜 많은 인명을 살해하였으므로, 사관史官은 사치와 횡포를 저지른 폭군이라고 평評하고, 없었던 것만 못한 군주로 기록하였다.

연산군은 신하들의 간언을 싫어하여 경연을 폐지하고, 홍문관과 사간원을 폐지하였으며, 상소나 신문고申聞鼓도 금지시켰다. 또 성균관의 성현들의 제사도 폐지하고, 할머니 인수대비의 초상을 역월지제易月之制: 날짜로 달을 대신하는 것로 지냈으며, 유희를 위해 고을의 민가와 관아를 사냥터로 만들었다. 뿐만 아니라 폭정을 비난하는 '언문투서사건'을 계기로 훈민정음 교육과 그 사용을 금지하고, 한글 서적을 모두 불사르기까지 하였다. 연산군은 각 지방의 미녀를 뽑아 올리는 채청사採青使를 두는 등 유희와 환락으로 날을 보내 백성들의 원성은 높아갔다.

이로 인하여 국정은 제 기능을 잃고 백성들은 수탈과 행패로 생계를 위협받게 되었다. 연산군은 궁궐 근처에 민가를 헐고, 서울성곽 주위 사방 100여 리에 이르는 광주·양주·고양·파주 등 근기지역에는 금표禁標를 세워 백성들의 출입을 엄금한 뒤 수시로 나가서 사냥하고 놀이를 일삼았다.

연산군의 폭정과 황음荒淫이 계속되자 기개 있는 선비들이 반정反正의 뜻을 품고 은밀히 모여들기 시작하였다. 그 중심인물은 일찍이 연산군의 비위를 상하게 하여 파직된 이조참판 성희안1461~1513이었다. 성희안은 성종의 총애를 받아 종사관 형조참판, 이조참판까지 올랐으나 연산군이 망원정에서 연회를 베풀 때 방탕한 생활을 비난하는 시를 지어 올랐다가 종9품의 말직으로 좌천된 인물이다.

국정이 혼란에 직면하자 성희안은 대사를 도모할 사람을 찾아다니다가 월산대군의 처남인 지중추부사 박원종을 지목하였다.

박원종1467~1510은 성종 때의 무신으로 자는 백윤이다. 무술에 뛰어나 음보蔭補로 무관직에 기용되었고, 성종 17년1486에 무과에 급제하여 선전내승으로 오랫동안 왕을 측근에서 모셨다. 1492년에 성종의 특지로 동부승지에 발탁된 후 공조, 병조참의 등을 거쳐 경기도 관찰사를 지내고, 함북 병마절도사에 이어 평성군에 봉해져 도총부 도총관을 겸하였다. 연산군이 왕위에 오르자 동부승지와 좌부승지에 올랐으나 연산군의 행각을 비판하다가 평안도 병마절도사로 좌천되었다. 이후 동지중추부사와 한성판윤, 경기도 관찰사를 거쳤으나 연산군의 미움을 받아 결국 삭직되었다.

월산대군은 성종의 친형이었으나 어려서부터 병약하여 왕위를 잇지 못할 인물이었다. 박원종의 누이 박씨는 월산대군의 후실로 절세가인이었다. 평소에 그녀에게 흑심을 품고 있던 연산군은 큰 어머니인 박씨를 궁궐로 불러들여 겁간하니 박씨는 모멸감을 참지 못하고 자결하고 말았다. 이에 박원종은 연산군에 대해 복수의 칼날을 갈고 있었다.

성희안은 박원종과 교분이 없어 선을 대기가 쉽지 않아 생각 끝에 동리 사람인 군자감 부정軍資監副正 신윤무申允武를 시켜 박원종의 의향을 떠보기로 하였다.

성희안의 부탁을 받은 신윤무는 은근히 박원종을 찾아가 그의 마음을 떠 보았다.

"시절이 수상하여 뜻있는 선비가 귀하니 장차 누구와 대사를 논하겠습니까? 마침 큰 뜻을 품은 이가 있어 어르신을 만나 뵙고자 하옵니다."

박원종은 신윤무의 말을 듣고 벌떡 일어나 손을 움켜쥐며 "기다리고 있던 바요."

성희안은 그 말을 전해 듣고 박원종을 찾아가 비장한 결심을 토로하였다.

"우리가 평생 충성과 절의를 지켜왔으나 이제는 마땅히 나라를 위해 목숨을 버려야할 때요. 대장부가 죽고 사는 것은 명에 달려있으니 어찌 종사宗社의 위태함이 경각에 있음을 보고 구제하지 않으리오."

뜻을 함께 한 성희안과 박원종 등 두 사람은 연산군 폐위를 밀약하고 당시에 인망이 높던 이조판서 유순정柳順汀을 만났다.

유순정은 명망과 인품을 두로 갖춘 인물로 두 사람의 계획을 흔쾌히 받아들였다. 이어 신윤무를 중심으로 박영문, 홍경주 등과 같은 무사들이 성희안 주위에 모여들었다. 성희안을 비롯하여 반정 세력들은 연산군 12년1506 9월, 왕이 장단長湍의 석벽으로 유람 가는 것을 기회로 삼아 거사하기로 하고, 성종의 둘째 아들 진성대군을 왕으로 옹립하기로 하였다.

이 무렵 호남에서 유배 중이던 유빈, 이과, 김준손 등이 진성대군을 추대하기로 뜻을 세우고, 격서檄書를 작성하여 한성으로 보냈다. 호남에 유배된 선비들이 격서를 보냈다는 소식이 전해지고, 연산군의 장단 행차가 취소되자 반정 주도 세력들은 초조한 마음을 감출 길이 없어 거사를 앞당기기로 결의하였다.

이때 박원종은 좌의정 신수근을 찾아가 은근히 마음을 떠 보기로 하였다.

신수근은 연산군의 왕비 신씨의 오라버니이기 때문에 연산군의 총애를 얻어 세력과 지위가 융성하여 권세가 한때를 휩쓸었다. 오랫동안 인사를 맡은 전조銓曹를 맡아 거리낌 없이 방자하였으며, 뇌물이 폭주하여 문정門庭이 저자와 같았고, 조그마한 원수도 남기지 않고 꼭 갚았다. 주인을 배반한 노비들이 다투어 와서 그에게 의탁하였으며, 호사를 한없이 부려 참람 됨이 궁금宮禁에 비길 만 하였다. 또 그의 아우 신수영은 외척이라는 연줄로 갑자기 요직에 올라 연산군의 총애를 믿고 제멋대로 하였다.

어떤 사람이 언문諺文을 섞어 시자侍者를 비방하는 내용을 익명으로 지어 신수근의 집에 던졌다. 이른바 '언문투서사건'이다. 신수근이 곧 연산군에게 고발하니 연산군이 격노하여 죄인의 족친이 한 것으로 여기고, 신국訊鞫을 극심하게 했기 때문에 억울하게 죽은 사람이 이루 헤아릴 수 없었다. 사대부들에게 미친 화가 이로부터 더욱 참혹하게 되었고, 모든 사람들이 이를 갈며 울분에 차서 신수근의 살을 씹어 먹고자 하였다.

박원종이 신수근에게 "대감께서는 누이와 따님 중에서 누굴 중하게 여기시요?" 하고 물었다.

신수근의 누이는 곧 연산군의 왕비 신씨요, 딸은 진성대군의 부인이었다. 만일 거사가 성공한다면 신수근의 누이는 죽게 될 것이요, 실패하면 그의 딸이 죽게 될 것이 어둠 속에서 불을 보는 것 같은 이치였다. 박원종의 입장에서는 신수근의 태도는 매우 중요한 문제였다. 만일 신수근이 반정에 동조한다면 거사가 훨씬 수월해지겠지만 그가 동조하지 않는다면 가장 먼저 제거하여야 할 인물이었다.

신수근이 박원종의 의도를 모를 리 없었다. 신수근은 너털웃음을 터뜨리며 대답하였다.

"세간에 좋지 않은 소문이 돌고 있다는 것을 나도 알고 있소. 하지만 임금이 아무리 포악하더라도 총명한 세자가 있으니 무슨 걱정이 있겠소."

신수근의 대답을 들은 박원종은 가만히 입술을 깨물며 거사에 성공하기 위해서는 신수근부터 제거해야 한다는 생각이 퍼뜩 머리를 스쳐갔다. 아무리 혼군昏君을 몰아내고 새로운 군왕을 옹립하는 쿠데타라도 빈틈없이 성사되게 하려면 세심한 준비가 있어야 한다. 실패하면 역모가 되기 때문이다.

박원종 등은 은밀히 동조자를 확대하면서 거사 일을 정하였다.

중종반정 거사

연산군 12년1506 9월 1일, 박원종·성희안·신윤무를 비롯해서 전수원부사前水原府使 장정張珽, 군기시 첨정軍器寺僉正 박영문朴永文, 사복시 첨정司僕寺僉正 홍경주洪景舟 등이 무사를 훈련원에 모이도록 하였다. 그들은 먼저 궁궐을 에워싸고, 감옥에 갇혀 있던 자들을 풀어 반정에 종군하게 하였다.

박원종 등은 훈련원에서 곧 바로 창덕궁으로 향하여 가다가 하마비동下馬碑洞 어귀에 진을 쳤다. 이에 문무백관과 군민 등이 소문을 듣고 몰려나와 거리와 길을 메웠다. 영의정 유순, 우의정 김수동, 찬성사 정미수, 예조판서 송일, 병조판서 이손, 호조판서 이계남, 판중추 박건, 도승지 강혼, 좌승지 한순 등도 달려와 합세하였다. 성희안은 군복차림으로 창덕궁 앞에 나온 우의정 김수동을 맞았다.

성희안이 정중히 고개를 조아리며 물었다.

"궁궐 안은 어떠하오니까?"

"거사가 누설되진 않은 듯 싶소."

김수동은 말에서 내려 병졸들이 모여 있는 한가운데로 가서 앉으며 묵직한 음성으로 병조판서 이손을 불렀다.

"공은 지금 즉시 진성대군의 집을 호위하시오."

반정세력들은 거사를 하기 전에 제거해야 할 인물들을 지목한 후 신윤무에게 이들을 처치하라고 명하였다. 가장 먼저 지목된 인물들은 연산군의 측근인 임사홍任士洪, 좌의정 신수근愼守勤, 신수근의 동생 신수영愼守英이었다. 명령을 받은 신윤무는 별감을 시켜 이들에게 입궐하게 하였다.

"급히 입궐하라는 어명이 계셨습니다."

연락을 받은 임사홍과 신수근, 신수영 등은 창황히 놀라 황급히 대궐을 향하여 가고 있을 때 신윤무는 장졸들을 매복시켜 놓고 이들을 기다렸다가 입궐하는 세 사람을 그 자리에서 격살하였다.

연산군은 장단에 행차하기 전날 밤부터 밖이 소란하므로 이상히 여겼다.

"무슨 연유로 훈련원이 소란한가?"

시종이 허리를 굽혀 대답하기를 "내일 행차 때문에 군사들이 훈련원에 모여 있는 것 같사옵니다."

연산군은 변란을 알아차리지 못한 채 장단으로의 행차를 감행하였던 것이다.

날이 밝자 반정군은 대궐 앞으로 진군하였다. 이때 조정의 벼슬아

치들이 모두 대궐에 모였으나 밖이 소란한 이유를 모르는 자가 많았다.

마침 변고가 일어났다는 소문이 대궐 안에 돌기 시작하자 연산군은 차비문 안에서 입직하던 승지 이우를 불러 물었다.

"어젯밤부터 궁궐 주위가 소란한데 도대체 무슨 일이요?"

"연유를 알 수 없사오나 군졸들의 움직임이 심상치 않사옵니다. 부디 행차를 거두시고 궁궐의 수비를 단단히 하는 것이 좋을 듯 싶습니다."

하지만 연산군은 태연히 응답하며 "이 같이 태평한 시대에 어찌 변고가 있겠느냐? 아마 부인을 흥청의 기생으로 보낸 남편 것들이 몰려와 도적질을 하는가 보구나. 속히 정승과 금부당상들을 불러 대처토록 하오. 그리고 승지는 직접 열쇠를 가지고 대궐문을 살피도록 하시오."

이에 승지 이우는 연산군의 명을 받아 열쇠를 가지고 궁궐 문을 돌아다니며 주위를 살폈다. 그리고는 사람을 시켜 궁궐 밖의 상황을 알아보도록 하였다.

"변고가 일어났습니다. 지금 밖에 군사들이 궁궐을 포위하고 있습니다."

보고를 받은 이우는 깜짝 놀라 물었다.

"군사를 이끌고 있는 자가 누구더냐?"

"군졸 앞에 서 있는 자는 성희안과 박원종이고, 이조판서 유순정과 우의정 김수동도 저들과 한패라 하옵니다."

그 말을 들은 이우는 대세가 기울었음을 깨닫고 즉시 궁궐을 빠져나갔다. 밖의 동정을 살피러 나간 이우가 돌아오지 않자 연산군은 점점 초조하기 시작하였다.

"승지는 어디로 갔다는 말이냐?"

연산군이 묻자 시종 하나가 급히 아뢰었다.

"승지는 방금 궁궐을 빠져 나갔다 하옵니다."

그 말을 들은 연산군은 가슴이 철렁 내려앉았다. 연산군은 다급히 자리에서 일어나 입직한 대신들에게 물었다.

"정말 변고가 생긴 것이오?"

그러나 대신들은 아무도 입을 열지 못하였다. 연산군은 돌연 자리에서 뛰어 내려와 윤장과 조계형의 옷소매를 붙잡았다.

"도대체 어찌된 일이란 말이오? 설마 경들이 나를 버린 것은 아니오?"

윤장과 조계형 역시 민심이 떠나 있음을 알아차리고 있었다.

두 사람은 거짓으로 공손한 체하면서 조용히 궁궐 밖으로 빠져나갔다. 입직하던 벼슬아치와 군사들은 물론 궁인들까지 뿔뿔이 흩어지니 왕이 불러도 대답하는 자가 없었다. 어떤 자는 수채 구멍으로 빠져나가고, 어떤 자는 담을 넘어 도망치니 궁궐은 순식간에 텅 비어 버렸다. 궐내에 남아 있던 후궁과 기생들만이 목 놓아 울음을 터뜨리니 그 소리가 밖에까지 진동하였다.

이 모습을 지켜보고 있던 반정군들은 칼에 피를 묻히지 않고 거사가 성공했음을 직감하였다. 이에 박원종은 칼을 높이 쳐들고 장수들에게 "먼저 폭군 연산군이 도망치지 못하도록 궁궐을 지키시오. 나는 백관을 이끌고 자순대비께서 머물고 계신 경복궁으로 달려가 교지를 받아 오겠소."라고 큰 소리로 선포하였다.

이에 유자광, 이계남, 김수경, 유경 등은 임금이 도망가지 못하도록 궁궐을 단단히 지키고, 박원종 등은 군사를 몰아 성종의 계비정현왕후 윤

역사의 현장, 서울

씨이며 진성대군의 어머니인 자순대비 윤씨가 거처하는 텅 빈 경복궁에 들어가서 예를 갖추어 "지금 위에서 임금의 도리를 잃어 정령政令이 혼란하고, 민생은 도탄에서 고생하며 종사는 위태롭기가 철류綴旒와 같으므로 신 등은 자나 깨나 근심이 되어 어찌할 줄 모르겠습니다. 대소 신민이 진성대군에게 쏠린 지 이미 오래이므로 이제 추대하여 종사宗社의 계책을 삼고자 대비의 분부를 여쭙니다." 하니 자순대비가 굳이 사양하기를 "변변치 못한 어린 자식이 어찌 능히 중책을 감당하겠소? 세자는 나이가 장성하고 또 어지니 뒤를 이을 만하오." 하였다.

영의정 유순 등이 다시 아뢰기를 "여러 신하들이 계책을 협의하여 대계大計가 정하였으니 고칠 수 없습니다." 하고, 이어 강혼 등이 여러 사람들을 거느리고 진성대군을 모시러 사저로 갔다.

한편 영의정 유순 등은 승지 한순과 내관 서경생을 창덕궁의 연산군에게 사람을 보내어 "인심이 모두 진성대군에게 돌아갔습니다. 사세가 이와 같으니 정전正殿을 피해 주시고 옥새를 내놓으십시오."라고 말하게 하였다.

연산군이 대답하기를 "내 죄가 중대하여 이렇게 될 줄 알았다. 좋을 대로 하라." 하고 곧 시녀를 시켜 옥새를 내어다 상서원常瑞院 관원에게 주게 하였다.

강혼 등이 진성대군 사저로 가서 옥좌에 오를 것을 청하자 재삼 굳이 사양하였으나 중의에 못 이겨 드디어 연輦을 타고 경복궁으로 나아가 사정전에 들었다.

왕위에 오른 진성대군

반정세력들에 옹립되어 임금으로 등극한 중종진성대군은 어려서 이름은 역懌, 자는 낙천樂天이다. 중종은 공검恭儉 인자仁慈하여 재위 40년 동안에 안으로는 성색聲色을 즐기는 일이 없었고, 밖으로는 사냥하며 즐기는 데에 빠진 적이 없었다. 즉위한 이래로 힘써 치도治道를 강구하여, 조야朝野가 모두 바라보고 태평을 기약했는데 신하의 보좌를 받을 즈음에 적합한 사람을 얻지 못하여, 조정이 조용하지 않고 붕당을 지어 서로 모함함으로써 드디어는 어진 이를 좋아하고 선행을 즐기는 마음이 잠시 열렸다가 끝내 닫혀지고 말았다. 그러나 인후한 성덕으로 백성들의 괴로움을 잘 알아 크고 작은 고통을 어루만져 구휼함에 힘입어 나라 안이 소생되고 원망이 없어져 중종은 중흥의 성군이었다고 『조선왕조실록』에 기록되어 있다.

이윽고 연산군을 퇴위시킨 후 백관들이 경복궁 근정전 뜰로 들어와 반열을 지어 선 다음 자순대비의 교지를 반포하였다.

우리 국가가 덕을 쌓은 지 백년에 깊고 두터운 은택을 민심을 흡족하게 하여 만세토록 뽑히지 않을 기초를 마련하였는데 불행하게도 지금 크게 임금이 지켜야할 도리를 잃어 민심이 흩어진 것이 마치 도탄에 떨어진 듯하다.

대소 신료가 모두 종사를 중히 여겨 폐립의 일로 와서 아뢰기를 진성대군 이역李懌은 일찍부터 인덕仁德이 있어 민심이 쏠리고 있으니 모두 추대하기를 청한다 하였다. 내가 생각하니 어리석은 이를 폐하고 밝은 이를 세우는 것은 고금에 통용되

역사의 현장, 서울

는 의리이다. 그래서 여러 사람의 의견을 따라 진성을 사저에
서 맞았다가 대위大位에 나가게 하고 전 왕을 폐하여 교동강화
도에 안치하게 하노라. 백성의 목숨이 끊어지려다가 다시 이
어지고 종사가 위태로울 뻔하다 다시 평안하여지니 국가의 경
사스러움이 그 무엇이 이보다 더 크랴. 그러므로 이에 교시를
내리노니 마땅히 잘 알리어다.

모든 신하들이 부복하여 명을 듣고, 기뻐서 뛰며 춤을 추었다.

이에 진성대군이 익선관을 쓰고 곤룡포를 입고 경복궁 근정전에서
즉위하여 백관의 하례를 받고, 사면령을 발표하였다. 이에 종친과 신
료들이 만세를 부르니 그 함성이 우레와 같이 끓어올랐다.

연산군은 성종의 적장자로 보위를 이었으나 반정으로 쫓겨난 임금
은 열성조列聖朝의 위패를 모시는 종묘에 들어가지 못하므로, 묘호廟號
도 조祖나 종宗 대신 군君으로 강등되어 죽어서까지 혼군昏君이라는 불명
예를 들었다.

진성대군이 즉위하자 연산군은 강화 교동도로 귀양 가고, 폐비 신
씨愼氏는 궁궐 밖으로 쫓겨 나갔다. 열 살 밖에 안 된 폐세자 황과 창녕
대군, 양평군도 귀양을 떠났다. 교동도로 귀양을 떠나는 연산군에게
나인 4명과 내관 2명, 반감 1명이 따라가고, 당상관 심순경이 군사를
거느리고 호위하였다. 연산군은 붉은 옷에 갓을 쓰고, 띠도 두르지 않
은 채 내전 문 앞에 나와 땅에 엎드려 말하였다.

"내게 큰 죄가 있는데 임금의 은혜를 입어 죽지 않게 되었습니다."

연산군은 한동안 궁궐을 바라본 후 평교자를 타고 선인문을 거쳐

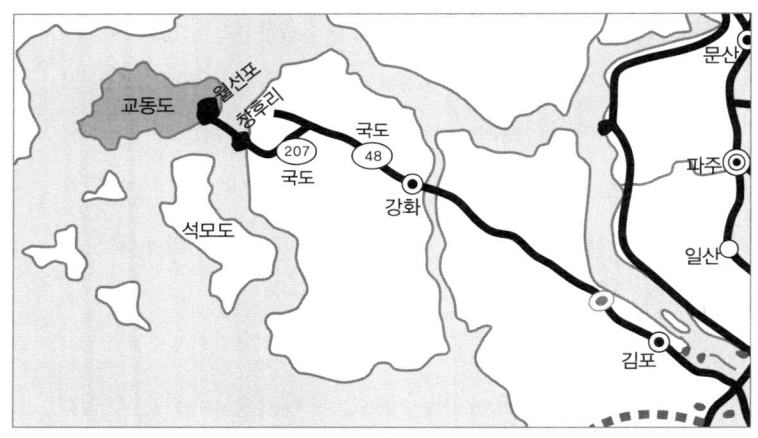

교동도

돈의문을 향해 길을 떠났다. 연산군이 강화도로 길을 떠나자 남녀노소가 거리에 나와 손가락질을 하였다. 연산군은 연희궁, 김포, 통진을 지나 강화도에서 하루 묵은 다음 교동도喬洞島에 안치되었다. 연산군이 안치된 위리圍籬는 너무 좁고 담장이 높아 해를 바라볼 수도 없고, 다만 음식을 들여보낼 수 있는 작은 나무 하나만 달랑 달려있었다.

연산군이 위리 안에 들어갈 때 그가 거느리고 있던 시녀들이 모두 목 놓아 울었다. 당상관 심순경이 막 이별을 고할 때 연산군은 눈물을 글썽이며 하직 인사를 건넸다. 심순경이 강화도에서 돌아와 임금에게 고하자 중종은 측은한 마음을 달랠 길 없어 신하들에게 명하였다.

"날씨가 점점 추워지니 의복과 음식을 실어 보내라. 또 교동도에는 털옷이 없을 것이니 털옷과 어물을 따로 보내도록 하여라."

한편 열 살의 어린 폐 세자 황도 유모와 함께 강원도 정선으로 귀양을 떠났다. 폐 세자 황은 연산군 9년1506 9월 15일에 세자로 책봉되었으나 중종반정으로 폐위되어 유배길에 올라 하루 종일 굶은 채 해가 저물자 청파동 무당집에서 하룻밤을 묵었다. 마침 무당이 밥을 대접하자 황은 화를 버럭 내고 무당을 다그치며 "어찌 새끼 꿩고기를 올리지 않느냐?"

폐 세자 황의 투정을 들은 유모는 눈물을 흘리면서 "내일도 이런 밥이나 얻어먹을 수 있다면 다행이겠나이다." 하며 혼자 나지막하게 중얼거렸다. 그 말을 들은 동네 사람들이 모두 애처로워 눈물을 흘렸다 한다.

폐 세자 황은 강원도 정선으로 유배된 지 8일 만인 1506년 9월, 열 살의 나이로 사사賜死되었다. 참으로 태풍이 몰아친 것과도 같은 변혁이 아닐 수 없다.

그해 11월, 교동도를 호위하던 장수가 조정으로 급히 파발을 띄웠다. 그것은 연산군이 역질疫疾에 걸려 매우 고통을 받고 있다는 전갈이었다. 중종은 의원을 보내 치료하려 했으나 의원이 당도하기도 전 그해 12월에 세상을 떠나고 말았다. '폐비 신씨가 보고 싶다.'는 마지막 유언을 남긴 채 향년 31세를 일기로 세상을 떠났다.

연산군이 교동도에서 세상을 떠난 지 7년이 지난 중종 8년1513에 연산군의 부인 신씨의 상언으로 묘를 교동도에서 도봉구 방학동 546번지에 이장하게 되었다. 현재 도봉구 방학동 정의공주 묘 남쪽에는 사적 제362호로 지정된 연산군 묘가 있다. 연산군 묘 왼쪽에는 부인 신씨愼氏가 있고, 그 아래에는 태종의 후궁 의정궁주義貞宮主 조씨趙氏의 묘와 연산군의 사위 구문경과 딸의 묘소가 자리하고 있다.

중종과 연산군은 기이한 인연을 갖고 있다. 중종의 어머니 파평 윤

연산군 묘

씨_{정현왕후}는 연산군의 어머니인 함안 윤씨_{제헌왕후}가 폐비가 된 후 바로 성종의 계비_{정현왕후}가 되어 그 뒤를 이었고, 연산군이 반정으로 폐위가 되자 그 뒤를 정현왕후 아들인 진성대군_{중종}이 뒤를 이은 것이다.

성희안과 박원종이 중심이 된 반정 거사는 예상보다 쉽게 성공리에 끝났다. 이로써 12년 동안의 궁중세력의 독재정치는 중종반정으로 종식되고, 정치의 주도권은 훈구_{勳舊}세력으로 돌아감으로써 중종시대가 열렸다. '포악 패륜_{暴惡悖倫}'이라는 네 글자를 남겨 놓은 채 강화도 교동도에서 생을 마감한 연산군의 말로야 말로 후세 사람에게 큰 교훈이 되고도 남음이 있다. 중종반정 결과 연산군의 학정_{虐政}은 끝났으나 반정 공신들에 의한 전횡_{專橫}이 이어지면서 근본적인 제도개혁은 이루어지지 못하였다.

연산군 부인 신씨는 영의정 신승선_{申承善}의 딸로 성품이 온순하고

128

총명하였다. 성종 18년1487에 7촌이 되는 세자 연산군과 혼례를 올려 세자빈이 되었는데 궁중에 들어가는 날 아침부터 큰 비바람이 불어 집안 식구들을 불안하게 하였다는 것이다. 연산군이 즉위하여 음란과 패륜을 일삼을 때마다 신씨는 사리를 밝혀 간諫하였는데 때로는 연산군에게 수모와 박해를 당하기도 하였다.

중종반정으로 궁궐 밖으로 쫓겨 나온 신씨는 거창군부인으로 강등되어 민가에 거처하면서 쓸쓸하게 여생을 보냈다. 신씨의 묘는 처음 회기동의 시어머니 윤씨 묘소 근처에 장사지냈다가 훗날 중종 32년1537에 연산군의 묘소가 있는 방학동으로 이장하였다. 그러나 연산군의 묘는 대군大君의 예장禮葬에 준하여 뒤에는 석물石物이 없고, 앞에 비석, 상석床石, 망주석望柱石, 문인석, 장명등長明燈만 세워져 있다.

연산군 묘 아래의 의정궁주宮主 조씨의 묘는 중종 21년1526에 조성되었고, 이보다 아래쪽에 연산군의 사위 구문경 내외의 묘는 중종 19년1524에 조성되었다.

이 연산군 묘역은 임진왜란 후 황폐하고 돌보는 사람이 없었으므로 선조 36년1603 5월에 국왕이 양주목사에게 명하여 4대 명절마다 제사를 지내고 묘의 관리와 수호를 하도록 하였다. 이 해 7월, 동부승지 유몽인柳夢寅이 연산군 묘에 제사하러 나갔다가 연산군 묘와 신씨의 묘소의 상석이 따로 있는 관계로 제사하는 절차 문제로 당황하였다. 그러자 선조가 두 묘소에 제수祭需를 한 상씩 차려놓고, 한 축문祝文을 읽으며 함께 제사하도록 하였다. 이것이 훗날에 전례가 되었다.

치마바위의 전설

북악산과 함께 서울 내사산內四山의 하나인 인왕산에는 병풍바위가 있고 그 바위 아래에 '치마바위'라고 일컫는 바위가 우뚝 솟아 있다. 이 바위가 '치마바위'라는 이름을 얻게 된 것은 중종반정 이후이다.

『연려실기술燃藜室記述』에 의하면 거사하던 날 성희안은 군사를 시켜 진성대군이 사는 집을 에워싸게 하였다. 이는 연산군의 군사들이 진성대군을 해칠까 염려하여 호위하기 위함이었다. 이런 내용을 알 까닭이 없는 진성대군은 놀란 나머지 스스로 목숨을 끊으려고 하였다. 이에 부인 신씨愼氏는 그의 소매를 잡고 만류하면서 말하였다.

"잠깐 제 말을 들어보십시오. 집을 둘러싼 군사들의 말머리가 이 집을 향하고 있으면 우리 부부가 죽지 않고 무엇을 기다리겠습니까. 하오나 만약 말꼬리가 이 집을 향하고 말머리가 밖으로 향해 섰다면 반드시 대군을 호위하려는 뜻이니 확인한 뒤에 자결하여도 늦지 아니할 것입니다."

치마바위

역사의 현장, 서울

사람을 시켜 밖을 살피게 하였더니 과연 말머리가 밖을 향해 있었다.

부인 신씨는 신수근의 딸로서 부부간의 금실이 좋았다. 남편인 진성대군이 왕이 되자 그녀는 왕비가 되었다. 그러나 억울하게 내쫓기지 않으면 아니 되었다. 그 까닭은 거사에 성공한 공신들이 상의하기를 '이미 부인 신씨의 아버지와 삼촌 등을 죽였거늘 단경왕후 신씨를 왕비로 두면 우리에게 보복이 올른지 모른다.' 하고 신씨를 폐위시키기로 의견을 모았기 때문이다.

그리하여 중종이 즉위한 다음날 영의정 등 여러 중신들이 왕에게 나아가 "의거하던 날 먼저 신수근 형제를 죽인 것은 대사를 성공시키기 위해서 불가피했습니다. 그런데 지금 신수근의 딸이 궁중에 들어와 왕비에 오른다면 인심이 흉흉하고 의혹이 생길 것입니다. 그렇다면 종묘사직에 관계되는 일이 발생할지 모르오니 사사로운 정을 끊고 내보내소서." 하고 아뢰니 중종은 "아뢴 일은 심히 당연하나 조강지처糟糠之妻를 어찌하겠느냐."

이에 중신들이 다시 아뢰기를 "신들도 이미 짐작한 것이오나 사직의 큰일을 어찌하겠습니까. 쾌히 결단하여 미루지 마십시오." 하였다. 이에 중종은 마지못해 전교傳敎를 내리고 말았다.

"종묘사직이 지중하니 어찌 사사로운 정에 얽매이겠느냐. 마땅히 중의를 쫓으리라."

이로써 단경왕후 신씨는 그 날로 인왕산 기슭의 친정집으로 쫓겨나갔다. 그러나 중종과 신씨 두 사람의 10여 년간 사랑은 떼어놓을 수 없었다. 이에 중종은 늘 경회루에 올라 단경왕후 신씨가 있는 인왕산 기슭을 바라보곤 하였다. 폐비 신씨도 생이별 후 눈물로 날을 보내는

데 하루는, "상감께서 부인 신씨를 잊지 못해 늘 경회루에 올라 인왕산을 바라보신대."라는 소문을 들었다. 이에 폐비 신씨는 궁리 끝에 아침 일찍 인왕산의 바위에 올라가 자기가 자주 입던 치마를 경회루에서 잘 보이도록 널어놓았다가 저녁이면 거두어 들였다고 전한다.

이 사실이 세상에 알려지자 사람들이 인왕산의 주름 잡힌 바위를 '치마바위'라고 부르게 된 것이다.

역사의 현장, **서울**

폐허로 변한 서울

| 임진왜란 |

임진년1592 **4월 14일**

<u>조선을</u> <u>침략한</u> 왜군은 북상한 지 18일 만에 서울을 점령하였다.

조정에서는 4월 29일, 신립장군이 충주 탄금대에서 패전하자 서울을 떠나기로 하였다. 봄비가 내리는 그믐날 밤 서대문을 통하여 선조 임금일행이 북쪽으로 떠나자 며칠 동안 서울 장안은 무법천지로 변하여 서울 사수死守는 포기하게 되었다.

더구나 왜군의 한강 도하도 막지 못해 고니시 유키나가小西行長군은 동대문으로 입성하였다.

왜군은 이때부터 이듬해 4월까지 1년간 서울을 점령하면서 갖은 악행을 저질렀다. 그 당시 서울에 남아 있었던 사람들은 서로의 안부를 묻고 시국을 걱정하고 있었다.

"여보게, 종묘宗廟에 있던 왜군 본거지를 곧 옮긴다지."

"그런 소문을 들은 적이 있는데 어디로 옮긴다고 하던가. 이미 경복궁, 창덕궁은 타버렸으니 그곳은 아닐 테고."

"가만있자 저기 불길이 솟는데 저곳이 종묘가 아닌가. 종묘에서 밤마다 신병神兵이 나타나서 왜군을 괴롭히기 때문에 저희들끼리 싸워 죽이고 폭탄이 터져 죽었다더니 기어이 주둔지를 옮기면서 종묘에 불을 지르는구먼."

"쯧쯧. 천벌을 받을 놈들."

왜군은 종묘에서 남별궁현 조선호텔으로 본거지를 옮기고 서울 각처 20개소에 군대를 배치하였다.

이에 앞서 왜군은 서울을 점령하고 나서 피신한 서울 사람들을 선무하는 술책으로 방을 붙여 입성을 권유하고, "적군이 백성을 죽이지 않는다."라는 소문을 퍼뜨렸다.

서울 사람들은 이와 같은 술책으로 하나 둘씩 도성으로 들어오니 점령 전의 서울 모습과 거의 다를 바가 없었다.

왜군의 만행

그러나 왜군은 차츰 그 본색을 드러내기 시작하여 왜군 명령에 순순히 따르지 않거나 아군과 내통하는 혐의만 있어도 종루鍾樓 앞이나 남대문 밖에서 참수하거나 태워서 죽이므로 해골로 언덕을 이루게 되었다고 한다.

특히, 밀고하는 자에게 상을 주었으며 이듬해 1월에 평양성이 조선과 명군에게 함락되자 왜군은 그 분풀이로 도성 안의 남자들을 닥치는 대로 죽여 여복女服으로 분장한 남자들만 겨우 목숨을 건졌다고 한다.

왜군의 잔학한 처형 방법은 차마 눈을 뜨고 볼 수 없었다. 불복不服

하는 도성 사람들의 귀를 자르고 눈을 빼며, 살을 도려내고 살 껍질을 벗겼다. 심지어는 심장을 도려내고 팔다리를 자른 뒤 머리를 잘라 몸통과 머리를 장대에 각각 매달아 놓았다.

『연려실기술』에서는 1월 24일의 왜군의 만행을 상세히 써 놓았다.

"왜군 장수들은 서울에서 철수하게 되자 서울 사람들을 대량 학살할 것을 은밀히 결정하였다. 그리하여 왜군은 서울 사람들을 결박하여 남대문 밖에 열을 지어 세워 놓고 위쪽에서부터 처형하여 내려오는데 칼을 맞아 모두 죽을 때까지 한 명도 도망치지 못하였다."고 하였다. 한편 체찰사體察使 유성룡柳成龍이 명나라 제독 이여송李如松과 함께 왜군이 철수한 다음날 서울에 들어왔다. 당시 유성룡이 본 바에 의하면 서울 사람 중 남은 사람은 100명의 한두 명에 지나지 않았고, 생존한 사람 기색도 굶주림과 피곤으로 귀신 몰골이었다. 인마人馬는 길가에 쓰러져 악취를 풍겨 코를 쥐고 다녀야 했고, 도성 안팎은 백골이 산을 이루었다고 하였다.

서울이 수복되고 나서도 굶주림은 계속되었던 것 같다. 사헌부司憲府에서 왕에게 보고하기를, "기근이 극심하여 지금 사람이 사람을 서로 잡아먹기에 이르러서도 개의치 않게 되었다. 이리하여 길에 쓰러진 시체에는 살이 완전히 붙어 있는 것이 없을 뿐 아니라 심지어 산사람을 죽여 내장과 살을 함께 씹어 먹는다. 도성 안에서 이와 같은 끔찍한 변이 있는데도 형조刑曹에서는 이런 일을 방치하여 체포하지도 않고, 체포된 자도 엄히 다스리지 않는다."고 하였다.

기근이 어느 정도 심했는가는 어느 날 명나라 군사가 술이 잔뜩 취해 가다가 길에서 구토를 하였는데, 이때 이를 본 굶주린 사람들이 몰려와서 머리를 땅에 박고 핥아먹었으며 그나마 힘이 약해 밀려난 자는 이를 보고 눈물만 흘리고 있었다 한다.

행주대첩

전라감사 권율權慄이 군사를 이끌고 북쪽으로 오다가 수원 독산성에서 왜장 우끼다宇喜多秀家의 대군을 크게 섬멸하고 났을 때였다.

"장군님, 우리 군대와 명나라 군이 평양·개성을 탈환하고 서울 수복을 위해 임진강을 건넜답니다."

"그렇다면 나도 서울 수복 전투에 빠질 수야 없지. 출전 준비를 곧 갖추도록 전하라."

"예. 그렇게 전하겠습니다."

이처럼 권율 장군은 서울 수복 전에 참가하기 위해 승장 처영處英의 승군僧軍 등 3천 명을 이끌고 김포에서 한강을 건너 행주산성에 진을 쳤다. 그런데 권율 장군이 행주에 당도한 날 공교롭게도 명나라 군은 벽제관 싸움에 패전하여 임진강을 건너 개성으로 물러나고 말았다. 권율 장군의 실망은 이만저만이 아니었다.

이때 권율 장군의 형 권순權恂이 주위를 살피고 나서, "주저하지 말고 배수진背水陣을 치고 싸우게. 목책木柵을 세운 뒤 변이중이 발명한 화차火車로 대항하면 승리할 수 있네." 하고 격려하자 권율 장군은 힘껏 싸울 것을 결심하였다. 한강을 뒤에 두고 나무를 베어 목책을 겹겹이 세운 진지를 만들면서, 권율 장군은 도성 안과 용산의 일본군의 동정을 살피고 오게 하였다.

당시 서울에는 왜군들이 거의 집결되어 있었는데 그들은 권율 장

역사의 현장, 서울

행주산성

군의 의도를 심상치 않게 느껴 공격을 감행하기로 정하였다.

　계사년癸巳年 1593년 2월 12일 새벽, 왜군은 10배나 되는 3만 명의 대군을 좌우익으로 나누어 붉은 기와 흰 기를 펄럭이면서 물밀듯이 몰려왔다. 이를 본 권율 장군의 휘하 장졸들이 동요하는 빛이 돌자, 장군은 급히 명하기를, "명령이 있기 전에는 절대 동요하지 말라." 하고 아장牙將들과 함께 산성 꼭대기에 올라가 적의 형세를 살폈다. 이를 본 권율 장군은 전군을 향해, "지금 우리는 뒤에 시퍼런 강물이 있고, 앞에는 왜군이 공격해 오고 있다. 만약 우리가 살려면 한 사람이 열 명의 적을 당해 내야 한다. 그렇지 않으면 왜군에게 죽거나 강물에 빠져 죽을 수밖에 없다."

　동이 틀 무렵 드디어 왜군의 선봉대가 공격을 해 오고 나머지 주력 부대는 산성을 겹겹이 포위하였다.

"기어오르는 적은 남김없이 모조리 쓸어버려야 한다. 전투 개시—."

피비린내 나는 싸움은 시작되었다. 권율 장군의 호령이 떨어지자 화살과 돌이 적병을 향해 날았다. 좁은 골짜기를 3열 종대로 올라오던 왜군은 집중 공격으로 시체를 남기고 후퇴하고 말았다.

"후퇴하는 왜군들에게 대포를 발사하라."

권율의 명령이 떨어지자 3백 대의 화차가 일제히 불을 뿜었다. 천둥을 치는 굉음에 무수한 왜군의 몸뚱이가 허공으로 솟구치다가 떨어져 죽어갔다. 다음에 제2대는 손에 손에 횃대를 들고 올라오지 않는가.

이에 권율 장군은, "적이 화공법火功法을 쓰려고 하니 즉시 물을 길어다 목책을 흠뻑 적시도록 하라."고 명하자 중군과 후군은 강에서 물을 길어다 목책을 적셔 놓았다. 이런 줄도 모르고 왜군들은 가까이 와서 횃대에 불을 붙여 성채 위로 던졌다.

그러나 목책은 불이 붙지 않고 오히려 많은 사상자를 내고 물러났다.

우리 측의 승전의 환성도 잠시일 뿐 뒤이어 왜군의 제3대가 공격해 왔다. 이번의 왜장은 유명한 고바야가와小早川隆景였다.

권율 장군은 영을 내렸다.

"이번에 공격해 오는 적장은 보통이 아니다. 승패는 이번 한 판에 좌우되는 것이니 모두 결사적으로 싸워라."고 명하니 모두들 비장한 각오로 임하였다.

"이번에는 화차 부대로 처음부터 맹렬히 쏘아라."

대포알과 화살이 소나기 퍼붓듯 왜적에게 쏟아지고, 부녀자들은 치마에 돌을 담아 부지런히 날랐다. 이것이 '행주치마'란 말의 기원이 되었다.

권율 장군도 직접 활을 당겨 왜장 고바야가와를 겨누어 쏘았다. 첫 번과 두 번째 화살은 고바야가와가 교묘히 피했지만 세 번째 화살은 활시위를 떠나자 정통으로 어깻죽지를 맞혔다. 왜장이 말 아래로 굴러 떨어지니 그의 아장牙將들이 몰려들어 떠메고 달아났다.

왜군의 명장 고바야가와가 쓰러지니, 서울에 있던 우끼다가 급히 군사를 몰고 공격해 왔다.

권율 장군은 영을 내렸다.

"이번에는 산성 위에서 싸울 것이 아니라 아래로 내려가면서 활을 쏘아라."

이에 우리 군사가 고함을 지르면서 아래로 쳐 내려가니 왜군은 그 위세에 눌려 달아나기에 급급하였다. 이때 한강 하구로부터 경기수사京畿水使 이민과 충청수사 정걸이 강화도에서 권율 장군을 응원하기 위해 10여 척의 배를 동원하여 나타났다.

왜군들은 이를 보자 사기가 떨어져 서울로 황황히 달아났다. 행주 대첩의 소식은 명나라군과 선조 임금 그리고 명나라 조정에까지 전해졌다. 이 대첩이야말로 서울 수복을 앞두고 전의를 상실한 명나라 군에게 반성과 용기를 주고, 왜군이 서울을 철수하도록 촉구한 셈이다. 평양에 있던 제독 이여송李如松은 권율장군의 행주대첩 소식을 듣고,

'아차, 잘못했구나. 며칠만 더 파주에 머물러 있다가 권율 장군과 합세하여 왜군을 섬멸했으면 큰 공을 세울 수 있었을 텐데.'

이렇게 생각하니 은근히 화가 치밀어 곁에 있는 아장牙將들에게 화

풀이를 하였다. 그리고 제독 이여송을 찾아온 이덕형李德馨에게, "내가 이번에 기회를 보아 서울을 수복할 계획이니 작전에 차질이 없도록 공은 군량미 조달에 대비토록 해 주시오."라고 말하였다. 이리하여 이덕형은 지체하지 않고 각 고을을 다니면서 군량미 조달에 눈코 뜰 새가 없었다.

한편, 함흥까지 북상해 있던 왜장 가또오加藤清正는 남으로 후퇴하는 길이 막혀 전전긍긍하고 있었다. 명나라의 송응창宋應昌 총사령관은 가또오의 군사를 달래어 몰아낼 궁리를 한 끝에 풍중영을 보내기로 하였다. 풍중영이 화친을 제의하자 가또오는 서울로 가기 위해,

"서울에 가서 도요토미豊臣秀吉 관백에게 품하여 모든 일을 결정할 것이니 우선 서울로 가게 해 주시오."

"그럼 잡혀 있는 조선의 두 왕자는 어떻게 하겠소."

심원정 터

역사의 현장, 서울

"서울에 도착하는 대로 어김없이 송환하겠소."

이리하여 가또오의 군사는 남으로 철수하였는데 그들의 노략질은 이루 말할 수 없었다. 이때 유성룡은 서울 수복을 위해 왜군들의 동태를 살피고 있었다. 들어온 정보에 의하면 용산창龍山倉에 아직도 많은 곡식이 쌓여 있어 적어도 3개월 이상 버틸 수 있다는 것이었다.

유성룡은 이를 태워 버릴 작전 계획을 세웠다. 그는 명나라 사대수에게 요청하여 군선 두 척과 포수 10명을 빌리고, 우리 장수와 합세하여 용산창을 태우는 데 성공하였다.

한편, 원효로에 주둔하고 있던 왜장 고니시小西行長는 수십만 석의 곡식이 불에 타 버렸다는 보고를 듣고 초조한 마음을 가눌 수 없었다. 왜장들은 회의를 열고 대책을 협의한 끝에 휴전 회담을 추진하는 체하면서 군사를 한강 이남으로 철수하기로 정하였다.

이리하여 명나라 대표 심유경沈惟敬과 고니시와의 강화 회담이 한강변 원효로에서 진행되는 동안 왜군들은 서울을 철수하게 되었다.

왜군들이 임진년 5월 3일에 서울을 점령하여 계사년 4월 18일에 철수하였으니 거의 1년간 점령한 셈이다. 왜군들이 서울에서 철수한다는 소식을 들은 창의사 김천일과 파주의 도원수 김명원과 합류해 있던 권율 장군은 화친을 반대하고, 철수하는 왜군들을 무찌르기 위해 한강 서빙고에 이르렀다. 그러나 이미 왜군들은 한강을 건너고 부교浮橋마저 철거한 뒤였다.

권율 장군은 주먹으로 가슴을 치며 통분해했으나 별다른 방법이 없었다. 다음날 제독 이여송이 서울로 들어오고 유성룡과 김명원이 서울 땅을 오랜만에 밟았으나 서울은 이미 폐허지로 변해 있었다.

4

조선시대 후기

서인의 집권

| 인조반정 |

버드나무에 매인 말 그림

광해군 말년에 어린 영창대군을 강화도로 귀양 보내 죽이고, 인목대비를 폐하려 하자 영의정을 지낸 백사 이항복李恒福은 이를 반대하는 상소를 올렸다. 그는 이로 인해 함경도 북청으로 귀양을 가게 되었다. 이때 그를 위로하려고 찾아온 김류金瑬에게 한 폭의 준마도駿馬圖 그림 한 장을 주면서 "그대를 보건대, 귀한 사람이 될 기상이 많으니, 나라가 비록 위태롭겠지만 멸망하게 되지는 않겠지? 이 그림은 선왕께서 내게 하사하신 것인데 이제 공에게 오늘의 기념으로 주니 받아두게. 반드시 이 그림의 주인을 찾아 돌려주게." 하는 것이었다.

김류가 "그 주인이 누굽니까?" 하고 묻자, 이항복 대감은 웃으면서 말하기를, "장차 찾아줄 것이지 지금 꼭 물을 필요는 없소." 라고 하므로, 김류가 어려워서 감히 재차 묻지 못하였다.

김류는 그 그림을 감사히 받아 가지고 돌아와 자기 방에 걸어 놓았다.

이 그림에는 말 한 마리가 버드나무에 매어져 있었다.

그 후 이항복 대감은 마침내 귀양살이에서 죽었고, 당시의 나라 사정은 날로 급박해지기만 하였다.

김류가 본래 침착하고 굳세며 식견과 생각이 있는 사람인지라, 이항복 대감의 시킨 일이 반드시 깊은 뜻이 있을 것이라고 생각하고, 바로 서울 장안에 있는 집을 사들여, 그 그림을 벽 위에 걸어놓고 매일 그 밑에서 거처하며 사는 지가 여러 달되었다.

어느 날 갑자기 비바람이 사납게 몰아치자 어떤 사람이 비를 피하여 김류의 집 처마 밑에서 쉬고 있었다.

비를 피하고 있었던 사람은 능양군인조이었다. 능양군은 '금방 그칠 비는 아닌 것 같은데 언제까지 기다려야 하나?'

능양군은 우장을 갖추지 못한 채 나왔으므로 먹장구름이 잔뜩 낀 하늘을 원망스럽게 쳐다보고 있었다. 그때 "어느 손님이신지 모르오나 안으로 들어오셔서 비를 피하셨다가 가시라고 주인어른께서 말씀하십니다."

누구인가 등 뒤에서 공손히 말하는 소리가 들렸다. 능양군이 돌아보니 이 집 계집종인지라 그의 권유를 사양했으나 들어오시란다고 간곡히 권하자 못 이기는 체하고, 그 집주인의 사랑방으로 들어갔다.

사랑방에 들어앉은 능양군은 방을 두루 살펴보다가 문득 말을 그린 그림 한 폭을 발견하였다.

"아니, 어디서 본 그림 같은데, 이상하다."

능양군은 가까이 다가가서 살펴보니 자기가 그린 그림임을 확인하였다.

역사의 현장, 서울

조금 있다가 집주인이 들어 왔는데 그가 바로 김류였다. 손님이 벽 위에 걸린 말 그림을 보고서 갑자기 눈물을 흘리므로 김류가 그 까닭을 묻자, 그 사람이 말하기를 "이것은 내가 어릴 때에 그린 것입니다. 어느 해 대궐에 들어가 선왕先王 : 선조을 모셨을 때에 명령을 받고 이것을 그렸습니다. 이 그림이 궁중에 있어야 하는데, 지금 항간에 뒹구는 것을 보고 울게 된 것입니다."고 하였다.

김류는 인사를 한 뒤에 먼저 자기 이름을 밝히자, 능양군은 세태가 흉흉한 때라 자기의 본명을 밝히고 싶지 않았으나 그림 관계를 알아보고자 부득이 "나는 능양군이오. 소나기가 와서 폐가 많소. 그런데 저 그림은 어찌된 일이오?" 하고 물었다. 김류는 적이 놀라는 얼굴로 "능양군님의 어릴 때 그린 그림입니까? 이것이 무슨 인연인 것 같습니다."

김류는 백사 이항복에게서 선사 받았다는 이야기를 하고, 화폭을 떼어 능양군에게 돌려주면서 "백사 이항복께서 이 그림을 가지게 된 것은 필시 선왕의 부탁을 받은 것입니다. 그 그림의 주인을 찾아 주라는 것은 장차 저로 하여금 진인眞人을 발견하여 사직社稷을 편안히 하게 하라고 한 것으로 믿습니다."고 하였다.

김류가 바로 부인을 불러 술과 안주를 내오라고 시켰다. 김류의 집은 본래 가난하였는데, 갑자기 부인이 진수성찬을 차려 내왔다. 김류가 마음에 이상하게 여겼으나, 그대로 술과 음식을 권하여 마시며 먹었고, 이어 비도 갰으므로 능양군을 전송하여 보내고 집안으로 들어가 부인에게 물어보았다.

부인이 말하기를, "상감님이 타신 연輦이 이 집 대문 앞으로 들어오는 것을 보고 깜짝 놀라 잠을 깨었다."는 것이다. 꿈을 깬 뒤에 생각하

인조별서 유기비

기를, '오늘은 반드시 귀인이 오시겠지.' 하고서 힘을 다하여 진수성
찬을 마련해 놓고 기다렸는데, 마침 비가 오자 계집종이 말하기를 어
느 분이 대문간에서 비를 피하고 계신다기에 문틈으로 보니 바로 꿈에
서 뵌 상감님과 같은 어른인지라 들어오시라고 강권하였다는 것이다.

그 후 김류와 능양군 두 사람의 정의가 두터웠으므로 계속 왕래하
였다. 이로 인해 두 사람은 의기가 통해 드디어 광해군을 몰아내기로
결론을 짓고, 인조반정을 일으키게 되었다. 김류는 뒤에 반정 1등공신
이 되었다.

김류가 능양군의 그림을 돌려준 일에 대하여 후일 다음과 같이 해
석하는 사람도 있다. 선조 임금이 말년에 광해군의 과실이 현저하므로
그 왕위를 보존하지 못할 것을 알고 있었다. 그러나 이미 세자世子로 책

역사의 현장, 서울

봉해 놓은 지 이미 오래되어서 차마 느닷없이 폐하지를 못하였던 것이며, 능양군이 출생하자 특이한 기질이 있으므로 그가 나라의 주인이 될 것임을 알고서 정승 이항복에게 부탁하되, 한 폭의 묵화를 주어 후일의 국사를 부탁한 고명顧命의 증거로 삼았다는 것이다. 정승 이항복은 또한 자기가 살아서 돌아오지 못할 것과 김류가 큰일을 감당해 낼 수 있을 것을 알고서 김류에게 이것을 주었으며, 또한 그 주인을 밝히지 않았으나 김류가 신중히 처리하여 그림의 주인을 찾아내어 거사를 도모하였으니, 그 당시 임금이나 정승의 나라 일을 도모한 것이 신통하고 특이하다고 생각되는 일화이다.

소중화주의小中華主義에 근거한 친명 세력이었던 서인은 신흥 강국인 후금과 쇠퇴해가는 명나라 사이에서 사실상 중립정책을 펼친 광해군의 실리외교를 의리명분론에 입각하여 못마땅하게 여겼다.

후금의 팔기군은 단숨에 명나라의 푸순 성을 공격하고 함락시켰다. 상황이 다급해진 명나라는 광해군에게 지원군 파병을 요청했다. 조정은 이 문제를 놓고 첨예하게 대립했다. 광해군은 이런 저런 문제로 파병을 미루었지만, 대부분의 조정대신들은 즉각 출병을 주장했다. 『선조실록』을 보면 명나라의 지원 덕분에 나라를 되찾게 되었다는 '재조지은再造之恩'이라는 표현이 무려 11번이나 등장한다. 조선은 명나라를 받들고 섬겨야하는 '재조지은'의 대상이었다. 그러나 광해군은 다른 생각을 갖고 있었다. 대신들이 '재조지은'을 내세우자 현실로 맞섰다.

"다시는 은혜니 배반이니 그런 말들을 마시오. 임진년에 당한 전란의 후유증을 극복하는 것만으로도 벅찬 현실을 경들은 어찌 모른단 말이오!"

　임진왜란 전쟁 중에 세자로 책봉되었던 광해군은 임시정부에 해당하는 군졸을 이끌며 민심을 수습하고 전쟁현장을 누비고 다니던 과정에서 명나라군의 실체를 직접 목격했고, 전쟁에서 현실감을 온몸으로 체험했다. 전쟁의 참상을 뼈저리게 경험했던 광해군이었기에 그래서 자신이 즉위한 이후에 특히, 외교관계에 있어서만은 가장 큰 방안은 전쟁을 막겠다는 생각이었던 것이다. 당시의 조정의 신하들이나 유생들이 명에 대한 은혜를 갚고 오랑캐를 물리쳐야지 하는 여론이 많았으나 이를 강하게 무마하면서 후금과 명과의 사이에서 중립외교를 고수하면서 전쟁을 막았다는 것은 오늘날의 관점에서 보았을 때도 긍정적인 것이다.

　광해군이 명나라 지원군 파병을 결정한 것은 그로부터 1년 뒤였다. 압록강을 건너 명나라군과 합류한 조선군은 후금과의 전투에 들어갔다. 결과는 명나라군의 대패였다.

　이 당시 명나라군을 지원하려고 파병을 하자 강홍립은 계속해서 광해군에게 밀계密啓를 보내 후금의 동향을 자세히 보고했다. 광해군은 이러한 강홍립의 보고를 바탕으로 변화하는 대륙정세를 읽고 능동적으로 대처했다. 이에 따라 광해군은 명나라에 파견한 강홍립에게 형세를 보고 향배向背 : 항복과 공격를 정하라고 비밀리에 지시를 내렸다는 것이다. 강홍립이 후금에 항복하기 전에 후금 측에 밀서를 보내 양국이 원래 원수진 일이 없고, 조선은 부득이하게 군사를 보냈다고 알려져 있다.

　그러나 명나라에 대한 '재조지은'의 이데올로기에 발목이 잡혀 있던 인조반정 세력에게 이러한 광해군의 실리외교는 명나라에 대한 배신이자 불충이었고, 광해군을 폐위시키는 반정反正의 빌미가 되었던 것이다. 또한 광해군 10년1618에 인목대비를 감금하고 폐서인으로 격하시키자 이를 반정의 명분으로 삼았다.

인조반정의 추진

광해군 15년1623 3월 13일, 서인의 김류金瑬, 이귀李貴, 김자점金自點 등은 민심이 흉흉하자 반정 계획을 실천에 옮기기로 하였다.

즉 광해군 12년1620부터 이서李曙・신경진申景禛이 먼저 반정의 계획을 수립한 후 구굉具宏・구인후 등을 끌어들이고, 이어 김류・이귀・최명길崔鳴吉 등의 문신과 연계하여 능양군을 왕으로 추대하면서 1623년 3월 12일을 거사일로 정하고 모든 계획을 진행시켰다.

현재 서대문구 홍제동에 위치하였던 홍제원弘濟院은 인조반정군反正軍의 집결지였다. 즉 3월 12일 밤에 홍제원에 모이기로 정한 뒤 장만張晩의 빈집에 모여 계획을 다듬고, 거사 날짜를 여러 곳에 알렸다.

"장단부사長端府使 이서와 이천부사利川府使 이중로는 어떻게 되었습니까."

"틀림없이 그들 휘하의 군사를 동원하여 홍제원으로 올 겁니다. 북병사北兵使 이괄李适 장군도 가담하기로 되었고, 특히 훈련대장 이흥립李興立이 내응하기로 약속되어 있으니 염려 마십시오."

이귀와 김자점이 이와 같이 거사 계획을 점검하고 있을 무렵 광해군은 김자점이 김상궁을 통해 푸짐하게 보낸 술과 안주를 들면서 궁인들과 태평하게 즐기고 있었다.

이때 반정 계획의 실패를 두려워한 이이반李以頒은 이날 밤, "김류, 이귀 등이 방금 군사를 홍제원에 모아 궁궐을 침범할 것이며 훈련대장 이홍립도 내응할 것입니다."라고 고변告變하고 말았다. 이 고변을 승정원에서 광해군에게 알렸으나 왕은 이를 묵살하고 말았다.

한편, 이괄은 군관 20여 명을 거느리고 홍제원에 먼저 도착하였다.

"거 이상하다. 아무 기척이 없으니 실패한 것이 아닐까." 하고 주위를 살피고 있을 때 홀연히 서북산 아래 한 점의 불빛이 명멸하여 그곳으로 가보니 이귀, 김자점 등이 수백 명의 군사를 거느리고 모여 있었다.

그러나 장단, 이천의 군사와 대장 김류도 도착하지 않아 불안해할 때, "반정 계획이 그만 탄로되어 모의한 자를 체포하고 있으며, 이괄李廓이 포수 수백 명을 거느리고 창의문을 나왔습니다."라고 장유張維가 고하였다. 모든 사람들이 겁을 먹고 흩어지려 할 때, 이귀는 이괄에게, "대장 김류가 오지 않고 일이 이쯤 되었으니 당신이 대장이 되어야겠소."라고 말하자 이괄은 이를 수락하고 대오를 정돈하였다.

이때 김류는 고변告變 소식을 듣고 사태가 틀렸다고 생각하여 집에 있었다. 그러자 심기원, 원두표가 달려와서 그를 대장에 앉히고, 군사를 정돈해 무악재를 넘어 홍제원에 도착하였다. 이천과 장단의 군사도 모여왔다.

김류의 도착으로 이괄은 대장직을 내놓게 되자 반발했으나 이귀의 설득으로 겨우 무마되었다.

능양군은 직접 병사를 이끌고 나아가 이서가 장단으로부터 통솔해 온 700여 명의 군사와 연서역延曙驛에서 합류한 후, 김류를 대장으로 삼아 홍제원에 집결했던 이귀·최명길·심기원沈器遠·김자점金自點 등의 600~700여 명의 군사, 그리고 이천으로부터 온 이중로李重老의 군사 2,000명 등과 함께 창의문으로 진군하여 성문을 깨뜨렸다. 대장 김류는 드디어 반정군을 이끌고 도성 안에 들어가 창덕궁 문에 이르렀다. 창덕궁에

세검정

이르자 반정군에 포섭되었던 훈련대장 이흥립의 내응으로 반정군은 닫힌 돈화문을 도끼로 찍어 연 뒤에 궁궐에 불을 질렀다. 당황한 광해군은 내시를 데리고 급히 북문으로 달아났다. 반정군들이 횃불을 들고 침전에 뛰어들어 광해군을 찾았으나 보이지 않았다. 광해군은 허둥지둥 인왕산 기슭 자수궁을 향해 도망치던 도중 김 상궁의 양아들 정몽필을 만났다.

"전하, 이게 무슨 변고입니까?"

"난리가 났으니 어서 숨어야겠다. 혹시 말이 있느냐?"

광해군은 정몽필의 말을 타고 평소 신임하던 의원醫員 안국신의 집에 숨었다. 광해군은 안국신이 상중에 입던 무명옷을 걸친 후 몸에 상띠를 둘렀다. 또 머리에는 흰 가죽 남바위를 쓰고, 발에는 짚신을 신어 상제로 변장하였다. 그리고는 다른 곳으로 피신하려고 했으나 정남우

의 밀고로 결국 도총부에 갇히는 신세가 되고 말았다. 쉽게 서울을 접수하고 반란에 성공한 반정군은 궁궐을 장악하였다.

날이 밝자 능양군은 돈화문을 거쳐 궁궐 안으로 들어갔으나 대비의 교지教旨를 받지 못해 용상에 앉지 못하고 궁궐 뜰을 서성거리며, 이귀에게 "일찍이 대비께서 이이첨 일파에게 살해되었다는 소문이 항간에 퍼지자 그렇게 알고 있었는데 살아계셔서 아직 서궁西宮에 유폐되어 있다는 말을 들었으니 이덕형과 함께 급히 서궁으로 향하시오."라고 명하였다.

창의문

역사의 현장, **서울**

덕수궁(서궁)

이보다 5년 전에는 인목대비 폐모廢母사건이 있었다. 그해 왕실의 최고 어른이자 국모인 인목대비의 자격을 빼앗고, 서궁현 덕수궁 석어당昔御堂에 감금한 것이다. 석어당에서 인목대비는 유폐된 지 5년 만에 비로소 서궁의 문이 열렸다.

반정세력은 서궁에 유폐되어 있던 인목대비의 호를 회복시킨 후 이귀는 대비에게 나아가 반정이 성공했음을 알렸으나 인목대비는 거사가 성공했음을 믿지 않았다.

"쫓겨난 임금을 내 눈으로 똑바로 보아야만 그대들이 한 일을 알겠다."라고 인목대비가 말하자 이에 능양군은 도총부에 갇혀 있는 광해군을 까만 가마에 태우고 서궁으로 향하였다.

폐위된 광해군

광해군 15년1623 3월 13일, 인목대비가 머물던 석어당 앞으로 끌려와 무릎을 꿇은 사람, 그는 어제까지만 해도 용상에 있었던 조선의 15대 임금 광해군이었다.

추레한 몰골로 뜰에 엎드린 광해군을 보는 순간 인목대비는 그동안 참아왔던 설움이 복받쳐 올랐다. 광해군은 눈물을 흘리며 인목대비에게 국새國璽를 올렸다. 인목대비는 노기등등한 음성으로 광해군의 지은 죄목을 낱낱이 꾸짖었다.

"천지간에 비할 데 없는 대역부도 죄인이라! 군부아버지를 시해하고, 형을 죽이고, 어미를 폐한 죄, 천리를 거역하고 인륜을 무너뜨려 위로는 종묘사직에 죄를 짓고, 아래로는 만백성에게 원한을 맺었다. 이에 너를 폐위시키노라!"

인목대비가 36가지의 죄를 꾸짖는 동안 광해군은 고개를 숙인 채 일언반구의 대꾸도 하지 못하였다.

이어 대비가 능양군에게 국새를 전하자 능양군은 스스로 부덕하다고 하며 이를 사양하였다. 대비가 친히 능양군의 몸을 일으켜 말하였다.

"백성이 추대하였는데 덕이 없었다면

광해군 묘

역사의 현장, **서울**

어찌 이렇게 되었겠소. 또한 이 몸을 유폐에서 풀어준 것은 종사宗社의 복이니 사양치 마시오."

마침내 3월 13일, 인조는 대비의 명을 받아 창덕궁에서 즉위하니 대비가 다시 하교하였다.

"광해는 하늘의 뜻을 행하지 않고 나의 부모 형제를 죽였을 뿐 아니라 여덟 살 난 나이 어린 왕자도 죽였소. 다행히 내가 다시 해를 볼 수 있게 되었으니 그를 형벌하지 않는다면 의義를 살릴 수 없소."

인목대비가 광해군에게 무거운 형벌을 내릴 것을 천명하자 인조가 만류하며 "대비마마! 광해가 비록 무도하나 15년 동안 나라를 다스렸으니 형벌사형에 처할 수는 없습니다."라고 인조가 극력 간하고 말렸다. 반정에 참여한 서인들도 성리학적인 명분상 폐주廢主이지만 광해군을 죽일 수는 없다고 주장한 결과 광해군은 서인庶人으로 낮추어 강화도로 유배되었다.

광해군 폐위 후에 광해군과 폐비 유씨, 폐 세자 질과 폐 세자빈 박씨 등 네 사람은 강화도에 각각 위리안치 되었다. 반정세력들은 이 네 사람을 한곳에 두지 않았다. 광해군과 폐비 유씨는 강화부의 동문 쪽에, 폐 세자와 세자빈은 서문 쪽에 각각 안치시켰다.

이들이 안치되어 울타리 안에 갇힌 지 두 달쯤 후에 폐 세자와 세자빈은 어느 날 밤, 담 밑에 구멍을 뚫어 밖으로 빠져나가려다가 잡혔다. 그 손에는 은덩어리와 쌀밥, 그리고 황해감사에게 보내는 편지가 있었다. 그 은덩어리로 뇌물을 써서 강화도를 빠져나가려 했던 것으로 보인다. 이 때문에 인목대비와 반정세력은 그를 죽이기로 결정하자 이 사실을 전해들은 세자와 세자빈은 스스로 목숨을 끊고 말았다. 이렇게 장성한 아들과 며느리를 잃은 광해군은 1년 뒤에는 부인 유씨와도 사별하게 된다. 유배생활이 시작되면서 유씨는 화병을 얻어 유배생활 1년 7개월 만인 1624년 10월에 생을 마감한다. 아들과 며느리, 그리고 부인마저 죽자 광해군의 가족은 박씨 일가로 시집간 옹주 한 사람 밖에 남지 않았다.

하지만 광해군은 초연한 자세로 유배생활에 적응하여 18년간의 생을 이어간다. 광해군으로 인해 아들을 잃고 서궁에 유폐되어 있던 인목대비는 그를 죽이려고 혈안이 되어 있었고, 반정세력 역시 왕권에 위협을 느낀 나머지 몇 번이나 그를 죽이려고 시도했었다. 하지만 반정 이후 다시 영의정에 제수된 남인 이원익의 반대와 내심 광해군을 따르던 관리들의 의해 살해의 기도가 성공을 거두지 못하였다.

1924년 이괄의 난이 일어나자 인조는 광해군의 재등극을 우려하여 그를 배에 태워 태안으로 이배시켰다가 난이 평정되자 다시 강화도로 데려 갔다. 1636년 병자호란 때 청나라가 광해군의 원수를 갚겠다고 공언하자 조정에서는 또다시 광해군을 교동도에 안치시켰다. 이때 서인계열의 신경진 등이 경기 수사京畿水使에게 그를 죽이라는 암시를 내렸지만 경기 수사는 이 말을 듣지 않았고 오히려 그를 보호해 주었다.

이듬해에 조선이 청나라에 굴복한 뒤에 광해군이 복위될 것을 우려한 인조는 그를 제주도로 보냈다. 광해군은 제주 땅에서도 초연한 자세로 자신의 삶을 이어 갔다. 자신을 감시하는 별장이 윗방을 차지하고, 자기는 아랫방에 거처하는 모욕을 당하면서도 묵묵히 의연한 태도를 보였다. 심부름을 하는 나인이 영감이라고 호칭하며 멸시해도 전혀 이에 대해 분개하지 않고 말 한마디 없이 굴욕을 참았다.

　　　　　　　　　　　　　　역사의 현장, 서울

이렇듯 초연하고 관조적인 그의 태도가 수명을 오래도록 지탱시켰는지도 모른다. 그는 긴 세월동안 다시 기회가 주어질지 모른다는 일념으로 묵묵히 희망을 안고 기다렸는지도 모른다. 그러나 결국 귀양생활 18년에 생을 마감하니 그의 나이 67세로 집권기간보다 유배생활을 더 길게 살았다.

인조반정 직후 대북파 이이첨·정인홍·이위경李偉卿 등 40명은 참수되었으며, 추종자 200여 명은 유배되었다. 이이첨, 정인홍은 능지처참을 당하고 그 머리를 베어 사방에 돌렸다. 또 몸뚱이는 길거리에 굴러다니되 만일 수습하는 자가 있으면 그 또한 똑같이 형률에 처하도록 했다. 부원군 유희분도 목을 베어 죽였으며, 영의정 박승종 부자는 왕실의 인척으로 왕실을 잘못 보필한 죄로 죽음의 길을 취하게 되어 스스로 자결하였다. 반정 모의에 참여했으나 밀고했던 이이반도 반역죄로 주살 당했다. 이후로 대북세력은 정계에서 완전히 밀려났다.

성공한 인조반정

반정에 공을 세운 이귀·김류 등 33명은 3등으로 나누어 정사공신靖社功臣의 칭호를 받고 권좌의 요직을 차지하였다. 서인이 정권을 잡게 되었으나 남인의 이원익李元翼이 다시 소환되어 정승에 오른 것을 계기로 남인이 제2의 세력을 형성하게 되었다. 그러나 이 논공행상이 공평하지 못하다 하여 1년 후에 반정에 큰 공을 세웠던 이괄이 불만을 품고 난을 일으켜 서울이 함락되고 인조가 공주까지 피난 가는 사태도 일어났다. 서인세력은 국제 정세의 흐름을 제대로 간파하지 못함과 더불어 구체적인 전략도 없이 무조건 친명배금親明拜金 정책을 실시하여 정묘호란과 병자호란이 일어나는 계기가 되었다.

인조반정은 조선 초의 왕자의 난이나 계유정난과는 명칭부터 다르다. '되돌릴 반' '바로잡을 정' 글자 그대로 반정은 잘못된 체계를 바로잡아 올바른 질서로 되돌린다는 뜻이니 쿠데타가 아니라 혁명이라는 뜻이다. 이 사건은 조선의 정치, 사회적인 흐름을 바꿔놓은 격변이었다.

인조반정 이후 서인세력은 조선의 운명을 결정지었다. 이들은 조선 멸망 때까지 집권했고, 그 결과 광해군은 최근까지 거의 400여 년을 역사의 음지에서 신음하다가 광해군에 대한 복권이 시도된 것은 최근이었다. 여러 명의 역사학자들이 광해군은 임진왜란 때 공을 세웠을 뿐만 아니라 즉위 후에도 경기도에 대동법을 시범 실시하고, 실리외교를 추진하는 등의 정책으로 전란 극복에 적잖은 공을 세웠다는 반론을 제기하였다. 그러나 인조반정은 광해군이 자초한 측면도 있다는 점은 분명하다.

정상적인 상황이라면 광해군이 왕세자가 될 가능성은 없었다. 왜란이라고 하는 긴박한 전쟁을 맞이해서 갑작스럽게 왕세자로 책봉된 것이다. 광해군이 일단 국왕이 된 다음에도 그의 친형 임해군은 장남이었고, 광해군의 부친 선조가 다시 재혼하여 낳은 영창대군은 적자嫡子였기 때문에 왕위계승 과정에서의 콤플렉스가 짓누르고 있었다고 보인다.

먼저 광해군은 스스로 한 당파의 영수로 자임하면서 고립을 자초했다. 물론 광해군의 자리에서 대북을 총애한 것은 이해할만 하다. 선조 39년1606 선조의 계비 인목대비가 영창대군을 낳자 소북의 영의정 유영경 등이 영창대군을 지지해 위기에 빠졌을 때 정인홍 중심의 대북이 광해군을 지지해 어렵게 즉위할 수 있었던 것이다. 그러나 일단 즉

위한 이상 군주는 특정 정파의 이해를 대변해서는 아니되었다. 광해군은 이 원칙을 무시하고 대북세력의 군주를 자임하였다.

광해군 5년1613 '칠서七庶의 옥獄'으로 인목대비의 부친 김제남과 영창대군을 제거한 것은 비록 정치공작의 성격이 짙지만 왕권 안정을 위해 불가피한 처사였다고 볼 수도 있다. 그러나 인목대비의 폐모廢母를 밀어붙인 것은 민생과는 무관한 정치 보복일 뿐이었다.

광해군 10년1618 1월, 대북파가 창덕궁 뜰에 조정 백관을 동원하여 정청을 벌이며 폐모廢母를 요청하여 이 자리에서 인목대비의 폐모가 결정되었다. 이로써 8살 난 어린 아들 영창대군과 친정아버지를 한꺼번에 잃고, 왕대비 지위마저 박탈당한 인목대비는 한 많은 5년간의 긴 유폐생활로 들어가고, 대북파는 조정의 주도권을 완전히 장악하였다. 하지만 동시에 대북파 정권에 대한 반발도 커져갔고, 이 폐모사건은 반정의 결정적인 명분이 되었다.

인목대비 유폐－광해군은 무슨 이유로 이처럼 극단적인 결정을 내린 것일까. 광해군 정권은 초기에 서인과 남인 그리고 대북파가 공존하는 연립정권의 성격을 띠고 있었다. 하지만 소수파인 대북파가 공안정국을 조성하며 다수파인 서인과 남인들을 축출하고 권력을 독점하려고 하였다. 이는 그동안 유지되어 오던 붕당적인 정치 질서를 파괴하는 것으로 많은 반발을 불러올 수밖에 없었다.

조선시대의 16세기 이후는 성리학이념이 보다 강하게 정착되면서 충효, 형제간의 우애, 의리, 명분이 훨씬 더 강화되던 시기이다. 그런 시점에서 광해군이 자신의 왕권강화를 위해 동생을 죽이고, 어머니를 유폐시키는 이 사건은 당시 사회 정서에는 너무나 극단적인 행위였다.

광해군과 대립관계에 있던 서인세력은 이 기회를 놓치지 않았다. 광해군의 인목대비 폐모결정 이후 서인세력의 본격적인 쿠데타 논의가 시작된다. 그들은 새로 추대할 임금까지 정해놓고 있었다.

서인의 영수였으나 비교적 당파색이 옅었던 이항복은 인목대비 폐비에 반대하다가 함경도 북청으로 유배되어 광해군 10년1618 유배지에서 사망했다. 북인과 같은 뿌리였던 남인의 영수 이원익도 홍천으로 유배되었고, 심지어 광해군 즉위에 큰 공을 세웠던 북인 영의정 기자헌까지 홍원에 유배되었다. 이로써 조정은 소수 강경파 이이첨 등의 극소수 대북이 장악하였다.

친명 사대주의 정책을 실시한 서인 정권

인조반정에 서인은 물론 북인들과 뿌리가 같았던 남인들까지 동조했던 것은 광해군이 자초한 것이었다. 광해군이 대북파 당수가 아니라 당파를 초월한 국왕의 자리에서 정국을 이끌었다면 인조반정은 발생하지 않았을 것이다. 즉 의정부를 각 당파 영수들에게 맡기고, 집행부서인 육조六曹를 대북에게 주어 맡기는 식으로 정국을 운용했다면 서인과 남인들이 쿠데타까지는 결심하지 않았을 것이다. 그러나 인목대비 폐모 문제로 제1당 서인과 제2당 남인을 축출하고, 북인 일부에게 정권을 모두 맡기다 보니 다른 당파에 대한 정보가 차단되어 쿠데타 음모를 막을 수 없었던 것이다. 이 까닭에 인조반정 직후 대북정권에 대한 단죄斷罪 분위기가 강했을 것임을 추측하기 어렵지 않다.

그러나 집권한 서인 정권은 광해군 정권의 모든 것을 부정하고, 극단적인 친명 사대주의 정책을 채택한 결과 병자호란의 비극을 맞았다.

역사의 현장, 서울

인조반정 이후 광해군의 실리외교 노선은 완전히 사라지고 실리에 따라 뒤바뀌는 냉혹한 국제관계에 대응하는 기준이 명분론으로 흘렀다. 인조반정의 서인 세력이 가장 서둘러 추진했던 것은 명나라로부터 인조의 왕위계승을 승인받는 것이었다. 명나라는 조선 국왕 광해군이 그 조카 인조에게 찬탈 당하였다는 소식을 들었다.

1623년 4월, "즉시 조선으로 병력을 출동시켜 역적들을 토벌해야 합니다. 우리가 조선의 상국으로써 도리를 다하려면 하루라도 빨리 폐위된 광해군을 복위시키고 새 왕을 폐위시켜야 할 것입니다."라는 의견이 명나라 조정에서 제시되자 이때부터 인조의 책봉을 받아내기 위한 서인정권의 갖가지 노력이 전개되었다. 과거 광해군의 대후금정책을 비난하며 명나라에 대한 배신행위를 부각시켰다. 그리고 친명반청親明反淸의 기치를 더욱 강조하였다.

"조선이 명을 도와 후금을 토벌할 각오는 되어 있는데, 인조에 대한 책봉이 늦어져 여의치 않습니다."

이러한 상황에서 명나라가 가장 두려워한 것은 새롭게 들어선 인조 정권이 후금과 손을 잡고 명나라를 칠지도 모른다는 불안감 때문이다. 그런데 인조 정권이 거듭 책봉을 요청하면서 스스로 충성을 맹세하고 나섰던 것이다. 명나라로써는 생색도 내고 실리도 취할 수 있는 절호의 기회였다. 마침내 명나라 조정은 조선을 이용하여 후금을 친다는 이이제이以夷制夷 전략으로 인조의 책봉을 결정한다. 서인 정권이 책봉을 요청한 지 22개월 만이었다. 조선은 명나라에 대한 명분론이 제1의 가치로 삼았지만 명나라는 냉혹한 실리론으로 조선을 길들이고자 한 것이다.

안산의 전투

| 이괄의 난 |

　서대문구 현저동에서 홍제동으로 가려면 고개를 넘게 된다. 이 고개는 여러 가지 이름으로 불리지만 흔히 '무악재'라고 부른다. '무악재'란 이름은 고개 왼쪽에 두 개의 우뚝 솟은 봉우리 이름이 무악毋岳, 또는 안산鞍山이라고 부르는 데에서 연유한다. 이 고개를 '길마재, 한자로는 안현鞍峴'이라고도 부르는 것은 두 개의 봉우리가 멀리서 보면 마치 말안장鞍峴 모양 같다고 해서 붙여진 것이다. 또 이 고개를 '무학재無學峴'라고 하는 것은 조선시대 한양 천도 때 무학 대사의 공로가 많았기 때문에 그와 인연이 있다 하여 부르게 된 것 같다. 그리고 '무악재'를 '모화현毋華峴'이라고 부르기도 하였다. 이것은 현재 독립문이 세워져 있는 부근에 조선시대부터 중국 사신을 환영하는 모화관毋華館이 있었기 때문에 '모화현'이라 했던 것이다.

　그런데 차츰 '모화현'은 고개 이름보다 지명을 나타내게 되었으므로 고개 이름은 무악재보다 '사현沙峴'이라고 더 많이 부르게 된다. '사현'이란 이곳에 모래 바람이 불기 때문에 붙여진 이름이라는 설도 있고, 홍제동을 흐르는 모래내沙川가 있기 때문에 '사현'이라고 전해 오고 있다. 또 '무악재'를 일명 '모악재母岳嶺'라고 부르는 데에는 재미 있는 이야기가 얽혀 있다.

현재 이 고개는 몇 차례에 걸쳐 깎아 내려 낮아졌지만 예전에는 고 개가 높고 몹시 험준하였다. 그리고 양편에 밤나무와 수풀이 무성하여 호랑이가 자주 출몰하는 무서운 고개였으므로 이 고개를 넘으려면 여 러 사람들이 모여서 넘어갔기 때문에 '모아재'라고 부르던 것이 '모 악재'로 바뀌었다고 전한다.

풍수지리설에 의하면 서울의 중심이 되는 산은 부아악負兒岳 : 현재의 북악산인데 멀리에서 보면 산의 모양이 마치 어린애를 업고 다른 곳으로 나가려는 듯한 모습으로 보인다. 이것을 막기 위해 서대문구에 있는 안산을 어머니 산의 뜻인 모악母岳이라고 이름 짓고, 그 서쪽에 있는 아 현兒峴을 "떡을 파는 시장'이라는 뜻의 병시현餠市峴이라고 붙여서 나가 려는 아이를 떡을 주어 달래서 머무르게 하였다. 그래도 말을 듣지 않

전일의 무악재

으면 아이에게 벌을 주겠다는 뜻으로 남쪽의 약수동 고개를 벌아령代兒嶺이라고 하였다. 이와 같이 무악재를 모악재라고 부르게 된 연유가 있지만 이 고개에 얽힌 역사적 사건 중에 '이괄李适의 난'을 빼놓을 수 없을 것이다.

불만을 품은 이괄

광해군을 내쫓고 능양군을 왕위에 앉힌 반정공신들은 모두 1등공신이 되었으나 유독 이괄李适에게만 무슨 이유에서인지 2등공신으로 책록되었다. 논공행상에 공평을 잃은 것에 이괄은 크게 불만을 품게 되었다.

반정 다음날 모든 장수들이 임금 앞에 모여 일을 논의하는데 이귀가 임금께 나아가 아뢰었다.

"반정의 공적에 있어서 이괄의 공로가 많은 즉 당연히 그를 병조판서로 삼아야 합니다."

이귀가 자신을 천거하자 이괄은 쑥스러워 하면서 머리를 조아렸다.

"신이 무슨 공이 있겠습니까? 다만 거사에 임했으니 죽음을 무릅쓰고 할 일을 다 했을 뿐입니다. 어젯밤 김류가 약속한 시간에 나타나지 않아 신이 그를 대신하게 되었는데 마침 김류가 뒤에 왔기에 그의 목을 베려하였습니다. 그러나 이귀가 막아 뜻대로 되지 못했습니다."라는 이괄의 말에 모든 사람의 얼굴색이 사색이 되었다.

김류가 얼굴을 붉히며 입을 열었다.

"본래 약조한 시간은 2경이었습니다. 병법에 이르기를 먼저 온 자는 마땅히 목을 벤다고 하였습니다. 때문에 군기軍紀를 어긴 것은 신이 아니라 이괄입니다."

함께 있던 한교韓嶠가 김류를 가로막고 나섰다.

"병법에 그런 말은 없습니다."

김류가 얼굴을 일그러뜨리며 대꾸하였다.

"『오자병법吳子兵法』에 있소."

그러자 이귀가 다시 나섰다.

"『오자병법』에는 병졸이 장군의 명령을 기다리지 않고 먼저 적진으로 돌격하여 일을 그르쳤기 때문에 명령을 어기면 이를 베라 하였던 것이오. 먼저 온 자를 벤다는 소리는 듣지 못하였소."

이로써 이괄과 김류의 사이는 더욱 불편해졌다. 그러던 어느 날 임금이 고기와 술을 모화관에 차려 놓고 장수들에게 위로 잔치를 베풀어주었다. 이때 좌석을 배치하는데 이귀는 호위대장으로 북쪽에 앉게 하고, 김류를 이귀 옆자리에 앉게 하였으며 이괄 이하 여러 장수들은 동서로 나누어 앉게 하였다. 이괄은 김류보다 아래 있는 것이 못마땅하여 김류를 노려보며 버럭 화를 냈다.

"그대가 무슨 공이 많기에 상석에 앉는가?"

이괄의 불만은 여기서 그치지 않았다. 이괄의 아들 이전과 아우 이수도 모두 반정에 가담하였으나 등용되지 못하고, 공훈도 김류의 아들 김경징의 아래로 책정되었다. 이괄의 노여움은 김류에 대한 직설적인 비난으로 폭발하였다. 만일 여기서 김류가 입을 열어 이괄을 반격한다면 인조의 탑전에서 공신들의 이전투구泥田鬪狗가 발생된다. 사태를 직감한 인조는 조정을 개편하였으나 공신들이 다투는 감정의 벽을 넘지는 못하였다.

영의정 이원익, 좌의정 정창연, 우의정 윤방, 이조판서 신흠, 호조판서 이서, 병조판서에는 김류를 제수하였고, 반정을 주도했던 이귀에게 판의금부사를 맡겨 숙청의 대권을 그의 손아귀에 들게 하였다. 그리고 아직은 젊다고 할 최명길에게는 관직의 꽃인 이조정랑의 요직을 맡겼고, 신경진은 공조참의에 서용하였다. 문제는 가장 화려한 외직이라고 불리어지는 한성판윤의 자리를 이괄에게 맡긴 것이 화근의 불씨를 만들고 말았다.

인조는 "평안도에는 누구를 보내야 하는지 적임자를 천거해 주었으면 합니다."라고 하문하였다. 북방의 문제를 외면할 수가 없었다. 압록강의 방비를 튼튼히 하고서야 오랑캐의 준동을 온전하게 막을 수가 있었기 때문이다.

전일에 광해군은 명나라가 후금국의 건주위를 치고자 했을 때 강홍립을 5도 도원수五道都元帥로 삼아서 2만의 병력을 파병하였다. 그때 광해군은 강홍립에게 형세를 보고 향배向背를 정하라는 밀명을 내렸으므로 그에 따라 강홍립은 누르하치에게 항복하고, 흥경에 머물면서 후금의 정세를 광해군에게 보고하였다. 그런 광해군을 임금의 자리에서 몰아낸 인조로서는 후금과의 관계를 위험 부담으로 여길 수밖에 없었다.

"장만張晩을 도원수로 삼으시고, 부원수겸 평안병사는 이괄이 적임자인 줄로 아옵니다."

도원수에 제수된 장만은 이조정랑 최명길의 장인이었다. 그러나 한성판윤의 자리에서 평안병사로 밀려나게 된 이괄은 자신을 견제하려는 김류의 소행이라면서 거세게 반발하면서도 왕명을 거역하지는 못하였다. 인조는 몸소 정승들을 거느리고 모화관까지 나가 이괄을 전

역사의 현장, 서울

송하고, 어도御刀까지 내려 주었다.

"이놈들! 나에게 병조판서를 준다더니 겨우 한성판윤을……. 거기에다가 2등 공신이라고? 그리고 다시 외직인 평안병사?"

이괄은 노골적으로 불만을 표시하면서 '나를 아주 변방으로 내쫓아 버리는 구나. 어디 두고 보자.' 하고 마음속으로 역심逆心을 품었다. 또한 이괄의 노여움은 정사공신靖社功臣의 책봉으로 다시 폭발하였다. 1등공신에 김류, 이귀, 김자점, 이서, 신경진, 최명길, 이홍립, 구굉, 심명세, 심기원 등 10인이며, 2등공신에 김경징, 이시백, 이시방, 장유, 원두표, 이괄, 신경연, 박효립 등 15인이며, 3등공신에는 홍서봉, 신경식, 최내길, 유순익 등 27인이었다.

김류는 당당히 1등공신에 책록되었는데 이괄은 2등공신에 불과하였다.

"누군가가 야료를 부린 것이다." 평안도의 군진에서 이 소식에 접한 부원수 이괄은 노발대발하였다. 그의 격노를 아무도 탓하지 않았다. 2등공신에 책록된 김경징은 김류의 아들이었고, 이시백, 이시방은 이귀의 아들이었다. 그런데 이괄의 이름이 그들과 나란히 있어서야 말이 되느냐! 이괄은 휘하의 장졸들에게 김류와 이귀를 질타하고, 비방하였다. 여차하면 도성을 치겠다는 결의도 보였다.

이괄은 휘하 장졸 1만 2,000명과 임진왜란 때 항복하고 남아 있던 일본군 130여 명을 거느리고 엄동설한에도 훈련을 거듭하였다. 이에 조정에서 불안감을 감추지 못하고 있을 때 반정을 통해 권력을 장악한 서인들은 남아 있는 북인들을 제거하기 위해 노심초사하고 있었다. 영변으로 내려가 있던 평안병사 이괄이 반란을 꾀한다는 소식이 돌자 문희, 이우, 허동, 김광훈 등이 "한명련, 정충신, 기자헌, 이시언 등이 변방에 있는 이괄은 물론 그의 아들 전과 함께 역모를 꾀하려 하고 있습니다."라고 고변하였다.

　무고를 당한 사람들은 대부분 서인들, 1차 제거 대상자로 지목한 인물들이었다. 북인의 기자헌은 영의정까지 지내다가 인목대비의 폐위를 반대하다가 귀양살이를 하고 있었고, 이시언은 훈련대장을 역임한 인물이었다. 이에 조정에서는 이괄의 모반 여부를 두고 의견이 분분하였다. 김류는 이괄을 얕잡아 보고 반역하지 않을 것이라고 단정하였다.

　"이괄은 그런 위인이 못되오."

하지만 이귀와 최명길은 의견이 달랐다.

　김류가 끝내 이괄을 가소롭게 여기자 이귀가 노하여 소리쳤다.

　"그대도 이괄과 함께 공모하시는가 보오?"

　김류가 입을 다물자 인조는 이들을 철저히 조사하도록 명하였다. 엄중한 조사에도 불구하고 이들의 혐의는 밝혀지지 않았다. 그러나 집권세력들은 "하루 빨리 이괄을 해임하고, 중앙으로 불러들여 국문을 해야 합니다."고 주장을 하였다. 그 당시 인조가 반정으로 왕위에 오른 이후 조정은 한동안 어수선하고 불안한 나날을 보냈다. 광해군을 몰아낸 서인들은 4분 5열되어 각자의 정치적 입지를 다지기에 여념이 없다 보니 각 계파 간에 반대 세력을 몰아내기 위한 계략 짜기에 혈안이 되어 있었다. 급기야 역모 설까지 나돌다 보니 반대파 제거를 위한 음모가 있었던 것이다.

　이때의 혼란과 국치國恥의 전주곡이 된 이괄의 난은

이괄이 인조반정 때 혁혁한 공을 세웠는데도 불구하고 2등 공
신에 책록冊錄된 데다가 평안병사 겸 부원수로 임명되어 외직
으로 밀려난 것에 앙심을 품고 일으킨 변란이다.

라고 실록에는 사관이 기록하고 있지만, 이 난은 서인들 간의 세력 다
툼이 원인이 되어 발생한 것이라는 사실도 발견할 수 있다.

당시 동아시아 정세를 보면 그 당시 이괄이 평안병사로 부임하던
시기는 누르하치가 후금을 일으켜 명의 요동지방을 함락시키고, 조선
에 위협을 가해오던 때라 친명정책을 써오던 인조로서는 조선 변방 방
어에 만전을 기하지 않으면 아니되는 상황이었다.

따라서 변방 방어 주력부대의 지휘관인 평안병사 이괄에게 국운이
달렸다고 해도 과언이 아니었다. 그러므로 인조가 이괄을 단순히 정치
적 이유에서 외직으로 내쫓아 그의 불만을 야기했다고 하는 것은 설득
력이 약하다. 인조는 이괄의 풍부한 전투 경험과 용병능력을 높게 평가
하여 그에게 북방 수비군의 주력부대를 맡겼다고 이해하는 것이 당시
상황논리에 맞는다고 볼 수 있다. 당시 인조는 그때 상황으로 전시에나
임명하던 도원수에 장만張晩을 세웠고, 부원수에 이괄을 임명하였다.

원래 부원수 물망에 오른 사람은 이서李曙와 이괄이었다. 인조는 두
사람 중 누구를 선택해야 할지 몰라 도원수 장만에게 "도원수는 부원
수를 지명하도록 하시오."라고 했는데 이때 장만은 이괄을 지명했던
것이다.

난을 일으킨 이괄

이괄이 반란을 꾀한다는 보고를 받자, 평소 이괄을 신임하고 있던 인조는 결국 이괄의 아들 이전과 한명련을 조사하는 선에서 이 사건을 마무리 짓고자 하였다. 그래서 이괄의 아들과 한명련을 잡아오도록 하였다. 이때가 인조 2년1624 1월 15일이었다. 조정에서는 1월 17일에 김지수, 심대림, 조덕창 등을 보내어 먼저 이괄의 아들 전과 구성부사 한명련을 잡아들이기 위해 영변으로 떠났다.

어명을 받은 세 사람은 1월 21일에 이괄의 군영에 발을 들여 놓았다. 이들이 군영에 당도하자 이괄은 목을 베어 버렸다. 그리고 이괄은 부하 장병들을 모두 모아 놓고 다음과 같이 일장 연설을 하였다.

"나에게는 자식이 하나 밖에 없소. 그런데 내 아들을 잡아 가두고, 나를 역적으로 몰고 있소. 나는 죽기를 각오하고 일어서려 하오. 남자가 한번 죽기를 각오한 이상 무엇이 두렵겠소. 앉아서 죽기를 기다릴 수는 없소."

이괄의 말이 끝나자 그의 부하 장병들은 웅성거렸다.

"옳습니다. 거사를 합시다."

인조 2년 1월

이괄은 드디어 칼을 뽑아 들었다. 군영에서 한성을 향하여 진격할 것을 포고하고, 이웃 군현의 수령들에게 급히 모이라는 전갈을 보냈다. 또 압송 중이던 한명련을 구출하여 반란에 가담시키고, 도원수 장만에게 편지를 띄워 조정 군신들을 숙청해 주도록 요구하였다. 이괄의 군대는 영변을 떠나 도원수 장만이 버티고 있는 평양을 피해 개천价川

으로 진군하여 황주에서 관군과 1차 충돌을 하였으나 여기서 관군은 막대한 피해를 입고 물러섰다.

두 번째 충돌은 개성과 임진강 사이에 두고 있는 평산에서 이중로가 이끄는 관군과 싸움이었으나 잠복 정보를 입수한 이괄의 부대의 급습으로 관군을 다시 대파시켰다. 관군이 패했다는 소식이 계속 들어오자 서울의 인심은 극도로 흉흉해졌다. 이괄은 우선 부하 장수 허전으로 하여금 거짓으로 진압군에 투항하여 적의 경계를 늦춘 다음 급습하였다.

결과는 이괄의 대승리였다. 진압군을 누른 이괄은 관군 선봉장 박영서를 죽이고, 다시 도성으로 향해 재빠르게 진군하였다. 그토록 도성 진입을 서두른 것은 아마 도성 내에 살고 있는 가족들 때문이었을 것이다. 하지만 도성에 채 도착하기도 전에 그의 아내와 동생 이돈은 관군에게 체포되어 처형당하고 말았다.

세 번째 전투는 임진강 나루터에서 벌어졌다. 이 싸움에서 이괄은 한명련의 노련한 조언에 힘입어 관군을 대파하고 벽제로 진군하였다. 이괄의 반란군이 벽제까지 들어오자 이괄 부대를 가로 막은 것은 정충신과 남이흥이 이끄는 부대였다. 그들 두 사람은 이괄과 절친한 친구 사이었다. 그래서 이괄은 가급적이면 정면 돌파는 피하고, 급습을 통해 그들을 돌파할 계획을 세웠다.

한편 임진강 전투에서 관군이 패하여 반군이 질풍처럼 개성을 지나 벽제관에 이르렀다는 급보를 들은 인조와 서인세력은 기자헌 등 옥에 갇혀 있던 수십 명의 대북세력들이 반란군에 내응할 가능성이 있다고 판단하고, 그들을 모두 처형하였다. 그리고 한성을 버리고 서둘러

한 강

공주로 피난을 떠났다.

인조 2년1624 3월 8일, 인조는 우선 종묘의 신주神主를 먼저 보내고, 대비를 가마에 태워 내보낸 후 남대문으로 나섰다. 벌써 날은 어두워 초승달 빛을 의지하며 겨우 피난을 떠났다. 그래도 임금은 말을 탔지만 신하들은 대개 도보로 쫓아갔다.

인조 일행이 남대문을 지나 한강에 당도하였는데 그때 날이 이미 어두워졌다. 뱃사공들은 배를 강 한가운데에 띄워 놓고 모두 숨어버렸다. 어디선지 모르게 이괄이 서울에 들어왔다는 헛소문이 돌았다. 앞에는 큰 강이 있고 뒤에서는 이괄군이 쳐들어왔다고 하니 강변에 모여 있던 군중은 어디로인지 모두 달아나 버렸다. 같이 왔던 흥안군도 종적이 묘연하였다. 백관百官이 발을 구르며 뱃사공을 불러도 대답치 않으므로 선전관宣傳官 우상중禹尙重이 추운데도 불구하고 강 가운데로 헤

역사의 현장, 서울

엄처 가 뱃사공을 쳐 넘어뜨리고 5, 6척의 작은 배를 끌고 왔다. 우선 인조부터 건너가게 하고, 다른 사람들이 건너려고 하니 서로 먼저 건너간다고 싸우는 바람에 뱃길은 더욱 더디어 밤새도록 강을 건넜다. 이때의 참담한 정황을 『연려실기술』은 다음과 같이 적고 있다.

> 8일에 적병이 벽제에 이르렀으므로 임금이 창졸간 밤에 파천하기 위해 남대문을 지나 한강에 당도하니 날이 이미 어두웠다. 사공이 모두 숨어 버렸으므로 백관들은 발만 동동 굴렀다. 배는 모두 강 가운데 떠 있으면서 불러도 대답이 없으니 선전관 우상중이 죽음을 무릅쓰고 강 가운데로 건너가 뱃사람을 쳐서 넘어뜨리고 5~6척의 작은 배를 구하여 밤새도록 건넜다.

캄캄한 밤중에 인조가 탄 배는 우여곡절 끝에 무사히 한강을 건너 신사동의 새말나루터에 도착하였다.

불에 탄 제천정

한강변 언덕현재 용산구 한남동 541번지에는 조선 초에 국가에서 세운 제천정濟川亭이 있었다. 한강루, 한강정으로 불리던 이 정자는 조선 초 세조 2년1456에 세워진 왕실의 별장이자 중국 사신을 접대하던 곳이었다. 정자가 세워진 이곳의 경치가 뛰어났으므로 역대 왕들은 한강변의 풍광을 감상하기 위해 들르기도 하고, 정릉靖陵 : 중종의 능을 참배하는 길에 잠시 쉬었다 가기도 하였다.

이곳은 경도십영京都十詠 중의 하나로 제천정에서의 달구경인 '제천

완월濟川翫月'로 꼽았던 만큼 조선 초에는 많은 시인들이 찾았다. 이 정자는 이괄의 난 때 인조가 공주로 피신하기 위하여 밤에 도성을 나와 이곳의 한강을 건너게 되자 국왕의 안전을 위해서 제천정의 불을 질러 그 불빛으로 강을 환히 비춰 무사히 건널 수 있게 되었다. 이로 인해 제천정은 다시 볼 수 없게 되었다.

인조가 궁궐을 떠날 때 예조판서 이정구李廷龜에게 명하여 대비, 왕비, 세자를 호위하여 강화도로 피난케 하기로 정하였는데 중도에 계획을 바꿔 인조와 동행하도록 정하여 대비 일행을 모셔오게 하였다. 그런데 대비가 남대문 밖에 도달했을 때 갑자기 행차를 바꾸어 급히 잠두강蠶頭江 윗길로 향하라고 명하였다. 앞서 가던 인조는 이 사실을 알고 놀래어 이정구와 신익성申翊聖에게 명하여 대비 행차를 급히 모셔 오게 하였다. 그동안 대비는 양화도 어느 여염집에서 홍주원洪柱元이 홀로 모시고 있었다. 이정귀와 신익성이 대비에게 남쪽으로 급히 가자고 하여도 대비는 "어서 임금이나 모시고 가거라. 나는 여기서 기다리다가 내일 건너가마."고 하며 움직이지를 않았다. 대비의 생각은 너희들만 달아났으니 자신은 홀로 남아 있겠다는 말이었다. 이렇게 되면 임금이 대비를 내버리고 간 셈이 된다. 그러자 신익성은 대비의 사위 홍주원을 꾸짖어 겨우 행차를 돌리게 하였는데, 이날 저녁 인조는 대비 행차가 따르지 않으므로 근심 끝에 거의 기절까지 했었다.

어느덧 달은 서산에 지고 밤은 깊어 갔다. 인조 일행은 남쪽으로 가지도 못하고 모래사장에서 밤을 새웠다. 서울 쪽을 바라보니 화광이 충천하여 처참한 광경만 보일 뿐이다. 하룻밤을 뜬 눈으로 모래 위에서 새고 나서 인조는 아침도 못 먹고 세수도 못 한 채 다시 남으로 내려

말죽거리 표석

갔다. 낮이 되자 배가 고파 더 움직일 수가 없었다.

그런데 이곳 말죽거리에 이르자 인조는 목이 몹시 말랐다. 그러자 이곳에 사는 유생 김이金怡 등 6, 7명이 급히 팥죽을 쑤어 인조에게 바치자, 인조는 말 위에서 이 죽을 다 마시고 과천을 거쳐 공주까지 갔다는 것이다. 시장한 김에 '게 눈 감추듯' 먹었다고 할 수 있다. 인조 일행은 다시 수원으로 향해 내려갔다. 원래 시장한 터에 좀 얻어먹었으나 얼마 후에 또 시장해졌다. 새벽에 비가 왔으므로 길은 수렁이었다. 걸어가는 사람이나 탄 사람이나 할 것 없이 시장하여 굼벵이 가듯 하였다.

과천서부터는 각지에 역마가 있고, 역에는 역졸이 있었지만 싸움이 났다는 바람에 어디를 가든지 사람의 그림자조차 볼 수가 없었다.

여염집에 들어가 봐도 역시 아무도 없었다. 얼마가지 않아 날이 또 어두웠다. 굶주린 일행의 걸음은 더욱 더디어 그날 밤 중에 겨우 수원에 도착하였다. 임금은 우선 저녁을 든 뒤 동래에 있는 왜인에게 응원군을 청할 것을 의논하였다. 물에 빠진 사람이 지푸라기라도 잡을 심산이었다.

이경직을 보고 "경은 일본에 수차 왕래 하였으니 동래에 있는 왜인에게 청병하도록 하라."

기가 막힌 이경직은 "동래에 있는 왜인도 자기 본국의 승낙을 받고 출동할 것입니다. 그러면 적어도 한 달은 걸릴 것이고, 또 온다고 해도 또 한달 걸릴 것이니 소용이 있겠습니까?" 하고 반대하였다. 그때서야 대신들은 그렇게 될 것이라고 고개를 끄덕이자 인조도 "알았다."고 말하였다.

서울에 입성한 이괄

한편 이괄은 임진강에서 아무런 저항도 받지 않고 의기양양하게 서울에 입성하자, 서울 시민들은 모두 큰길에 나가 구경하였다. 서울에 입성한 이괄은 우선 홍안군을 찾아내어 국왕으로 세웠다. 경기방어사 이홍립李興立은 지난번 인조반정 때 내응한 자인데 이번에도 이괄에게 내응하여 반란군에 가담하였다. 이괄은 이충길을 대장으로 삼아 신왕을 호위케 하고, 서울 시민들에게 유고諭告를 발하여 각자 생업에 충실할 것을 당부하였다. 일단 이괄이 성공하자 서울에 남아 있던 그의 친구들이 모여들었으므로 모두 요직에 배치되어 충성을 맹세하였다.

인조반정 때의 불평분자들과 무뢰한, 또 북인들이 높은 관직에 올

인왕산 성벽

랐다.

"새나라가 되었으니 모두 안심하고 일하시오."

홍안군은 친히 술과 고기를 가지고 나가 군관들을 즐겁게 해주었다. 그러나 그것도 잠시일 뿐 다음날 도원수 장만과 정충신이 대군을 모아 다시 서울로 향해 들어왔다. 그들은 인왕산 줄기인 안산길마재鞍峴에 올라가 진을 치고, 도성을 내려다보며 이괄의 반란군을 단번에 쳐부술 계획을 세웠다.

한편, 이괄은 이것을 보고 "그까짓 놈의 군대는 조반 전에 넉넉히

없앤다."고 하며, 반란군을 인솔하고 길마재를 향해 올라갔다. 한명련은 주민들에게 "모두들 구경하라. 도적놈의 군대가 패하는 꼴을 보아라."라고 큰소리쳤다. 시민들은 성위로 올라가 구경하였다. 이 당시 무악 싸움을 구경하기 위해서 서대문을 중심으로 남대문으로부터 인왕산까지 많은 구경꾼이 성벽 위에 가득 모여들어 마치 백로 떼의 모습과 같았다고 한다.

산 위에는 장만의 군대요, 아래는 이괄의 군대다. 도원수와 부원수의 싸움이다. 동풍이 불어 산꼭대기로 올라갔다. 이괄의 군대에서는 총과 칼로써 공격하였다. 위에서도 지지 않으려고 모든 병기를 총동원하였다.

싸움이 점점 치열해 가던 중 바람의 방향은 서북풍으로 돌았다. 이제는 산 위에서 활쏘기가 좋았다. 화살이 날아오며 돌과 모래가 내려왔다. 군사들은 눈을 뜨지 못하고 달아났다. 더 지탱하지 못하고 큰소리가 쏙 들어갔다. 이러한 가운데 이괄의 군대에서 한 장수가 관군의 화살을 맞고 쓰러졌다.

이괄이 화살에 맞은 것이다.

"돌격하라. 역적 이괄이 패하여 달아난다. 저놈 잡아라."
하는 소리와 함께 동시에 또한 환성이 올랐다.

서울 시민들은 어제는 이괄을 환영하였고, 오늘은 관군을 환영하여야 하였다. 그렇지 않으면 장차 올 보복이 백성에게로 갈 것이고 그러면 가냘픈 백성들만 괴롭기 때문이다. 이괄이 허둥지둥 산에서 내려와 서대문을 거쳐 성안으로 들어오려고 하자 주민들이 문을 닫고 열지 않으므로 이괄은 숭례문으로 입성하였다가 광희문을 통해 광주로 달

역사의 현장, 서울

아났다. 관군은 서울로 들어와 이괄에게 협력한 자들을 잡아 들였다. 심지어는 경복궁 빈터에 구경 갔던 사람까지 잡아다가 가두었다.

이괄의 일행은 광주로 달아나 광주목사 임회林檜를 죽이고, 다시 이천 먹방리까지 가서 그날을 쉬게 되었다. 패군지장이 된 이괄은 다시 남으로 내려가 재기하려고 벼르며, 그날 밤 여기저기 천막을 치고 잤다. 야박한 것은 인심이다. 바로 그날 밤에 그의 부하 기익헌奇益獻과 이수백李守白이 자기만 살겠다고 이괄의 처소로 들어가 목을 벤 다음 다시 한명련 등 대장 9명을 죽이고, 이괄의 목을 관군에게 바치었다. 용이 되다만 이괄은 개천에 빠져 허덕이다가 그만 자기 부하에 의해 꿈이 깨지고 말았다. 그래서 사람들은 이를 가리켜 "이괄이 꽹과리 되었네." 하고 비웃었다고 한다.

이로써 이괄의 난은 '3일 천하'로 끝났다. 홍안군은 도성에서 대기하다가 이괄군이 전투에 지는 것을 보고 달아나다가 광주 소천에서 잡히어 한남 도원수 심기원沈器遠, 도감대장 신경진에게 끌려 왔다. 심기원과 신경진은 홍안군을 반역자라고 그 자리에서 처형하였다. 인조는 이런 사실도 모르고 공주까지 파천하였다가 10여 일 만에 서울로 들어왔다. 이괄의 난으로 창경궁 등 궁궐이 불에 탔으며, 또 중요한 『조선왕조실록』이 없어졌다.

# 삼전도의 굴욕

| 병자호란 |

잠실대교에서 성남시로 넓게 뚫린 송파대로를 가다가 서쪽의 석촌동 어린이놀이터를 보면 돌 거북 위에 비석 하나가 서 있다. 이 비석은 사적으로 지정된 삼전도비三田渡碑이다.

인조 17년1639에 세워진 이 비석이야말로 우리 역사에 있어서 치욕의 한 페이지를 차지하고 있는 산 증거임에 틀림없다.

이 비석이 세워지기 12년 전 인조 5년1627, 즉 정묘년 2월에 후금後金의 침입정묘호란을 받아 형제국이란 조건으로 화친하였다. 그러나 후금군은 조약을 어기고 의주 등에 군대를 주둔시키고, 군량을 강요하는 외에 약탈을 자행하는 등 행패가 적지 않았다. 그 후 후금은 청淸으로 국호를 바꾸면서 인조 12년1635 12월에 청나라는 황제, 조선은 신하가 될 것을 사신을 보내 통보해 왔다.

이에 조정에서는 청나라의 오만 방자함을 규탄하여 사신을 죽이고 그들과 싸울 것을 주장하는 신하가 많았다. 그러나 이들 척화파들의 기개는 높았지만 청과 싸울 충분한 힘을 갖추지 못한 것은 물론이다.

역사의 현장, 서울

청나라의 사신도 이와 같은 분위기를 느끼고 있었는데 마침 창덕궁 금천교에 마련된 왕비의 제청祭廳에 조의를 표하려고 할 때 무사가 지키자, 지레 겁을 먹고 꽁무니를 뺐다. 이 모양을 지켜보던 시민들이 일제히 일어나, "오랑캐 놈들이 달아난다. 잡아 죽여라." 하며 고함을 지르고 돌을 마구 던졌다. 이것이 큰 화근이었다.

때 맞춰 정부에서는 전국에 격문을 돌려 백성들의 궐기를 촉구하였다.

> (…) 오랑캐의 내습이 조석 간에 있음은 명약관화한 일이다.(…)
> 충의지사들은 각각 책략을 다하고, 용감한 사람들은 자원하여
> 정의의 싸움터로 나와 같이 도적을 물리치는 데 총궐기하라.

그런데 이 글은 백성들뿐만 아니라 사신을 통해 청태종에게 전해짐으로써 전쟁은 일각일각 다가오고 있었다.

한편, 조정에서 전쟁 불가피론이 대두하자 화친을 해서 국력을 길러야 한다는 최명길의 주장은 다수에 밀려나고 말았다. 조정에서 퇴청한 최명길은 밤하늘의 총총한 별을 바라보면서, '아아, 장차 이 나라 종묘 사직은 어떻게 되는가.' 하며 길게 탄식하였다.

청나라의 침입

인조 13년1636 10월에 청나라는 드디어 "척화 신하들과 왕자를 볼모로 보내지 않으면 응징하겠다."고 조선에 최후통첩을 보냈다. 우리 조정에서 아무런 응답이 없자 12월 2일, 청태종은 10만 대군을 이끌고

심양을 출발하여 12월 9일에 얼어붙은 압록강을 건너왔다.

의주 부윤 임경업이 백마산성을 굳게 지키자 청군은 이 길을 피해 서울로 직행하였다. 파죽지세로 적의 기병이 밀어닥치자 지방 수령들은 적을 막을 생각보다 길을 비켜 주는 형편이었다. 청나라군의 재침의 소식을 알게 된 12월 13일의 서울은 온 성안의 민심이 흉흉하고 두려워하여 성문 밖으로 피난을 나가는 자가 줄을 이었다.

12월 14일, 인조는 종묘의 신위와 왕족, 비빈들을 강화도로 먼저 피신시켰다.

그리고 자신도 뒤따라 거둥했으나 적병들이 강화도로 가는 길을 가로막았다는 보고에 망설이고 있을 때, 철산 부사 지여해池如海가, "적이 3일도 못되어 서울에 육박하였으니 몹시 피로할 것입니다. 포병으로 무악재에서 적의 선봉을 공격하여 일단 저지시키면, 그 사이에 강화도로 들어가시옵소서. 신에게 500명의 군사만 주시옵소서." 하니 왕은 묵묵부답이었다. 이때 이조판서 최명길이 나서서 아뢰기를, "신이 혼자 적진에 들어가서 적장과 담판하겠으니 그 사이에 남한산성으로 피신하옵소서."

인조는 그 말을 쫓아 최명길 등을 적진에 보내 시간을 지체하는 사이에 수구문水口門을 통해 말을 달리어 남한산성에 들어갈 수 있었다.

인조 일행이 수구문을 빠져나가 남한산성으로 향할 때는 청군의 도성 침입을 조금이라도 지체시키고자 도성 안의 신문新門·서문·남문의 삼문을 굳게 닫았다. 인조의 피난행차가 수구문을 빠져나갈 때 맨발로 달음질치는 도성의 남녀 피난 인들과 서로 뒤엉켜 길은 다투어 먼저 피난하고자 하는 자들로 혼잡하였으며, 또 이들의 울음소리는 하

남한산성

늘을 진동하는 것 같았다. 이 혼잡 속에서 세자의 말고삐를 잡았던 마부도 도망하여 세자는 하는 수 없이 손수 채찍을 잡고 말을 채찍질하면서 간신히 수구문을 빠져나갈 수 있었다.

도성에 침입한 청군들은 모화관에서 남관왕묘南關王廟까지 진을 치고, 또 동문 밖에 5, 6개의 병영을 만들어 기치와 창칼을 나열하고, 북을 치면서 군악軍樂을 떠들썩하게 울려 이를 보고 듣는 이로 하여금 놀라고 현혹되게 하였다. 그러나 도성민을 침해하지 못하게 하고 도성민의 출입 왕래는 금하지 않았다. 그러나 소나 말을 보면 빼앗고, 아름다운 여자를 보면 잡아갔다.

청군은 포로들 중 연소자는 머리를 깎아 갑옷과 말을 주어 전투의 선봉에 세우고, 노인들은 나무하고 물 긷게 하는 노동일을 시켰다. 젊고 예쁜 부녀자는 군중軍中에 잡아두고, 노파는 불 때고 물 긷는 일을 시켰던 까닭에 적진 중에는 부녀자들이 수 없이 많았다. 그리고 진 밖에는 어린아이 시체가 무더기로 널려 있었다. 이는 선비와 민간 부녀자들이 황망히 피난하는 중에 화친한다는 소문이 있어 곧 화친되리라는 생각에 멀리 피난하지 않았다가 붙잡혔다. 12월 16일 이후 청군은 무고한 백성들을 죽이고 노략질하기를 일삼으며, 어미는 진중에 잡아놓고, 그 아이들은 추운 길에 버린 관계로 거의 모두 굶주려 얼어 죽게 되었던 것이다.

삼전도의 굴욕

이러한 비참한 상황 속에서 인조 일행은 남한산성을 다시 빠져나와 강화로 피난하고자 하였으나 강화로 가는 길이 이미 막혀 어쩔 수 없이 남한산성에서 청군과 대치하게 되었다.

이윽고 청군은 남한산성을 포위하고, 강화도를 함락시켰다. 고립무원孤立無援의 남한산성은 식량부족과 추위로 장병들은 사기가 떨어져 버렸다. 이에 성 안에서는 척화파의 기세가 꺾어지고, 최명길의 화친파가 우세하여 청군에 항복하기로 결정하였다.

인조 14년 1월 30일, 인조는 왕세자와 함께 성문을 열고 나가 삼전도三田渡에서 청태종에게 굴욕적으로 항복하였다. 이로써 소현세자와 봉림대군이 청나라에 인질로 끌려가고, 3학사는 끌려가 끝끝내 굽히지 않다가 참형을 당하였다.

인조는 남한산성에 입성한 지 한 달 반 만에 비로소 서울로 환도할 수가 있었다. 강화도로 피난 갔다가 청군에게 사로잡힌 숙의·빈궁·

역사의 현장, 서울

대군 및 대군부인 등을 만나보고, 또 세자와 봉림대군과 그 부인을 볼모로 청군 진영에 남겨둔 채 저녁에 환도 길에 오르게 되었다. 청군 진영에는 빈궁·대군·세자 등의 왕족 이외에도 청군에게 사로잡힌 헤아릴 수 없이 많은 포로들이 있었다. 특히 여자들이 많았는데 이들은 강화가 성립되면 석방되지 않을까 하는 희망을 안고 있었다.

청군들이 상자·농·그릇들을 싣고 우리 백성들을 도성에서 몰고 나오는 것이 길에 쭉 깔렸다. 이는 성중에 진을 치고 머물던 청군들이 약탈하고 포로한 사람들을 끌고 나오는 것이었다. 사로잡힌 사람들은 길에서 인조 행차를 만났다. 그런데 마지막으로 믿었던 국왕이 아무런 대책 없이 그대로 환도 길에 오르자 "임금님이여! 임금님이여! 우리를 버리고 가십니까?" 하면서 가슴을 치고, 울부짖으며 발버둥을 쳤다. 청군들은 이런 포로들을 안으로 휘몰기 위해 채찍을 휘둘렀다. 혹은 인조의 행차를 후려치면서 "너희 때문에 이 무리들이 가지 않으려 한다."고 하였다. 이때 조선 대신들 중에서도 청군의 채찍에 맞은 자가 많았다.

"아이고, 아이고."

그네들의 통곡소리는 어둠이 깔리는 하늘과 길을 메웠다. 그러나 패전국의 국왕은 그저 그들을 바라보고 눈물만 흘릴 뿐 그들을 위해 당장 해 줄 수 있는 것이란 아무것도 없었다. 무고한 백성들이 당하는 이 비참한 광경은 인조의 환도 행차길 곳곳에서 눈에 띄었다.

한 달 반 동안 주인 없이 내팽개쳐졌던 도성 안은 청군의 노략질로 텅텅 비어 있었다. 인조 행차는 밤이 깊어서야 동문에 입성하였다. 도성 안은 모두 피신하여 고요하고 인기척이 없었으며, 멀리서 두서너

한성부 청사

마리의 개 짖는 소리가 들릴 뿐이었다. 길에는 죽은 시체가 즐비하게 널려 있어 이들 시신들만이 어두운 밤에 소리 없이 환도한 국왕 일행을 맞이해 주었다.

환도 당시 도성에는 주로 몽고인들이 있었는데 이들은 사람과 물건을 마구 약탈하고 집을 불사르는 등의 만행을 서슴없이 행하고 있었다. 또 청군에 투항한 자와 무뢰배의 횡포도 적지 않았다.

청군은 도성 내에서 사람과 재물의 노략을 마음대로 행하게 하였던 만큼 궁궐보다 오히려 여염집들이 많이 불타 버리고 상가의 피해가 더 컸다. 향교동鄕校洞 어구로부터 좌우에 있는 붓가게 행랑과 광통교변의 크고 작은 인가들은 모두 불타버렸고, 닭·돼지·거위·오리와 같은 가축은 한 마리도 볼 수 없이 약탈되었다. 개들은 널린 시체를 뜯어 먹으며 미친 듯이 날뛰는 것이 마치 유령의 도시와 같았다. 도성 안에 남아 있는 사람은 다만 10세 미만의 연소한 아이들과 70세가 넘은 노인들뿐이었는데 이들도 대부분은 동상과 굶주려 죽음 직전에 있었다. 도성민들이 창칼에 맞아 죽은 시체가 길가에 그대로 내버려져 그 비참함은 차마 볼 수가 없었다. 따라서 시신을 처리하는 일은 환도 후에 해야 할 첫 번째의 중요한 일이기도 하였다.

이에 한성부에서는 "시체를 거두어 매장함은 왕정王政이 제일 먼저 해야 할 일입니다."라고 인조에게 보고하였다. 한성부는 피난민이 점점 환도하자 기근을 구제하는 데 힘쓰고, 이어 장정을 동원하여 시체를 거두어 매장하는 등 도성을 정리하였다. 또한 전후에 늘 문제가 되는 전쟁고아들의 구호도 해결해야 할 중요 문제의 하나였다. 갓난애가 눈 위를 기어 다니다가 죽고, 또 어떤 아이는 죽은 어미의 젖을 빠는 비참한 모습도 전란 중에 보아야 했던 비참한 정경의 하나였다.

전란 중에 청군들에게 재산과 집을 모두 약탈당하고, 소각 당한 도성민들 중에는 추운 겨울에 기거할 만한 집도 없고 주림을 메울 양식도 없어 병든 자가 수없이 많이 생겼다. 이들을 구호하는 관아인 진휼청賑恤廳에는 아침저녁으로 400명씩 되는 굶주린 사람들이 모여들고, 또 동서 활인서活人署에는 환자들, 특히 전염병 환자들이 끊일 사이 없이 모여들었다.

사회문제가 된 '환향녀'

이러한 여러 참상 중에서 가장 가슴을 아프게 한 것은 청군에게 포로로 끌려간 가족들이었다. 북으로 끌려가는 모습을 보면서도 어쩔 수 없어 발을 구르고 가슴을 치는 피로인被擄人 가족들은 이산離散의 뼈저린 슬픔과 아울러 그들을 속환贖還해 올 돈 마련을 위해 가재 전답家財田畓을 헐값에 팔아 치워야 하였다. 국왕과 조정은 이러한 참상을 딛고,

새로 나라의 체통을 세워야 하였다. 인조가 삼전도의 굴욕을 참은 것은 종묘·사직 및 수 천리 백성의 목숨을 보존하기 위해서였다.

청군은 정묘호란 때 이미 북도北道의 많은 사람들을 포로로 잡아간 후 조선에 대하여 개시開市를 강요하고, 개시장開市場에서 이들을 비싼 값으로 속환해 갈 것을 강요하였다. 이러한 경험이 있었던 청군들은 포로들을 일종의 전리품戰利品으로 생각하여 강화와 광주 쪽에 피난을 한 서울의 양반 부녀자들을 특히 많이 잡아갔다. 최명길崔鳴吉은 그의 글을 모아 놓은 문집에서 당시 한강을 건너는 피로인 수가 '50만' 은 헤아릴 정도라고 기록하고 있다. 강화와 서울과 광주의 백성을 모두 합쳐도 50만 명 정도가 되기 어려웠을 당시 정확히 50만 명이 포로가 되었는지는 확실하지는 않으나 여하간 헤아릴 수 없는 많은 사람들이 포로가 되어 오랑캐의 땅으로 끌려갔음을 알 수 있다.

포로를 전리품으로 생각하는 만큼 속가贖價를 많이 받을 수 있는 종실宗室과 양반의 부녀자가 상당수 있었으나 대부분의 피로인은 속가도 마련할 수 없는 가난한 백성들이었고, 이러한 포로들을 속환해 오는 일은 병자호란 후의 큰 사회문제였다.

나이 어린 규중처녀들과 사대부가의 내당 마님들이 용케도 목숨을 부지하여 고향에 돌아오자 조선에는 '화냥년還鄕女' 이라는 새로운 말이 생겼다. 병자호란이 안겨다 준 치욕적인 비극이다.

심양에서 돌아온 기혼 여성들은 갈 곳이 없었다. 사대부가에서는 돌아온 처첩들을 '화냥년' 이라고 하여 받아들이지 않았기 때문이다. 뜻하지 않았던 어려운 문제가 아닐 수 없었다.

효종의 장인 신풍부원군 장유張維의 외아들 선징의 처도 강화도로 피난하였다가 청군에 포로가 되어 심양으로 끌려갔다가 속환하게 되었다. 그런데 장유는 예조禮曹에, 실절失節부녀에게 제사를 받들게 하는 일과 아들을 낳고, 손자를 보는 일을 맡기게 함은 사대부가에서 있을 수 없는 일이므로 이혼을 허락해 줄 것을 장계狀啓로 아뢰었다. 사대부의 부인은 국왕으로부터 내명부內命婦의 벼슬을 받아 국왕과는 군신의 관계를 갖고 있었으므로, 부녀는 인륜의 대강大綱으로 보아 국왕의 허락 없이는 임의로 이혼을 할 수가 없었다. 장유의 귀환포로 며느리의 실절문제 및 이혼문제는 사회적으로는 물론 정치적으로도 큰 충격의 파문을 일으키게 되었다. 이름 있는 사대부가에서는 모두 장유의 집과 같았다. 여인의 절개에 도덕의 척도로 평가하던 시절이라 설사 그것이 전란으로 인한 후유증이라고 할지라도 이미 더럽혀진 여인들에게는 오직 '화냥년'이라는 치욕의 굴레가 씌워질 뿐이었다.

　버림받은 여인들은 죽어가기 시작하였다. 더러는 목을 매고 더러는 강물에 몸을 던지기도 하였다. 길가에는 여인들의 주검이 즐비하였다. 최명길은 인조에게 배알을 다시 청하였다. 환향녀에 대한 대책을 세우기 위해서였다. 최명길은 "비록 환향녀들이 절개를 잃고 몸을 망쳤다고는 하나 이는 스스로 음행을 자행한 것이 아니옵고 극심한 전란과 적지에 인질이 되었던 만부득이한데서 비롯된 것이라고 사료되옵니다. 신이 차마 입에 담기 민망하오나 나라에 힘이 있었던들 어찌 이같은 일이 있사오리까?"

　인조는 탄식만 거듭하였다. 최명길은 궁여지책을 진언하였다. 각 고을에 있는 강을 지정하고, 정해진 날에 지정된 강에서 몸을 깨끗이 씻게 하는 것으로 심신을 모두 닦은 것으로 하되 그런 연후에 따뜻이 맞아들이도록 하라는 전교傳敎를 내리자는 것이었다. 이에 인조는 최명길의 진언에 따른 교지敎늘를 내렸다. 도성과 경기도 일원은 한강, 강원도는 소양강, 충청도는 금강, 황해도는 예성강, 평안도는 대동강을 각각 회절강回節江으로 삼은 것이다.

조정에서는 "환향녀들은 훼절하는 정성으로 몸과 마음을 깨끗이 씻고 각각 집으로 돌아가도록 해라. 만일 훼절한 환향녀를 받아들이지 않는 사례가 있다면 국법으로 다스릴 것이다."라고 발표하였다. 사대부가에서는 울며 겨자 먹기로 인조의 수습책을 따를 수밖에 없었다.

굴욕의 상징, 삼전도비

인조 17년1639, 청나라는 조선에 대해 인조가 '삼배구고두三拜九叩頭'

청태종 공덕비

의 예로 항복한 삼전도에 청태종의 송덕비頌德碑를 세울 것을 강요하였다. 이에 조선은 장유ㆍ조희일趙希逸이 지은 비문을 청에 보냈으나 번번이 거부되었고, 결국 인조의 특명으로 도승지 겸 예문관 제학이던 이경석李景奭이 지은 비문이 받아들여졌다. 이에 공조工曹에서는 한강 남쪽 삼전도三田渡의 제단 터를 높여 증축하고, 비석을 세웠으나 청나라에서 온 장수 마복탑馬福塔이 이 비석을 보고 규모가 너무 작다고 트집을 잡았으므로 조정에서는 인조 17년1639 12월 8일에 비석을 다시 크게 제작하여 세웠다. 그리하여 현재 이 비석 옆을 보면 작은 돌 거북 하나가 놓여 있다.

삼전도비는 대리석으로 비석의 앞면 왼쪽은 몽고문자, 오른쪽은 만주글자, 그리고 뒷면을 한자로 새긴 희귀한 예이다. 비문에는 조선이 청에 항복하게 된 경위와 청 태종의 침략을 '공덕' 이라고 찬미한 굴욕적 내용이지만, 반면 자주국방의 중요성을 후세에 일깨워주는 소중한 역사적 교훈이 된다. 삼전도에 이 비석이 세워짐으로써 조선은 청의 예속을 상징하게 되었다.

조선 말 고종 32년1895에 이 비가 세워져 있는 것을 수치스럽게 여긴 사람들이 강물 속에 쓰러뜨렸으나 일제 때 일본인들이 다시 세워 놓았다. 그러나 광복이 되면서 주민들이 나서서 이 비를 다시 땅속에 묻어 버렸다. 그런데 1963년에 한강 홍수로 묻혔던 비석이 다시 노출되었으므로 당시 문교부文敎部가 이 비석을 옮겨 세우기로 결정하였다. 이에 경기도청에서 현재 「송파대로」 변으로 옮겨 건립하였으나 도로가 확장되면서 어린이놀이터송파구 석촌동 289-3로 이전하게 되었다.

2010년 4월에 이 비석이 세워졌던 최초의 위치인 잠실 석촌호수서호에서 가장 가까운 언덕으로 옮겨 놓았다. 삼전도비는 115년 만에 제자리를 찾아 세워지게 된 셈이다.

뒤주에서 죽은 세자

| 융릉에 묻힌 장조 |

조선왕조 500년간 왕실의 갖가지 비극이 일어났지만 그 중에 대표적인 것이라면 '뒤주 사건'을 꼽지 않을 수 없다.

영조는 정성왕후 및 계비 정순왕후에게서는 소생이 없었다. 영조 11년1736 1월 21일, 창경궁은 날씨도 차가웠지만 긴장감이 감돌고 있었다. 영빈暎嬪 이씨가 집복헌에서 산통을 시작하자 42세의 영조는 초조한 마음으로 기다렸다.

"이번에는 꼭 왕자를 출산해 주오."

영조는 마음속으로 빌고 빌었다. 왕위에 오른 후에 산실청産室廳을 차려 기다렸지만 모두가 옹주翁主뿐이었다. 그런데 영조가 왕위에 오르기 전 정빈 이씨靖嬪李氏가 왕자를 출산하여 경의대군敬義大君 : 진종에 봉해졌고, 다음해에 세자 [효장孝章]로 책봉되었다. 그러나 효장세자가 10살에 요절한 뒤 7년간 왕자가 태어나지 않았다.

모두가 창경궁 집복헌의 움직임에 민감하게 대처하고 있을 때, 드디어 "으앙" 하는 아기의 울음소리가 울려 퍼졌다. 왕자 선愃이 태어난

　　　　　　　　　　　　　　역사의 현장, 서울

것이다.

왕자를 출산했다는 보고에 영조의 얼굴은 활짝 펴졌다. 영조는 "왕실의 혈맥이 끊어질 뻔하였다. 이제 선조들을 지하에서 배알할 면목이 서게 되었다. 어찌 기쁘지 않으랴." "왕자를 오늘 원자元子로 책봉하라."고 명하였다. 그리고 원자 이름을 너그럽다는 뜻의 선愃으로 정했다. 원자 선은 다음해영조 12년 3월, 14개월

영조의 어진

만에 세자로 책봉되어 창덕궁 인정전에서 의식을 거행하고 장헌세자莊獻世子라고 불렀다.

영조는 세자 책봉을 축하하기 위해 수많은 죄수를 풀어주고, 균역세를 일시 정지하였으며, 100세 된 사대부와 서인의 직급을 올려주고, 재상의 어버이 가운데 90세 이상 된 노인에게 음식을 내려 주었다. 영조는 어린 세자가 영명하고 총명하여 대신들을 자주 동궁으로 불러 세자의 영특함을 자랑하곤 하였다.

세자는 효심과 우애심이 두터웠고, 왕세자로서의 도량과 덕을 겸비하여 영조로부터 극찬을 받기도 하였다.

영조는 왕위에 재임하는 동안 치적이 뛰어났으나 그 성격이 엄

정·냉혹하고 사소한 일에는 동요치 않았으며, 일단 결심한 일은 끝까지 밀고 나가는 성품이었다.

영조는 세자 나이 14살 때 그에게 역사 공부한 것을 물어본 후 만족스런 대답을 듣자 영조 25년1749 1월, 사도세자에게 전위傳位할 것을 선포하였다. 그러자 승지와 홍문관 관원들이 바닥에 이마를 찧으며 눈물로 명을 거두어 달라고 청하고, 소식을 들은 원임대신들과 문무백관들이 모두 울면서 봉서封書를 거두어 달라고 청했다. 그러나 영조는 완강히 뜻을 굽히지 않다가 차선책으로 대리청정代理聽政을 간하자 이를 받아들였다.

이로써 세자는 15살에 정사를 보게 되었는데 인사 문제, 군사 동원, 사형 집행, 국방에 관련된 일 4가지는 영조가 재가하고, 나머지는 세자가 처결하도록 하였다. 영조는 감정 표현이 풍부하고 눈물도 많은데 비해 세자는 과묵하여 신하들은 세자를 더 두려워하였다.

틈이 벌어진 부자간

그런데 부자간에 틈이 벌어진 것은 영조 31년1755에 일어난 '나주벽서羅州壁書' 사건이었다. 전라감사 조운규가 올린 나주 객사客舍에 붙인 벽서 내용에 "조정 안에 간신들이 가득해 백성들의 삶이 도탄에 빠졌다."라는 글이 씌어있었다. 1주일 만에 체포된 범인은 소론 강경파 윤취상의 아들 윤지였다. 영조는 범인을 능지처참하도록 명한 뒤 세자를 처형장에 나오게 해서 생생하게 지켜보게 하였다. 세자는 범인의 처형 모습을 보면서 얼굴을 찌푸리고 부왕 영조가 이성을 잃었다고 생각하였다.

사도세자는 악질惡疾에 걸려 정신 이상 현상을 나타내어 학문을 게을리 하는 등 차츰 영조의 눈을 거슬리고 있었다. 더구나 대리청정에 임하게 되면서 세자는 행동에 형평성을 잃고, 비정상적인 성격이 나타나 영조로 하여금 세자에게 국정을 맡길 수 없다는 생각을 굳히게 하였다.

이보다 부자간의 대립 관계가 표면화된 것은 영조가 병석에 있을 때 신하들이 세자에게 약을 권하도록 종용하였으나 이를 거절한 일이 결정적인 계기가 되었다. 이 일은 결국 영조의 노여움을 사게 되어 세자를 보좌하던 소론少論의 영수였던 이종성李宗城이 탄핵을 받아 조정에서 물러나게 되었다.

영조의 나이 56세 때부터 본격적인 국왕 수업을 받게 된 사도세자는 차츰 노론에 반대되는 정치관을 갖게 되었다. 영조가 노론을 지지하는데 반해 사도세자는 소론의 주장에 더 귀를 기울였던 것이다. 사도세자가 이런 생각을 가지게 된 것은 저경궁儲慶宮에 거처할 때 그를 모시던 내시와 궁녀들의 영향 때문이라고도 전한다. 이들은 대부분 경종을 모셨던 사람들로 열 살 밖에 안 된 어린 사도세자에게 경종이 노론에 의해 억울하게 독살되었다고 자주 말해 세자가 반反 노론 정치관을 갖게 되었다는 것이다.

사도세자는 소론의 조태구, 유봉휘를 역적으로, 이광자의 관직을 추탈하는 등 소론을 역적으로 몰아가는 것에 불만이 컸다. 이로 인해 영조와 세자와의 생각이 완연히 엇갈리는 갈림길이 되었다. 노론 세력은 세자의 이런 태도에 이질감과 적대감을 갖게 되어 세자를 제거해야 할 정적政敵으로 여겼다.

사도세자는 대리청정을 하면서 부유한 양반 지주들보다는 가난한 농민들을 보호하는 데에 더 많은 힘을 기울였다. 빈궁한 서민을 수탈하는 환곡還穀제의 폐단을 시정하고, 대동미와 군포軍布 징수에 따르는 부패를 근절시켰다. 그리고 사형수를 세 번 심사하는 삼심제三審制를 실시하여 많은 사형수들의 목숨을 구했을 정도로 애민사상이 투철한 인도주의자였다.

노론이 영조에게 세자를 모함하기 시작하여 부자간에 신뢰가 차츰 무너지면서 세자는 영조에게 8개월간 문안 인사를 하지 않게 되었다. 더구나 왕실의 어른인 대비 인원왕후 김씨숙종의 계비가 세상을 떠남으로써 부자간의 대립과 갈등을 중재할 인물이 사라졌다. 게다가 숙의 문씨의 오라비 문성국과 정순왕후 김씨의 아버지 김한구와 결탁한 노론은 영조와 세자 사이를 갈라놓는 데에 큰 역할을 하였다.

야사에서는 김상로를 비롯한 노론 중진들이 세자가 몸이 허약하다는 소문을 퍼뜨려 세자로 하여금 열약을 먹게 했다고 한다. 사도세자는 이 약만 먹으면 화기火氣가 치밀어 궁궐을 나가는 일이 많아 말을 타고 한길을 달리면서 벽력같은 소리를 지르고 뛰는 일이 많았다고 한다. 그리고 화기가 조금 내리면 "내가 어릴 때면 성질이 유약한 편이었는데 근래에는 왜 이렇게 황잡해졌을까?" 하며 자탄했다는 것이다.

한번은 세자가 영의정 김상로와 대화하던 중 경종 때의 일, 즉 노론이 경종을 배척한 것에 대해 분노한 적이 있었다. 이를 전해들은 영조는 사도세자를 호되게 꾸지람하자 소론인 우의정 조재호가 세자를 변호해 준 일이 있었다. 영조는 날이 갈수록 사도세자에 대하여 불안한 마음으로 행동을 주시하게 되자 세자의 행동은 점점 거칠어져 궁녀와

역사의 현장, 서울

내시를 죽이는 등 영조의 불신을 부채질하였다.

특히 영조가 총애하는 숙의 문씨는 세자의 생모 영빈映嬪 이씨와 사이가 나빴으므로 세자까지 미워하여 화완옹주和緩翁主와 함께 영조에게 모략·중상을 일삼았다. 이때 궁궐의 몇 개의 전각이 소실되자 그들은 이 화재가 세자의 소행으로 발생했다고 영조에게 고하였다. 뿐만 아니라 세자의 행동에 대해 유언비어를 퍼뜨리니 마침내 영조는 궁중 모략에 넘어가 세자를 점점 의심하게 되었다.

대리청정 12년째 되던 해1761, 27세의 성숙한 세자의 좌우에서 아첨하는 무리들이 모여들었다. 그들은 세자를 영조도 모르게 관서지방을 유람하게 하였다. 세자는 영조도 모르게 관서지방을 유람·순행하면서 기녀妓女와 접촉하고, 이들을 서울까지 데려와 숨겨 두었다. 세자가 돌아오자 윤재겸尹在謙 등이 영조에게 세자의 행동이 체통에서 벗어났다고 상소를 올려 영조가 세자의 비행非行을 알게 되었다. 노발대발한 영조는 세 정승을 불렀다.

"괴이한 일이로고. 어찌 세자가 과인 몰래 관서지방에 놀러 갔으며, 평양기생을 몰래 데려다가 암자에 숨겨 두고 음탕한 놀이를 한다는 말이오."

"황공하옵니다."

"경들은 이 사실을 밝혀 세자와 같이 관서지방에 유람을 갔다 온 자들을 모두 파면시키도록 하시오."

이와 같은 영조의 엄명에 따라 심발, 유한소 등을 파면시키는 한편 영조는 세자를 불러 놓고 크게 책망하였다.

그 후에도 설상가상 시파時派와 벽파僻派의 대립으로 세자에 대한 나

뻔 소문이 영조의 귀에 계속 들리자, 세자에 대한 노여움은 점점 높아
갔다. 그러나 세자가 관서지방에 몰래 다녀 온 일과 진현進見 거부 등
두 가지 문제가 표면적으로 해결되자 다급해진 노론은 병조판서 홍계
희와 영의정 김상로, 윤급 등이 세자의 장인 홍봉한, 영조의 계비 정순
왕비의 동생 김구주金龜柱 등과 합세하여 형조판서 윤급尹汲의 청지기인
나경언羅景彦으로 하여금 세자의 비행 10여 조목을 낱낱이 들어 왕에게
상소하도록 하였다. 이른바 '나경언의 고변' 을 시도하였다.

뒤주 속의 사도세자

세자에 대한 노여움이 극에 달해 더 참지 못한 영조는 세자의 생모
영빈 이씨瑛嬪 李氏의 간청에도 불구하고, 창경궁의 휘령전徽寧殿에 나와
세자를 불러오게 하였다. 꿇어앉은 세자에게 칼을 빼어 든 영조는 "세
자는 어인 일로 상복喪服과 상장喪杖을 만들어 놓고 궁중에 토굴을 팠는
가?" 하고 소리 높여 세자를 추궁하기 시작하였다. 먼저 왕세손의 어
머니를 죽인 일, 여승과 사귀어 궁중에 출입케 한 일, 몰래 관서지방을
순행하고 북성에 나가 논 일 등을 들어 꾸짖은 후, 이 같은 행위는 모
두가 영조를 죽여 매장하려고 한 것으로 단정하였다. 이에 세자는 변
명했지만 영조는 믿지 않고, 세자에게 "내가 죽으면 나라가 망할 것이
고, 네가 죽으면 나라는 망하지 아니할 것이니 네 스스로 빨리 죽어라.
아니하면 내가 너의 목을 베겠다." 하고 자살을 명하니 세자는 허리띠
를 풀어 자기 목을 졸랐다.

사도세자가 허리띠로 자기 목을 졸라 기절하여 엎드러지자 좌우의
신하들이 울며 달려왔다. 그리고는 묶은 끈을 풀어놓고 내의內醫를 불

역사의 현장, 서울

러들여 소생시켰다.

  그러자 영조는 내의들을 축출하고, 다시 세자의 자살을 재촉하였
다. 이에 세자는 곤룡포를 찢어 자기 목을 졸랐으나 신하들이 또 풀어
놓았다.

  날이 저물어 가자 세자의 장인 홍봉한이 "전하, 뒤주를 이용하는
것이 어떻겠습니까?"라고 건의하자, 영조는 큰 뒤주 하나를 가져오게
하여 세자에게 그 속으로 들어가게 하였다. 이때 여러 시신侍臣과 별감
들이 이를 말리려 하자 영조는 별감 한 사람의 목을 베고 시신들을 모

창경궁

두 축출하였다.

세자는 옷자락을 여미고 두 손으로 뒤주의 양모서리를 잡고는 영조를 우러러 보며 애소하였다.

"아버님 살려주옵소서."

부왕을 아버님이라고 부른 것은 참으로 오랜만의 일이었다. 드디어 세자가 뒤주 속으로 들어가자 영조는 직접 뚜껑을 닫고 자물쇠로 잠근 후 못을 박았다. 그리고 동아줄로 묶어 뒤주를 봉했다. 영조는 뒤주 뒤에 구멍이 있다는 밀고를 듣고 직접 내려와 구멍을 막았다. 이어서 다음과 같은 전교傳敎를 내렸다.

"세자를 폐하여 서인庶人을 삼는다."

사도세자는 뒤주에 갇힌 지 7일 동안 숨소리가 들렸다. 영조의 명에 따라 신하들이 이따금 세자의 생사를 확인하려고 뒤주를 흔들면 "어지러우니 흔들지 마라." 하더니 8일 째에는 아무 소리도 없었다. 세자가 뒤주 속에서 신음할 때 세자의 측근들은 귀양을 가거나 처형되었다.

그야말로 이 사건은 동서고금을 통해 유례없는 궁중 참극이었다.

27세로 세자가 뒤주 속에서 죽은 뒤 장례는 2개월 후인 7월 23일에 치러졌다. 현재 사도세자의 융릉隆陵은 경기도 화성시 안녕동 산 1-1에 있지만, 처음에는 동대문구 휘경동에 있는 배봉산拜峰山에 묘소를 조성하고, 영우원永祐園이라고 칭하였다.

영조는 훗날 세자를 죽인 일을 후회하여 세자를 죽이는 데에 일조한 김상로를 파직시켰고, 또 이를 비난하는 상소가 올라오자 즉시 청주로 귀양 보냈다. 세자가 죽은 날 영조는 "나는 미물도 불쌍히 여겨 부나비가 등잔을 달려들면 손을 휘저어 내쫓았으며 개미도 밟지 않고

역사의 현장, 서울

건너서 갔다."라고 말했다는 것이다. 이 말은 아들을 죽인 아버지의 변명이지만 영조는 눈물과 인정이 많았다고 전한다.

후일 영조가 세손 정조를 안고 눈물을 흘리며, '김상로는 네 아비의 원수'라는 말을 했다고 정조는 회상하고 있다.

영조는 사도세자가 뒤주에서 죽자 그날로 사도思悼라는 시호를 내린 다음 영조 38년1762 창덕궁 안에 경모전이란 사당을 지어 제사를 지내게 하였다. 이어서 영조 40년1764 봄, 북부 순화방順化坊에 사도세자의 사당을 건축하였다가 여름에 동부 숭교방崇敎坊, 현 서울대학교 의대 부속 병원 북쪽에 옮기고 수은묘垂恩廟라 하였다. 그러나 사도세자의 죽음과 관련 있는 홍봉한은 이후에도 계속 승승장구하여 동생 홍인한과 함께 이른바 '형제 정승'의 세도를 누렸다.

사도세자가 뒤주 속에 있는 동안 세자를 살려달라고 영조에게 애절하게 빈 사람은 오직 열 살의 세손世孫 : 후일 정조 뿐이었다.

사도세자의 사당, 경모궁

1776년에 정조가 왕위에 오르자 비명에 간 부친 사도세자에게 장헌莊獻이라는 시호를 올리고, 영우원을 수원 화산華山으로 이장한 다음 현륭원이라고 하였다. 정조는 수은묘를 경모궁景慕宮이라 고치고, 조선 초 성종 때 조성한 함춘원含春苑 자리에 사도세자莊祖와 부인 헌경왕후獻敬王后 : 혜경궁 홍씨의 사당을 이전한 뒤 이곳을 찾아와 수시로 참배하였다. 정조 4년1780에는 경모궁 동서남북 네 곳에 문을 내었으며, 정조 15년1791에는 그 안에 망묘루望廟樓를 지었고, 사도세자의 모습을 그린 어진御眞을 두었다.

정조 19년1795은 세상을 떠난 사도세자의 회갑이 되는 해였다. 그러자 정조는 대비 정순왕후와 혜경궁 홍씨를 모시고 이 궁에서 제사를 지냈다.

창덕궁에 있던 정조는 아버지를 생각하는 마음이 지극하여 경모궁에 수시로 참배하였을 뿐만 아니라 수원의 현륭원을 자주 다녀오곤 하였다. 이 때문에 이촌동과 노량진을 잇는 한강에 배다리舟橋를 설치한 일은 유명하다. 그 당시 어떤 사람이 모처럼 벼슬을 얻어 현륭원 능참봉이 되었더니 '한 달에 거둥이 29번' 이라는 말이 유행될 정도로 정조의 능행陵幸이 잦아 혼쭐이 났다는 것이다. 실제로 『조선왕조실록』에 의하면 정조의 수원 현륭원 능행은 거의 한 달이 멀다 하고 자주 다녔음을 알 수 있다.

경모궁은 헌종 5년1839 12월에 어진을 모셔두는 봉안각이 타버렸으나 곧 중건되었다. 경모궁의 제사는 조선 말까지 이어지다가 광무 3년1899 11월에 사도세자를 장조莊祖로 높이고 신주를 종묘로 모셨다. 이듬해1900에는 경모궁 터에 태조 등 여섯 왕의 어진을 봉안하던 영희전永禧殿을 옮겨 세웠고, 1908년에는 경모전景慕殿으로 이름이 바뀜으로써 경모궁은 폐지되고 말았다.

일제는 1924년 5월, 이 자리에 경성제국대학 의학부를 세움에 따라 경모궁 건물은 거의 없어지고, 남아 있던 건물마저도 6 · 25 때 불타버려 원래 모습을 알아보기 어렵게 되었다. 현재는 함춘원의 정문인 함춘문含春門과 석단石壇만 남아 있다.

영조는 2명의 왕비, 4명의 후궁에서 2남 7녀를 두었고, 사도세자는 헌경왕후와 2명의 후궁 사이에 5남 3녀를 두었다.

융릉

헌경왕후 홍씨혜경궁 홍씨는 사도세자의 죽음을 둘러싼 내용을 기술한 『한중록閑中錄』을 남겼다. 혜경궁 홍씨는 사도세자가 뒤주에 갇히던 날 폐서인廢庶人이 되어 더 이상 궁중에 있을 수 없었는데 사도세자 사건의 가장 생생한 목격자를 자처하며 『한중록』을 저술하였다. 이 책은 사도세자가 세상을 떠난 지 30년이 지난 시기에 썼는데 이는 친정아버지 홍봉한과 친정집의 신원伸冤을 위해 쓴 것이라고 보고 있다. 한중록은 '피눈물의 기록'이라는 뜻의 흡혈록吸血錄이라고도 불린다. 남편인 사도세자의 비참한 죽음을 지켜봐야했던 한 여인의 피어린 기록이라는 의미이다. 실제 혜경궁 홍씨는 그 제목처럼 구절양장九折羊腸 기나긴 목소리로 한恨을 토해 냈다. 그러므로 후세 사람들이 한이 서린 여인의 주장을 진솔하게 받아들인 것은 어쩌면 당연한 일인지도 모른다. 하지만 혜경궁 홍씨가 맨 처음 이 책에 붙인 제목은 '한가한 날의 기록'이다. 그 제목과 내용의 극단적인 차이만큼이나 기록과 진실 사이의 거리도 먼 것은 아닐까?

5

개화기

구식군인들의 불만

| 임오군란 |

　　고종　19년(1882), 이 해에는 계속되는 가뭄으로 조선 8도
의 백성들이 식량부족에 허덕이고 있었다. 한성부 주위의 산과 들은
말라붙을 지경이었고, 너무 가물어 잡초마저 제때에 돋아나지 못하였
다. 한성부민들은 산나물을 캐어 주린 배를 채우려고 산에 오르고 들
판을 뒤졌다. 6, 7월에 이르러서는 남산과 북한산에 바구니를 든 아낙
네들과 아이들이 북적거렸다. 몇 달째 수천수만의 한성부민들이 너도
나도 이 산의 풀을 뜯어먹고 연명하였으나 이제는 풀마저 찾아볼 수
없는 상황이었다. 풀마저 뜯어먹지 못하게 된 백성들 중에는 굶어 죽
는 사람도 상당히 많았다.

　　고종 18년1881 4월에 시행된 군제개혁으로 대우가 더욱 나빠진 구舊
6영六營과 훈련도감 소속의 병사들, 구식군인들의 처지도 빈민들과 다
를 바가 없었다. 이들은 몇 달째 봉급미俸給米를 받지 못하여 굶주리고
있었다.

　　개화의 바람은 거세게 일어나 행정개혁이 단행되어 1881년 1월 군

별기군

국의 기무와 외교 통상을 총괄하는 기관으로 통리기무아문統理機務衙門을 설치하고, 그 밑에 12사司를 두어 사무를 담당케 하였다. 그 장관을 총리대신이라 하고, 각 사에는 당상관堂上官과 낭청郎廳을 두어 다스리게 하였다. 이렇게 급진적으로 개화를 서두르자 이에 반대하는 수구파와 개화파의 대립이 생겼다.

조선에 별기군이 설치된 것은 1882년 초였다. 당시 구식군대는 군기가 문란하고 병기가 낡아 조정은 일본군대를 본 딴 신식군대인 별기군別技軍을 창설하였다. 조정에서는 일본의 군사 고문을 불러들여 명문가의 자제 100여 명을 뽑은 다음 세검정 외평창外平倉에서 훈련을 시켰다. 교련 소장은 명성황후 민씨의 친정조카 민영익이었으며, 교관은 호리모토 레이조모堀本禮造 공병 소위, 조교는 우범선이었다.

이 당시 조정은 새로 창설된 신식군대인 별기군만을 우대하고 구식군대를 멸시, 차별하였다. 차별이 심해지자 구식구인들의 불만은 날로 쌓여갔다. 게다가 개화와 수구의 두 세력은 대원군과 명성황후 민씨의 대립과 얽혀 정치를 혼란시켰고, 일본에 대한 민족감정이 작용하였다. 그러나 민씨 일파들을 주축으로 하는 당시 집권자들은 갖은 수단으로 백성들과 군인들의 피땀을 긁어모으고, 국고를 탕진해가면서 타락한 생활을 하고 있었다.

역사의 현장, 서울

봉급미가 13개월씩이나 밀린 구식군인들의 불만은 갈수록 높아졌다. 고종 19년1882 6월, 때마침 호남지방에서 세미稅米가 도착하자 집권층은 한 달 봉급미를 지급한다고 발표하였다. 1882년 7월 23일음력 6월 9일 아침, 주린 배를 부여안고 맥없이 지내던 무위영·장어영 군인들은 설레는 마음으로 군영창고에 모여 들었다.

가뭄이 계속되어 모두가 허기에 지쳤는데도 그들이 배급받는 쌀은 너무나 적어 군인들의 사기는 떨어질 데로 떨어져 있었다. 또한 그 분배가 공평하지 못할 뿐만 아니라 선혜청宣惠廳 관리들이 사복을 채우기 위해 농간을 부렸으며, 봉급미 안에 모래와 겨를 섞었다. 봉급미로 받은 쌀에서 이상한 냄새가 군인들의 코를 찔렀다.

"아니 이게 무슨 쌀이냐? 쌀에서 군내가 나고 이상하잖아."

한 병사가 소리치자 군인들은 저마다 쌀 한 움큼씩 움켜쥐고 냄새를 맡아 보았다.

"아니 이거 쌀이 왜 이래? 쌀은 거의 안 보이고 겨만 있잖아. 세상에 모래도 섞여 있어."

한 군인이 쌀을 높이 추켜들고 기가 막힌 듯 소리쳤다. 1,000여 명의 군인들은 그동안 쌓였던 분노가 한꺼번에 폭발하였다. 이에 구식군인들과 창고지기 사이에 다툼이 벌어지더니 이내 난투극으로 발전하였다. 일부 군인들은 창고지기를 집단 구타하여 불만을 터뜨리기 시작하였다.

분노한 구식군인들

"우리가 돼지란 말이냐? 쌀에 모래가 섞인 것은 필시 중간에 봉급미를 횡령한 자들 때문이다. 병조판서 겸 선혜청 당상 민겸호를 비롯해 말단의 창고 담당까지 횡령을 일삼으니 우리에게 돌아올 쌀이 어디 있겠는가!"

이들의 수군거림은 곧 전체 군인들에게 번졌고, 마침내는 거대한 분노로 타올랐다. 군인들은 이구동성으로 소리쳤다. 이때 건장한 세 장정이 나서서 창리倉吏를 노려보았다. 그들은 김춘영金春永, 유복만柳卜萬, 정의길鄭義吉 등 임오군란의 주동자들이었다. 그들의 눈에는 분노의 빛이 번뜩였다.

"창리 어른, 이 쌀을 우리에게 먹으라고 주는 거요? 아니면 버리라고 주는 거요?"

김춘영이 분노에 찬 질문을 퍼붓자, 창리는 아무렇지도 않게 대꾸하였다.

"봉급미가 아닌가? 나라에서 먹을 만한 것이기에 내주는 거야. 잔말 말고 어서 빨리 한 명씩 받아가게."

그러자 김춘영이 버럭 성을 내며 "13개월 만에 겨우 한 달분을 주면서 썩고 겨와 모래가 섞인 먹지 못할 쌀을 준단 말이요? 당신이나 많이 먹어보시오." 하면서 쌀을 쥔 손을 창리의 코앞에 들이댔다. 창리는 뒷걸음질을 치며 소리쳤다.

"네놈들이 지금 반항하는 거냐? 이 사실을 민대감에게 알리면 가만히 놔두지 않을 테다."

이에 김춘영, 유복만이 창리의 멱살을 덥석 잡자 "이놈들이! 이 손 놓아라, 어서!"

창리는 김춘영, 유복만의 손에서 빠져 나려고 몸부림을 쳤다. 분노

역사의 현장, 서울

가 극에 달한 김춘영과 유복만은 창리의 멱살을 꽉 틀어쥐고 놓아주려 하지 않았다.

"네놈들이 우리를 속이고 오히려 우리를 역적으로 몰려고 하느냐? 저 놈을 혼내주자. 저 놈을 죽여라!"

분노한 병사들은 창리를 거꾸러트리고 구타하기 시작하였다.

이 소식을 전해들은 선혜청 당상 겸 병조판서 민겸호閔謙鎬는 김춘영, 유복만, 정의길을 비롯하여 난동을 부린 군인들을 감금하고 나서 사형에 처한다고 선포하였다. 그러나 민겸호의 포고령은 구식군인들의 엄청난 반발을 일으켰다. 동료가 사형에 처해진다는 소식을 들은 무위영 군인들은 주먹을 부르쥐며 홍분하였다. 처음에는 김춘영의 아버지 김장손과 유복만의 동생 유춘만이 옥에 갇힌 주동자들의 구명운동을 벌였다. 이 운동에 많은 군인들이 참여하면서 구명운동은 점차 시위 반란으로 발전하였다.

임오년에 일어난 구식군인들의 난동

봉급미를 지급하던 음력 6월 9일, 구식군인들은 자신들의 직속상관인 무위대장武衛大將 이경하를 찾아가서 억울한 사정과 민겸호의 불법행위를 호소하였다. 그러자 이경하는 민겸호에게 서신을 띄워 군인들의 요구사항을 전하며 선처를 요구했으나 아무런 답신도 받지 못하였다. 이경하는 군인들에게 민겸호의 집으로 직접 찾아가 탄원해 볼 것을 권하였다. 이에 군인들은 떼를 지어 민겸호의 집으로 찾아갔다. 군인들이 열을 지어 민겸호의 집으로 몰려가자 어떻게 알았는지 민겸호는 집에 없었고, 군인들은 그곳에서 문제를 일으켰던 선혜청 창리와 만나게 되었다.

상황이 이렇게 되자 군인들의 울분과 분노는 폭발할 대로 폭발하였다.

"옥에 갇혀 처형당해 죽느니 차라리 우리의 못다 푼 한이나 실컷 풀고 죽자."

누군가가 소리를 높여 외쳤다.

"옳다. 어차피 죽을 목숨 - 백성들을 굶주림과 고통에 빠뜨린 원수들을 모두 죽여 버리자."

군인들은 비장한 각오를 하고 모두 호응에 나섰다. 천여 명의 군인들은 '와' 하고 소리치며 민겸호의 집을 들이쳤다. 함성소리에 놀란 집안사람들은 질겁하여 뒷문을 통해서 집을 빠져나갔다.

군인들은 민겸호의 집을 샅샅이 뒤져 집안에 챙겨놓은 갖가지 재물들을 꺼내 마당에 산더미처럼 쌓아 놓았다. 비단과 여러 가지 피륙, 인삼, 녹용, 사향 등 귀중한 약재도 많았다. 이때 김장손이 군인들을 향하여 소리쳤다.

"이 물건들에 손대지 마라. 우리들은 약탈하러 온 도적들이 아니다. 더러운 물건을 탐내 제 손을 더럽히지 말자."

이 말에 잠시 딴 마음을 품었던 일부 군인들은 스스로 부끄럽게 여기고 민겸호의 재산을 그 자리에서 불살라 버리고 집을 부쉈다.

봉기를 일으킨 군인들은 이 같은 정치적 부패의 원인이 민씨 일파가 득세하여 흥선대원군을 축출한 데에 있다고 생각하였다. 그들은 정치적으로 거세당하고 고립되어 있는 흥선대원군을 떠올렸다. 그들은 흥선대원군이 자신들을 도와주리라 생각하고 흥선대원군에게 진정해

보기로 하였다. 이렇게 되자 김장손과 유춘만은 어차피 죽을 몸이라는 생각에 홍선대원군이 있는 운현궁으로 가서 도움을 청하기로 하였다. 군인들이 거리를 휩쓸고 지나가자 굶주리고 있던 빈민들도 이에 합세하였다. 그리하여 군인들은 운현궁으로 몰려가 자신의 억울한 사정을 호소하자 홍선대원군은 이 사태가 민씨 일파를 몰아내고 자신의 권력을 다시 잡을 좋은 기회라고 판단하였다.

이하응(홍선대원군)

"자네들의 억울한 사정은 나도 잘 알고 있으나 이것은 나라의 재상들이 하는 일인데 내가 어떻게 하겠나. 상감마마는 어질고 인자하시니 자네들의 사정을 봐주실 것일세."

이 말은 겉으로는 군인들을 진정시키고 달래는 것처럼 보였지만 실은 우회적으로 그들을 부추겼다. 더구나 홍선대원군은 비밀리에 이번 폭동의 주동자인 유춘만과 김장손 등을 따로 불러 밀계密計를 주고, 다른 한편으로는 자신의 심복인 허욱許煜을 시켜 군인들의 폭동을 아무도 모르게 지휘하도록 하였다는 설이 있다.

홍선대원군의 은밀한 계획으로 더욱 불이 붙게 된 군인들은 몇 개의 무리로 나누어 행동하였다. 일부 군인들은 동별영東別營의 군기고를 습격하고, 포도청과 의금부義禁府를 습격하여 체포된 사람들과 무고한 군인들을 석방시켰다. 또 경기감영京畿監營을 습격하여 병기를 탈취하였으며, 창고 문을 열어 양식을 백성들에게 나눠주기도 하였다. 다른 병사들은 민태호閔台鎬와 한규직韓圭稷 등 척신들의 집을 습격하였다. 또 다른 무리들의 군인들은 별기군 병영에 몰려가 교관으로 초빙되어 온 호리모토 레이조오堀本禮造 소위를 비롯한 몇몇 일본인들을 살해하였다.

상황이 갈수록 심각해지자 신변의 위협을 느낀 일본 변리공사辨理公使 하나부사 요시타다는 야밤에 인천으로 가까스로 도망쳐 정박 중에 있던 영국 선박에 구조되어 일본으로 건너갔다. 살기 힘들어 하던 백성들까지 군인들의 폭동에 가세하자 규모는 점차 확대되었고, 그 기세는 높아만 갔다. 군인들은 흥선대원군의 친형인 영돈령부사領敦寧府事 이최응의 집을 습격하였다. 그들은 황황히 담장을 뛰어넘는 이최응을 끌어내려 창으로 찔러 죽이고, 곧 창덕궁 돈화문으로 몰려갔다. 그러나 돈화문은 굳게 닫혀 있었다. 군인들은 통나무로 문을 밀고 곡괭이로 문을 찍었다.

난군들의 함성 소리가 요란하게 궁궐 안으로 메아리쳤다. 곧 돈화문이 열리고 군인들이 성난 파도처럼 궁궐 안으로 몰려 들어갔다. 창덕궁 난입의 지휘자는 대원군의 심복인 김태희였다. 마침 그들은 사저에서 도망쳤다가 입궐 중이던 민겸호를 만났다.

"저 놈의 목을 베어라."

흥분한 김태희는 더욱 소리 높여 외쳤다. 민겸호는 명성황후 민씨와 대면하기도 전에 그 자리에서 목이 달아나고 말았다. 이때 명성황후 민씨는 민씨 일가가 군중으로부터 공격받고 있다는 소식을 듣고, 급히 고종으로 하여금 선전관을 운현궁에 보내도록 하였다. 이를 수습할 사람은 흥선대원군 밖에 없다고 판단했기 때문이다.

운현궁

홍선대원군은 왕의 부름을 받고 궁궐로 향하였다. 9년 만의 부자 대면인 셈이었다. 구식군인들은 결국 민겸호와 김보현을 살해하고, 곧이어 왕비 민씨를 해치려고 구중궁궐로 뛰어 들었다.

명성황후 민씨의 궁궐 탈출

김태희는 소리 높여 "중전을 죽여라. 중전을 죽여야 우리가 살아남는다."라고 외쳤다. 그 무렵 중전은 탈출을 서두르고 있었다.

"중전이 어디 있는지 찾아내어라."

군인들은 궁궐 안을 샅샅이 뒤졌다. 그때까지 명성황후 민씨는 겁에 질려 부들부들 떨고 있었다.

군인들이 자신을 찾고 있다는 것을 알아차린 명성황후 민씨는 궁녀의 옷으로 갈아입고 문을 나섰다. 홍선대원군의 뒤를 따라 입궐한 홍선대원군 부인은 명성황후 민씨를 발견하자 자신이 타고 온 가마에 앉히고 휘장을 드리워 빈 가마인 것처럼 꾸며 놓았다.

명성황후 민씨가 궁궐을 빠져 나올 때 군인 몇 명이 다가와 가마를 열었으나 군인의 신분으로는 왕비의 얼굴을 알아볼 리가 없었다. 그때 수위부장 홍계훈이 궁녀인 여동생의 손을 잡고 달려오다가 이 광경을 목격하고는 근엄한 목소리로 군인들을 꾸짖었다.

"무엄한지고! 일개 군졸들이라 한들 어찌 궁궐의 법도를 모르더냐. 이 분은 홍상궁이니라."

군인들이 물러가자 홍계훈은 명성황후 민씨를 가마에서 내리게 하였다. 가마를 타고 가면 쉽게 신분이 드러날 것이기 때문이었다.

홍계훈은 민씨를 등에 업고 창덕궁을 빠져나와 안국동 윤태준의 집으로 숨어들었다. 당시 윤태준은 세자의 경호를 담당하고 있었다. 그날 밤 윤태준의 집을 빠져나온 민씨는 동대문을 거쳐 정릉에서 하룻밤을 보내고, 다음날 민응식閔應植 : 명성황후의 조카, 민긍식, 윤제익과 함께 중랑천을 건너 망우리·고개를 넘어가 한강 본류로 향하였다.

한강나루에 이르렀을 때 평상시에는 이 나루터를 통해 강을 건너는 사람이 많았는데 그날따라 건너는 사람도 없고 건너오는 사람도 없었다. 사공은 한쪽에서 한가히 잠들어 있었다. 민응식이 사공을 부르니 사공은 잠이 덜 깬 얼굴로 한마디 대답도 없이 낯선 민응식을 바라볼 뿐이었다.

민응식은 "다급히 이 강을 건너야 되겠소." 하고 말하자 어슬렁 어슬렁 일어난 사공은 손님들을 힐끔 쳐다보더니 "조정에서 도강渡江을 금하라는 엄명을 내렸기 때문에 건네 들일 수 없습니다. 앞으로 혹시 무슨 불미스러운 일이 생기기라도 하면 저까지 연루되지 않겠습니까?"

"우리는 고향으로 돌아가는 길인데 강을 건너지 못하면 어찌 가 겠소."

민응식이 사공의 얼굴을 쳐다보며 말하였으나 사공은 눈도 깜짝 않고 통명스럽게 내쏘며 하는 말이 "집으로 돌아가든 나들이를 가든 그건 제가 알바 아니요. 금지령이 해제된 후 가시면 되지 않습니까?"

민응식은 애원하다시피 사정하였으나 사공은 좀처럼 말을 듣지 않 았다.

그러자 명성황후 민씨는 뱃사공에게 금반지를 빼어주었더니 사공 은 그제야 배를 띄워 한강을 거슬러 올라가 암사동에 상륙하였다. 그 곳에서 밤을 보내고, 다음날 상류로 올라가 광주로 가는데 정오가 되 어 명성황후 민씨 일행은 자그마한 주막에 이르렀다. 민응식은 교군들 을 주막에 들여보내 점심을 먹게 하였다.

주막에서 몇몇 아낙네들이 나와 가마와 민응식 일행을 보고 "한성 에서 변란이 일어났다더니 한성 양반이 시골로 피난 가는 모양이네." 하며 아낙네들이 우르르 몰려와 가마 안을 들여다보며 "어머나! 아리 따운 아씨가 앉아 계시네. 중전마마인지 뭔지 요사스러운 것이 난리를 일으켰다더니 아씨도 그 때문에 먼 곳으로 피난을 떠나시나 보죠? 고 생이 이만저만 아니겠네……."

"글쎄! 중전마마인지 뭔지 하는 여자가 나라를 온통 망쳐 놓았다 니까."

아낙네들의 이 같은 말을 듣고 민씨는 분이 치밀어 올라 몸까지 부 들부들 떨며 어쩔 줄 몰랐다.

명성황후 민씨의 은거

명성황후 민씨는 경기도 광주 이근영의 집에서 묵었다가 충북 음성군 감곡면 왕장리현 매괴고등학교의 민응식 고향집에 은거하였다. 민응식 집에서 은거하던 명성황후는 민씨들에게 정성스런 위안을 받게 되자 당시 민씨 일파에 대하여 반감을 갖고 있었던 이 지역 주민들은 서울에서 온 귀부인을 의심하고, 장문오張文五 등이 앞장서서 황후를 습격하고자 하였다. 물론 그녀가 명성황후라는 것을 알고 행하여진 것은 아니고, 이 집에 드나드는 민씨 일파에 대한 반감에서 취한 것이었다. 그러나 이근택李根澤이란 소년의 밀고로 주민들이 습격한다는 것을 미연에 알고, 충주시 노은면 신흥리 가신 3동 515번지 2호국망산 밑의 이도령이라 불리는 이시영李時榮 모자가 사는 가난한 나무꾼 집으로 거처를 옮겨 1882년 6월 9일부터 8월 1일 이전까지 50여 일간 은거하였다.

명성황후가 은거하였던 이곳은 후일 유생들이 행궁行宮을 건립하려고 하여 현재 그 초석礎石이 남아 있다. 이 마을에서는 '대궐터'라고 부르며, 마을 입구에 비석을 세워 놓았다. 충주시에서는 2008년에 '명성황후 피난 유허비遺墟碑'를 세워 좌측에는 명성황후의 피난과정을, 우측에는 유허비 건립 경위를 소개하고 있다.

한편 군란을 수습할 능력이 없던 고종은 사태 수습의 전권을 흥선대원군에게 위임하였다. 왕명에 의하여 정권을 장악한 흥선대원군은 군란을 수습하기 위해 군인들에게 궁궐에서 물러날 것을 지시하였다. 그러나 군인들은 이 지시를 들으려 하지 않았다.

"중전이 살아 다시 궁궐에 들어오면 우리들은 모두 잡아 죽일 터인데 우리가 어떻게 물러날 수 있겠습니까?"

명성황후 피난 유허비

군인들은 이구동성으로 대답하였다.

　홍선대원군은 군인들의 폭동을 평정하기 위해 서둘러 군제를 개편하였다. 즉 양영兩營과 별기군을 없애고, 5영五營을 다시 두었으며, 군인들의 봉급문제의 해결도 약속하였다. 또한 자신의 맏아들 이재면李載冕에게 병권과 재정권을 모두 장악하게 하는 한편 민씨 일파를 철저히 축출하려는 목적에서 새로운 계획을 세웠다. 즉 명성황후 민씨가 실종된 것을 근거로 하여 국장國葬을 치른다고 공포하는 것이었다.

　당시 명성황후 민씨가 궁궐을 빠져나가는 것을 보았다는 사람도 없었으며, 시체도 발견되지 않았다. 홍선대원군 자신도 민씨가 꼭 죽었으리라고는 생각하지 않았으나 자신의 권력을 공고히 다지기 위해 이러한 연극을 꾸몄던 것이다. 홍선대원군은 대신들을 불러놓고 명성황후 민씨의 장례문제를 논의하였다. 이에 김병국金炳國, 홍순목洪淳穆은 홍선대원군의 의견에 반대하였다.

"중전의 생사조차 아직 모르고 있으며 시신도 아직 찾지 못하였는데 장례를 지낸다는 것은 당치않은 줄로 아옵니다."

그러나 대원군은 그들의 의견을 받아들이지 않았다. 대신들도 영리한 명성황후 민씨가 대궐을 빠져나가 어딘가에 숨어 있으리라고 짐작은 하면서도 홍선대원군이 우기는 바람에 장례를 치르는 데 동의하지 않을 수 없었다.

홍선대원군이 성급히 명성황후 민씨의 장례를 서두르는 데는 두 가지 목적이 있었다. 하나는 장례를 지내 군인들에게 명성황후 민씨가 죽었다는 것을 확신시켜 궁궐에서 철수하게 하는 것이며, 다른 하나는 명성황후 민씨가 살았더라도 장례까지 치른 이상 다시는 궁궐에 들어오지 못할 것이라고 계산했기 때문이었다. 그리하여 홍선대원군은 명성황후 민씨가 돌아갔다고 발표하고는 대신들과 백성들에게 상복을 입으라고 지시하였다. 명성황후 민씨의 옷을 관에 넣어 장례를 지내기로 하였다.

생사도 알 수 없는 명성황후 민씨의 국장을 강행하자 조정대신들은 홍선대원군을 비난하고 나섰다. 원로대신 대부분이 시신도 없이 장례를 집행한다고 있을 수 없는 일이라고 상소를 올렸다. 그런 와중에서 9일장으로 완료되었으나 상소는 그치지 않았다.

이렇게 명성황후 민씨의 국장이 빠르게 치러지고 있는 동안 민씨 일파 역시 손을 놓고 있지만은 않았다. 중국 천진天津에 영선사로 가 있던 김윤식金允植과 결탁하여 청나라에 원조를 요청하였다. 영선사 김윤식, 문의관 어윤중은 8월 2일, 청국에 파병을 요청하자 청국은 조선에 파병을 결정하고, 이 사실을 일본정부에 통보하였다. 그러나 일본은 청국군의 조선 진입을 반대하였다. 그러나 청나라는 우창칭吳長慶으로 하여금 4,500여 명의 군사를 거느리고 조선으로 출병케 하였다.

청·일군의 개입

한편 영국 배를 타고 일본으로 건너갔던 하나부사花房義質는 도착하자마자 임오군란이 일어났다는 사실을 일본정부에 알렸다. 이에 일본은 급히 외무사무관 곤도 신스케 일행을 인천으로 보내 8월 8일부터 조선과 피해보상을 위한 예비회담을 갖도록 하였다. 이틀 뒤인 8월 10일에는 청나라군함 3척이 남양 항에 입항하였다. 또 12일에는 하나부사가 이끄는 군함 4척, 수송선 3척, 육군 1개 대대가 도착하였다. 육군 대장은 후일 초대 총독이 된 데라우치 마사타케寺內正毅였다. 이어 8월 16일에는 하나부사는 아무런 예고도 없이 2개 중대병력을 이끌고 한성으로 향하였다. 8월 21일에는 청국의 증원병 육군 4천 명과 군함 4척,

청나라군인의 만행

기선 13척이 남양만 마산포에 도착하였다.

청나라는 육로를 통해 장병들을 한성으로 보냄으로써 한반도에는 아연 전운이 감돌기 시작하였다. 청군이 인천항으로 오지 않은 것은 일본과의 마찰을 피하기 위함이었다. 이때 인천항에는 미국, 영국 양국의 군함이 돛을 내리고 조선의 정세를 주시하고 있었다. 하나부사는 8월 20일 오전 10시, 고종을 알현하고 일본정부의 요구 7개조를 제시하면서 사흘 이내에 회답해 줄 것을 요구하였다. 이와 함께 이날 아침에는 일본군 1천 1백여 명이 한성거리를 행진하며 무력시위를 벌였다.

일본공사관이 요구한 방화 배상금은 50만 엔에 달하였다. 일본은 임오군란으로 피해를 입은 일본인에게 배상을 하고, 공식 사과를 하라는 요구를 하였으나 조선은 받아들이지 않았다. 홍선대원군은 인천에 있는 청국의 마치엔 총馬建忠에게 서한을 보내 중재를 요청하였다. 마치엔 총은 중재요구를 받아들여 하나부사에게 회담을 요청하였다. 당시 청나라는 대병력을 한성에 주둔시켜 위안스카이袁世凱에게 왕궁 호위를 맡도록 하였다.

8월 26일, 청군의 마치엔 총, 우창칭吳長慶 등이 운현궁을 방문하였다. 마치엔 총은 필담筆談을 통해 대원군에게 군사상의 요담이 있으니 저녁 때 청나라 군영을 내방해주기를 바란다고 알렸다. 그날 밤 홍선대원군은 남대문 밖에 있는 청나라 군영을 방문하였다. 청국 군사들은 홍선대원군을 데리고 온 종자들을 밖으로 보낸 후 홍선대원군을 가마에 집어넣었다. 그때 홍선대원군은 마치엔 총과 주고받은 필담 하나를 소개하면 "이 태공께서는 근대적 외교는 잘 모르시는 것 같은데 텐진에 가서 우리 황제의 지도를 받으시면 어떨지요?"

역사의 현장, 서울

결국 흥선대원군은 꼼짝없이 청나라 군사에 납치되어 청국 군함에 실렸다.

흥선대원군이 톈진에 도착한 것은 9월 2일이었다. 대원군은 톈진에 도착하여 곧장 북양대신 리훙장李鴻章 앞으로 끌려갔다. 대원군은 사문회査問會를 거쳐 보정소保定所에 유폐되었다. 청나라는 명성황후 민씨의 요구에 따라 흥선대원군을 군란의 주모자로 체포한 것이다. 그리하여 재집권 30일 만에 청나라에 납치된 대원군은 청나라 보정소에서 3년 동안 연금생활을 하게 된다.

흥선대원군이 청에 납치되자 조선과 하나부사 공사와 협상이 다시 시작되어 전권대신에게는 영의정 이유원, 부대신에는 김홍집이 임명되었다. 회담은 제물포에 정박 중인 일본군함 히에호에서 열려 수호조규속약이 체결되었다. 조약내용은 20일 이내에 임오군란의 주모자를 잡아 처단할 것, 피해자 유족과 부상자에게 5만 원을 줄 것, 손해배상금 50만 엔의 지급, 일본에 사과할 특사를 파견할 것 등이었다. 또 속약에서는 부산, 원산, 인천을 비롯한 개항장의 상업 활동 범위를 사방 50리로 확장하고, 2년 후 다시 100리로 확대할 것과 일본 외교관의 조선내륙 여행을 허락할 것 등이었다.

이후 일본은 공사관 보호를 핑계로 일본군이 서울에 상주하게 되었으며, 일본의 경제 침투가 가속화되었다. 그리하여 고종은 제물포조약을 이행하기 위해 하는 수 없이 청나라에 군란 가담자들의 처벌을 의뢰하였다. 이를 기회로 청국군 2천여 명이 주모자 색출에 나서 왕십리와 이태원의 군인 마을을 공격하여 170여 명을 체포하고, 11명을 처형하였다. 이때 많은 사람들이 살해되었다. 이리하여 서울은 청나라

군사들의 유린장이 되었고 흥선대원군의 일파도 체포하여 사형시키거나 유배형에 처하였다.

명성황후 민씨의 은거

한편 충주시 노은면 신흥리 국망산國望山 밑의 가난한 나무꾼 집에 숨어있던 명성황후는 윤태준尹泰駿을 밀사로 서울로 보내어 궁궐 내의 정세를 살피는 동시에 고종을 만나 명성황후가 생존해 있다고 전하고, 대원군을 제거하기 위한 밀서를 전했다고 한다. 신흥동 뒤편에 위치한 금방산은 피난 온 명성황후가 한양소식이 궁금해 매일 산마루에 올라 한양 쪽을 바라보며 좋은 소식이 오길 초조하게 기다렸다 하여 국망산國望山으로 불리고 있다.

나무꾼 집에 숨어있던 명성황후 민씨는 이곳에 용한 점쟁이가 있다는 소문을 듣고 민응식을 보내어 점쟁이 여인을 불러왔다. 점쟁이 여인은 서울에서 태어난 천민 출신의 이씨로 외가가 있는 충주에서 농사를 짓는 김씨에게 시집을 갔다. 그런데 남편이 일찍 죽어 과부가 되자 생활이 어려워 무당으로 나섰다. 이씨는 장호원에서 점을 치며 생계를 유지해 가고 있었다. 이씨의 외모는 피부색이 흰데다가 덕이 있는 인상을 지녔고, 성격이 원만하며 부드러워 상대방의 마음을 편안하게 해주는 마력을 지니고 있었다.

스스로 도통한다고 자처하는 점쟁이 이씨는 집안으로 들어서면서 명성황후 민씨를 유심히 훑어보다가 그녀가 생명에 위협을 느껴 불안, 초조하게 지낼 뿐 아니라 고독한 것을 알아챘다. 이씨는 먼저 입을 열었다.

역사의 현장, 서울

"아씨는 서쪽에서 오신 분이구먼요."

민씨는 그렇다고 대답하니, "아씨는 남들이 부러워하는 으리으리한 집에서 살며, 수많은 사람들의 존경을 받으며 살았지요?"

이씨는 명성황후 민씨에게서 눈을 떼지 않고 말을 이어갔다.

"달이 둥글기 전에 집을 떠나셨지요? 저의 눈은 속이지 못합니다."

명성황후 민씨는 적이 놀란 눈으로 점쟁이를 쳐다보며 "맞아요, 맞아. 음력 6월 9일 병사들의 난이 일어나자 간신히 빠져 나왔으니 달이 채 둥글기 전에 떠났지."

이씨는 어깨를 으쓱하며, "귀한 분이시군요. 저를 믿으세요. 신선을 업으셨구먼요." 하였다. 명성황후 민씨는 찬탄하면서 자신이 중전이라는 것을 실토하였다. 그리고는 절대로 소문을 내지 말아달라고 신신당부하였다.

"발 없는 말이 천 리 간다고 내가 여기에 있다는 소문이라도 나면 한성에서 나를 잡으러 쫓아 올 걸세. 내가 자네를 믿고 실토하였으니 내 말 명심하게."

앞에 있는 여인이 중전이란 말에 이씨는 명성황후 민씨 앞에 엎드려 절하며 인사를 올리고 앞으로 열심히 돕겠다고 하였다. 그녀는 명성황후 민씨의 마음에 들기만 하면 부귀와 영화는 저절로 굴러 들어올 것이라는 생각에 명성황후 민씨의 비위를 맞추어가며 아부를 떨었다.

명성황후 민씨 또한 불안하고 고독한 때에 이처럼 도통한 점쟁이 이씨를 만난 것을 다행으로 생각하고 무엇이나 다 털어 놓았다.

"이런 혼란스러운 때에 상감마마와 세자가 과연 무사한지 걱정이네."

"중전마마! 걱정 마십시오. 착하시고 인자하신 상감마마를 누가 감히 해치려 하겠습니까? 아무리 미련한 사람이라 할지라도 천벌을 받으려고 그런 짓을 하겠습니까! 상감마마와 세자 저하께 떨어질 액운을 물리칠 방도를 마련하고 있사오니 과히 염려 마십시오."

"고맙네. 그런데 난을 일으킨 병사들이 기어코 나를 해하려 할 텐데 어찌해야 되겠나?"

"그들은 몇몇의 역적 놈들의 꼬임에 빠진 것이옵니다."

명성황후 민씨는 역적 놈의 꼬임이라는 말을 되새기며 머릿속에는 과거의 인물들이 되살아났다.

"무지한 군인 놈들이 대원군의 꼬임에 빠진 거야."

명성황후 민씨는 중얼거렸다. 홍선대원군에 대한 증오로 명성황후 민씨의 두 눈은 타올랐다. 명성황후 민씨는 생각할수록 앞으로의 일이 걱정되었다. 홍선대원군이 정권을 다시 잡는다면 기필코 자신을 쫓아낼 것이 틀림없었다.

한참 만에 명성황후 민씨는 무겁게 입을 떼었다.

"내가 전하의 버림을 받고 영원히 폐위나 되지 않을까? 홍선대원군 어른은 내가 살아있는 줄 알면 나를 가만두려 하지 않을 걸세. 그리고 궁궐에 무사히 있을 이 상궁도 무슨 농간을 부릴지 알 수 없고……."

"상감마마께서 계시니 대원군도 마음대로야 못하겠지요. 이 상궁이 아무리 농간을 부린다 하더라도 겨우 해봐야 빈嬪이란 칭호 밖에 받을 수 없지요."

"어떤가? 내가 다시 궁궐로 돌아갈 수 있겠나? 돌아갈 수 있다면 언제쯤 돌아갈 수 있겠나?"

명성황후 민씨는 눈물을 흘리며 물었다.

"틀림없이 돌아갈 수 있습니다. 6월 9일에 떠났으니 두 달 뒤인 8월 15일 이전에 돌아갈 수 있습니다."

이씨는 국망산의 산 이름을 풀이하여 8월 보름날에 서울에서 보낸 사자가 이곳에 도착할 것이라고 날짜까지 예언하였다. 그런데 신기하게도 은신해 있는 명성황후 민씨의 편지를 비밀리에 받아 본 고종이 환궁하라는 전갈을 보낸 것이 바로 8월 보름날이었다.

그 후부터 명성황후 민씨는 매일같이 이씨와 함께 이야기를 나누며 하루하루를 보냈다.

그 사이에 한성의 정세는 명성황후 민씨에게 유리하게 바뀌고 있었다. 청나라가 개입하여 대원군이 천진으로 압송되고, 군란의 주모자들은 체포되거나 처형되었으며, 많은 군인들이 도망쳤다. 자취를 감추었던 민씨 일파들이 한성으로 속속 돌아와 원래 자리를 차지하게 되었으며, 흥선대원군이 집권하면서 새로 개편한 통치기구도 원래대로 회복시켰다.

명성황후 민씨의 환궁

정세가 이렇게 변하자 민응식, 민긍식, 이용익, 윤태준 등은 민씨가 충주에 있다는 소문을 냈다. 이 소문은 재빨리 퍼졌다. 지방의 여러 관리들은 상소를 올려 명성황후 민씨를 다시 한성으로 모실 것을 청원하였다. 이 소식을 들은 고종은 몹시 기뻐하면서 대신들을 불러 명성황후 민씨의 문제를 논의하였다.

"중전께서 폐위된 것이 아니옵니다. 피신하여 봉변을 면하셨으니 만백성의 경사스러운 일인 줄로 아옵니다. 하루 속히 마마께서 환궁하시기를 바라옵니다."

　조영하 등의 대신들이 이렇게 말하자 고종은 명성황후 민씨가 피신한 지 50여 일이 지난 9월 28일, 교서를 내려 중전이 충주에서 환궁한다는 사실과 문무백관과 백성들에게 상복을 벗으라는 명을 반포하였다. 이에 고종은 충주에 피신하고 있는 명성황후 민씨에게 환어還御하라는 왕명을 전달할 비각飛脚을 물색하였다. 그 당시 이용익李容翊은 물장수로서 한강 물을 길어다 각 집에 날라다 주고 겨우 생계를 이어가고 있었다. 그런데 그가 다리 힘이 세고 걸음이 날래다 하여 이 희소식의 왕명을 전하는 비각으로 선발되었다.

　이용익은 200여 리가 되는 장호원까지 단 하루에 거뜬히 달려가 명성황후 민씨에게 환어의 왕명을 전하였다. 이제나 저제나 애타게 서울 소식을 기다리던 명성황후 민씨는 이 기쁜 소식을 가지고 200리 길을 단 하루에 달려온 이용익에게 감관監官이란 정 6품 벼슬을 서슴없이 내렸다. 이용익은 명성황후 민씨의 편지를 긴 베로 싸서 허리에 감고 죽음을 무릅쓰고 한성으로 달렸다. 이용익은 후일 친러파의 거두이자 군부대신, 탁지부대신을 지냈다.

탁지부 대신 이용익

　이어서 고종은 명성황후 민씨를 모셔 오도록 영의정 홍순목과 대신들을 충주로 내려 보냈다. 자신을 맞이하러 온다는 소식을 들은 명성황후 민씨는 점쟁이 이씨의 예언이 신통하게 맞아 떨어진 것에 감탄하여 이씨를 한성으

　　　　　　　　　　　　　　　　역사의 현장, 서울

로 데리고 올라가기로 결정하고 "그대의 말이 꼭 맞아 떨어지니 나와 함께 한성으로 올라가자." 하였다.

충주에 올 때는 다른 사람이 알까봐 조심했던 명성황후 민씨는 돌아갈 때는 청국 제독 우창칭吳長慶이 지휘하는 청국 군사 1백 명의 호위를 받으며 위풍당당하게 한성을 향해 떠났다. 광주 부근에 이르렀을 때였다. 명성황후 민씨는 가마 휘장을 들고 옆에 따르는 시위侍衛에게 물었다.

"이곳이 어딘가?"

"곧 광주에 이르게 됩니다."

"저 주막 앞에 가마를 세우게. 이곳이 바로 내가 충주로 갈 때 수모를 받았던 곳이지요?"

명성황후 민씨가 민응식에게 물었다.

"그렇습니다. 바로 이곳입니다."

민응식이 대답하였다.

드디어 명성황후 민씨가 탄 가마가 주막 앞에 멈춰 서자 명성황후 민씨는 살며시 가마에서 내렸다. 길 옆에 모여서서 중전마마의 행차를 구경하는 사람들을 한 사람씩 눈 여겨 보는데 한 여인이 명성황후 민씨의 시선을 피해 뒷걸음질 치며 빽빽이 몰려 있는 사람들의 뒤에 숨었다. 명성황후 민씨는 여인이 움직이는 쪽을 주시하더니 표독스럽게 소리 내어

"여봐라! 저기 사람들의 뒤에 숨어 있는 계집을 당장 끌어내어라."

병사들은 명성황후 민씨가 가리키는 여인을 붙잡아 민씨 앞에 꿇어 앉혔다.

"네 이년! 국모國母를 모독하여 죽을 죄를 지었으니 용서받지 못하리라."

그 여인은 부들부들 떨면서 대답하였다.

"저는 중전마마를 뵌 적이 없고 모독한 일도 없나이다."

"이년! 무엇이 어쩌고 어째? 얼마 전에 내가 여기를 지나갈 때 네년이 중전이 난리를 일으켰으니 뭐니 하면서 입에 담지도 못할 욕지거리를 퍼붓지 않았느냐? 그때 너와 같이 있었던 다른 계집들도 낱낱이 고하여라."

이리하여 몇 명의 여인들이 붙잡혀 나왔다. 이때 명성황후 민씨가 광주에 왔다는 급보를 받고 광주 유수留守가 달려와 문안을 드리자 명성황후 민씨는 광주 유수에게 이 여인들을 처형하라는 지시를 남기고 떠났다.

명성황후 민씨 일행은 계속 걸음을 다그쳐 드디어 한강 나루터에 이르렀다. 명성황후 민씨가 광주에서 여인을 처형시키라는 것을 본 민응식은 가마 곁에 다가가서 조용히 물었다.

"우리가 충주로 갈 때 이 나루터에서 강을 건넜습니다. 그 사공 놈이 조정의 엄명이니 뭐니 하면서 말을 듣지 않다가 중전마마의 금가락지를 받고서야 건네주었습니다. 잡아다가 참형을 시키는 것이 마땅한 줄로 아옵니다."

명성황후 민씨는 쓴 웃음을 지으며 "사공이 말썽을 부렸기 때문에 지체는 되었지만 나를 모독하지는 않았어요. 그때 그 사공이 고집을 부리며 건네주지 않았더라면 더 큰 봉변을 당했을는지는 어떻게 알겠어요. 건네준 것 만해도 다행이지요. 그까짓 금가락지가 뭐 그리 대단하다고 사공을 불러 치죄까지 하겠소?"

창덕궁에 돌아온 명성황후 민씨는 50여 일 만에 고종과 대면을 하였다. 환궁 후 온갖 수단을 동원해 임오군란의 가담자들을 잡아 죽이고, 민씨 일파를 끌어들여 다시 세도정치를 시작하였다.

진령군이 된 점쟁이 이씨

명성황후 민씨는 점쟁이 이씨를 데리고 환궁해서 궁중에 머물게 하고, 진령군眞靈君이란 칭호를 하사하였다. 진령군은 이로부터 12년간 명성황후 민씨의 수호신임을 자처하고 세도정치의 중심인물로 방자하게 행동하였다. 진령군은 스스로 관성제關聖帝, 즉 관운장의 딸이라 자처하고, 송동宋洞에 관왕묘를 지어야 한다고 주장하므로 명성황후 민씨는 이곳을 진령군의 본거지로 삼게 하였다.

진령군 이씨는 현재 종로구 명륜동 1가 2번지에 북관왕묘북묘를 세웠다. 이 북묘北廟가 세워진 것을 밝히는 묘정비廟庭碑에 보면 고종 20년 1883에 궁중의 내탕금內帑金으로 지어진 것을 알 수 있다. 또 낙성식 날 고종과 세자가 참석했던 만큼 왕실의 특별한 배려로 지어진 것이 틀림없다.

조선 말에 권력을 한손에 쥔 명성황후 민씨에 접근하려면 진령군을 통해야 했기 때문에 벼슬길에 오르거나 승진하려면 북묘를 찾는 것이 첩경이었다. 그래서 130여 년 전 북묘에는 고관대작의 뇌물 행차가 끊이지 않고, 유명 인사의 가마와 이를 수행해 온 하인배들로 성시盛市를 이루고 있었다.

조선 말에 진령군의 치맛바람으로 출세한 인물에 대해서는 황현이 쓴 "매천야록梅泉野錄"에 나타나 있다. 우선 진령군을 누이라고 추종했던 조병식趙秉式이 있고, 어머니와 아들도 의를 맺고 지낸 법부대신 이유인李裕寅 외에 윤태준尹泰駿, 홍계훈洪啓薰, 친러파의 거두 이범진李範晋 등이 있었다. 이들은 진령군의 무술세도巫術勢道의 영향으로 관직이 좌우되었으므로 북묘 제단에 신주神酒를 바치기도 하였다.

이 당시 궁중은 진령군이 벌인 굿판으로 불야성不夜城을 이루었고, 이에 따라 점쟁이, 무당, 판수, 중 도사, 그리고 광대, 사당社堂, 창우倡優 등이 정승들이 무색할 정도로 판을 쳤다. 그리고 금강산을 비롯한 전국의 유명 사찰의 부처 앞에는 진령군이 보낸 시주 무당들로 법석이었고, 왕실의 돈은 진령군이 벌인 무당굿 비용으로 거의 탕진되었다.

민씨 일파의 정권은 여전히 매관매직 정치를 고수하면서 대외적으로 외세에 의존하는 정책을 실시함으로써 조선 사회는 다시 일대 혼란 상태에 빠지고 만다.

이러한 일에 참다못한 많은 선비들이 진령군 이씨를 규탄하는 상소문을 계속 올리고 민란까지 일으켰다. 그중의 안효제安孝濟 등을 비롯한 수백 명의 선비들은 진령군 이씨를 규탄하는 상소문을 올렸다가 추자도로 귀양을 가게 되고, 일부는 감옥에 갇혀 고생을 겪기도 하였다.

그러나 궁중에 외국인 고문들이 들어오게 되고, 개화파 인사들이 내각에 발탁되어 정치를 하게 되면서 궁중의 수십 군데에 지어 놓은 진령군의 신당神堂을 두들겨 부수고, 궁중에 무당들이 출입할 수 없도록 조치를 취하였다.

이리하여 12년간 무술세도를 자행하던 진령군도 체포되어 감옥에 갇히고, 그녀를 추종하던 무리들도 숙청되었다. 그리고 추자도에 유배

역사의 현장, 서울

서울 동관왕묘(동묘)

되었던 안효제는 풀려나와 군수에 오르기도 하였다.

북묘가 처음 세워졌을 때는 관우묘關羽廟라 일컬어졌으나 광무 5년
1901에는 관제묘關帝廟라고 고쳤다. 융희 2년1909 7월에는 궁내부에서
이곳에 제사 지내던 것을 폐지하고, 서묘西廟와 함께 국유로 삼았다가
1913년에 동묘東廟에 합사하였다.

진령군 이씨의 무술세도의 본거지였던 북묘가 폐지된 지 17년 뒤
인 1930년 4월에, 동국대학교의 전신前身인 중앙불교전문학교가 이 자
리에 들어섰다. 그러나 이 학교는 1945년에 광복이 되자 현재 필동으
로 이사하고 그 이듬해에 학교 명칭을 동국대학이라고 고쳤다.

3일 천하

| 갑신정변 |

　임오군란 이후 조선이 청국의 내정간섭을 벗어나 자주성 있는 정치를 해야 한다는 것은 극소수의 사대 수구파의 세력을 제외하고는 거의 공통된 요망이었다. 이러한 실정을 가장 올바르게 파악하고 있었던 개화독립당의 김옥균은 거족적擧族的인 요구를 대표하는 인물이었다.

　고종 21년1884, 이 당시 개화당의 인물은 중용되어 홍영식은 신설된 우정국 총관郵征局總辦으로, 서광범은 승정원 동부승지同副承旨로, 또한 서재필은 역시 신설된 조련국 사관장操鍊局士官長으로 각각 임명되었다.

　다케조에竹添 일본공사는 김옥균·박영효 등과 만나 개혁을 조속히 추진하자고 강조했으며, 그 후 고종을 배알하는 자리에서도 국제정세와 청·불 양국의 충돌관계를 설명한 후, 내정개혁을 촉구하였다. 그가 주장한 개혁은 청국 세력을 배척하는 개화당 정권의 수립을 의미하는 것이었다. 그는 개화당에게 사대 수구파를 제거하기 위한 정변을 일으키도록 갖은 사주使嗾를 하였다. 즉 다케조에 공사는 일본군이 정변을 지원할 것을 약속하였다. 이에 따라 그에 관한 계획을 세우고, 또한 조직을 만드는 데에 직접 혹은 간접으로 참가했을 뿐만 아니라 심지어는 제거해야 할 사대 수구파 대신들의 명단 심의審議에도 가담하였다.

개화당의 간부들은 다케조에 공사의 사주에 따라 쿠데타로 사대당의 정권탈취를 할 수 있는 수단이라고 결론을 내렸다. 이리하여 일본에서 군사교육을 받고 온 다수의 개화당 인사들이 다케조에 공사의 사주에 넘어가 쿠데타의 주체 세력으로 가담하였다.

드디어 고종 21년1884 12월 4일음 10월 17일 신설된 우정국의 개청開廳 축하회에서 거사하였다. 이때 그들은 다음과 같은 각 계획에 따라 행동할 것을 결정하였다.

- 우정국 축하회에는 주한외국외교단駐韓外國外交團을 주빈主賓으로 하고 전영사 한규직前營使韓奎稷, 후영사 윤태준後營使尹泰駿, 좌영사 이조연左營使李祖淵, 우영사 민영익右營使閔泳翊을 배빈陪賓으로 초청할 것.
- 안국동 이궁安國洞離宮에 방화放火할 것. 이것은 이인종, 이규완 등이 담당할 것.
- 이궁離宮에 화재가 번지면 네 명의 영사營使는 직책상 현장으로 급행할 것이니 그 기회를 포착하여 미리 우정국 밖에 잠복하고 있던 행동대가 그들을 암살할 것.
- 창덕궁 금호문에 행동대를 배치한다. 이 폭음으로써 위협할 것.
- 안국동 이궁 방화와 함께 일본공사관은 일본군인 30명을 파견하여 금호문과 경우궁 사이의 길을 경계할 것.

우정국 개청 축하연에서 일으킨 쿠데타

우정국 총판 홍영식은 계획대로 우정국 축하회를 오후 7시경에 개최하였다. 이 만찬회에는 각국의 외교관, 특히 미국공사 푸우트를 비롯하여 영국총영사英國總領事 아스톤, 청국총판 진수당清國總辦陳樹棠 등이 출석했으며, 정부 측에서는 총판 홍영식은 물론, 참석 인사로는 수구파와 개화파의 거물급 간부 대부분이 참가하였다. 다만 예정되었던 빈객 중에는 신병을 이유로 다케조에 일본공사만 참석치 않고 시마무라島村 서기관이 대신 참석하고 있었으며, 정부쪽에서는 우영사 윤태준이 그날 밤 숙직이었기 때문에 출석하지 못하고 있었다.

축하 만찬회는 일본공사가 참석치 않았던 것과 김옥균의 출입이 너무 빈번했기 때문에 처음부터 일말의 불안한 공기가 축하회장에 감돌고 있었다. 즉 예정시간인 오후 8시 30분이 경과해도 화재에 관한

우정총국

보고가 없었으므로 김옥균은 초조하여 축하회장 출입을 빈번히 하지 않을 수가 없었다. 안국동 이궁離宮에 화재가 일어나지 않은 이유는 아주 견고한 건물이었기 때문에 소량의 연소물이나 화약으로서는 쉽사리 연소하지 않았을 뿐더러 평상시에는 인적이 없었던 곳에 별안간 사람들의 왕래가 잦아지자 포도청 포졸들이 경계하였으므로 방화는 거의 어려웠

김옥균

다. 이러한 사정을 뒤늦게 알게 된 김옥균은 이궁 가까이 있는 민가에라도 빨리 방화할 것을 종용하였다. 이렇게 해서 겨우 10시경에 이르러 우정국 북쪽의 민가에 방화를 하였다.

불길을 본 한규직 등의 세 영사營使는 직책상 불을 끄기 위하여 곧 좌석을 떠났다. 만찬회가 열리던 당초부터 김옥균의 거동을 수상하게 여기고 있었던 사대당의 민영익은 무슨 일이 벌어졌다고 직감하고, 연회장을 나와 귀갓길에 올랐다. 이것을 목격한 잠복 행동대의 한 사람이었던 일본인 총도화작總島和作은 일본도를 뽑아 그에게 일격을 가하였다. 갑자기 테러를 당한 민영익은 비명과 함께 전신이 피투성이가 된 채, 연회장으로 되돌아왔다. 이 모습을 본 빈객과 우정국 직원들은 일제히 놀라 소리를 외치면서 노상으로 쏟아져 나왔기 때문에 행동대는 뜻밖의 장면에 오히려 놀라 현장에서 도주하였다. 이렇게 하여 개화당의 제1차 목표는 우선 실패로 돌아갔다.

제1차 계획에 실패한 개화당 간부들은 우려한 나머지 다케조에 공

사의 결의를 타진하기 위하여 곧 일본공사관으로 찾아갔다가 일본군의 출동을 보고는 일단 안심하고 창덕궁으로 향하였다. 창덕궁에 이르자 그들은 미리 잠복 대기시켰던 행동대에게 화약을 폭발케 하여 폭음소리를 진동케 하면서 국왕에게 면알面謁할 것을 강력히 요청하였다.

이 폭발음을 내게 된 배경에는 다음과 같은 이야기가 있다.

고대수 이우석의 가담

고대수顧大嫂는 중국의 『수호지水湖志』 소설에 나오는 여장부의 이름이다. 그런데 조선 말 갑신정변 때 여자로서 유일하게 가담한 궁녀 이우석李禹石의 별명도 고대수였다. 7척 장신의 추녀醜女 고대수는 굉장한 힘을 지녔다. 김옥균의 기록인 『갑신일록甲申日錄』에 보면,

> 궁녀 모씨某氏는 나이가 지금 42세로 몸이 건장하여 마치 남자와 같으며 힘이 세어서 남자 5~6명은 당한다. 그래서 그는 고대수란 칭호를 얻었다. 그는 중전 민씨의 사랑을 얻어서 항상 가까이 모시고 있는데 10년 전부터 우리와 가까운 사이였다. 그래서 이때 비밀한 일을 통보하여 시켰던 것이다.

라고 씌어 있다. 즉 여기서 궁녀 모씨는 갑신정변 뒤에 처형되었던 궁녀 이우석李禹石이다.

그 당시 내시內侍와 시위병들은 한가한 때 모이기만 하면 으레 화제는 거녀巨女 고대수에 대한 이야기가 대부분이었다.

"여보게, 고대수가 궁중에 들어온 것은 궁무宮巫에 의해서라며?"

"그렇다네. 아름다운 상궁들 틈에 저런 기녀거구奇女巨軀가 한 명쯤 있어야 한다는구먼." 하고 저희들끼리 시시덕거리다가도 막상 그녀가 나타나면 슬금슬금 꽁무니를 빼곤하였다.

고대수가 김옥균을 만나게 된 것은 갑신정변이 일어나기 10년 전이라고 하나 이것은 확실하지 않다. 아마 고대수가 서른 살이 훨씬 넘은 어느 날이었을 것이다.

이때까지 어느 남자도 고대수를 가까이 하려는 자가 없어 외톨로 고독을 씹고 있던 어느 날,

"나 좀 봅시다."

그 날도 여느 때처럼 고대수는 궁중의 일을 끝내고 거닐고 있을 때 그녀를 부르는 남자가 있었다. 그 남자는 풍운아風雲兒 김옥균이었다.

"무슨 일로 쉰네를 부르시는지요."

"당신이 마음에 들었소. 혹시 바쁘지 않으면 잠깐 저쪽 전각 밑에 가서 이야기를 나누지 않겠소."

난생 처음 젊은 남자의 찬사를 받은 처녀 고대수는 가슴이 두근거렸다. 전각 밑은 조용하였다. 고대수는 김옥균과 데이트를 하는 동안 그의 인품에 혹해 버렸다. 김옥균은 고대수를 발견한 후 동지들과 만난 자리에서,

"대궐 안에 다리가 놓여 졌네."

"아니 그게 누구인가."

"여자일세."

"여자……? 여자가 우리 개화당 일에 무슨 도움이 있는가."

"틀림없이 도움이 되리라고 확신하네."

라고 김옥균은 자신 있게 대답하였다.

고대수는 비록 궁중의 무수리로서 무식했지만 김옥균의 민권신장, 계급타파, 외국문물 도입 등 개화 추진에 동의하여 적극 가담하기로 하였다. 이러한 연유로 고대수는 1884년 12월 4일, 갑신정변에 한몫을 맡게 되었다.

즉 우정국 개청 축하회가 있던 저녁에 정변을 일으키자 김옥균이 고종과 명성황후 민씨 앞에 있을 때, 계획대로 고대수는 궁궐 내의 으슥한 통명전通明殿에 몰래 두었던 폭약에 불을 질러 폭발시켰다.

"꽝" 하는 폭음에 고종과 왕비 민씨는 침상에서 뛰어나와 채 정신도 가다듬지 못하는 실정이었지만 부득이 개화당 간부들을 맞이하였다. 이때 김옥균 등은 "청군이 반란을 일으켜 민영익은 이미 희생되었다."고 계언한 후 즉시 경우궁景祐宮 : 순조의 생모 수빈 박씨의 사당으로 난을 피하여 이어移御하자고 권유하였다.

이때 또다시 고대수가 폭약에 불을 붙여 요란한 폭음소리가 진동하였다. 그러자 김옥균 등은 "청군이 왕궁으로 쇄도殺到하고 있다."고 상계上啓한 후 고종에게 일본공사의 호위를 요청하도록 종용하였다. 고종이 거절하자 다급해진 김옥균은 자신이 '일사래위日使來衛'를 요망하는 쪽지를 써서 일본공사관으로 전달케 하였다.

경우궁에 이어한 고종

고종을 비롯하여, 명성황후 민씨 · 왕태비 · 왕세자 · 왕세자빈은 김옥균 · 박영효 등의 강요로 앞서 입시入侍한 경기관찰사 심상훈沈相薰을 따라 창덕궁을 나와 경우궁으로 향하였다. 이때 숙위하고 있던 후

역사의 현장, 서울

경우궁 터(현대 사옥)

영사 윤태준尹泰駿도 군졸을 이끌고 배종하였다. 국왕 일행이 경우궁에 도착하였을 때에는 개화당의 간부들과 사전에 약속되어 있던 일본군이 각 문과 궁 외부를 경계하고, 그 내부는 조선의 우영右營이, 그리고 국왕의 좌우에는 일본에서 군사교육을 받고 돌아온 사관생도들이 각각 호위를 담당하고 있었다. 이 당시 일본군의 출입허가증이 없으면 외부에서의 경우궁의 출입은 사실상 불가능하였다. 김옥균 등이 고종을 경우궁으로 옮기게 한 목적은 창덕궁이 너무나 넓어 소수의 병력으로는 방위가 곤란하다고 생각되었기 때문에 다케조에 공사와 미리 상담한 후에 취한 조치였던 것이다.

김옥균 등은 행동대원들에게 명령을 내려 12월 5일, 이른 새벽에 먼저 윤태준·한규직·이조연 세 영사를 불러들여 신하로서의 임무를 충실히 하지 못했다는 구실을 붙여 참살케 하였다. 이들의 처형이 있은 지 얼마 후에 고종이 경우궁으로 이어移御하였다는 소식을 듣고 달려온 판서 민영목閔泳穆·좌찬성 민태호閔台鎬·판서 조영하趙寧夏가 문안을 하기 위하여 입시하자 김옥균은 어명을 빌어 이들을 문전에서 참살케 하였다.

척신 살해에 성공한 김옥균 등의 개화당 간부는 12월 5일, 날이 밝기 전 중관中官 변수邊燧로 하여금 각국의 영사·공사를 방문하여 신정권의 성립을 통고하도록 하였다. 이에 의하여 비로소 정변의 내용을 외부에서 알 수 있게 되었다. 즉 김옥균 등이 일본공사와 결탁하여 국왕을 별궁으로 유치하여 감금하고, 중신들을 참살했다는 추측이 나돌기 시작하였다.

한편 고종은 경우궁 이어에 대하여 곧 불만을 표시하였다. 추위를 막을 수 없는데다가 음식 반입이 어렵기 때문에 창덕궁으로 돌아갈 것을 여러 차례에 걸쳐 주장하였고, 또한 왕비와 세자도 속히 환궁할 것을 요구하였다. 그러나 김옥균 등이 반대했기 때문에 결국 병조판서 이재원의 사저私邸인 계동궁桂洞宮으로 이어하게 되었다. 이재원의 사저는 경우궁보다 협소하므로 만약 청국군이 공격을 해와도 방어에 유리하므로 당분간 이곳에서 신정권의 기초를 가다듬은 후에 창덕궁으로 돌아갈 예정이었다.

김옥균 등은 다케조에 공사와 협의한 끝에 국왕에게 계언啓言하여 신정부를 수립하였다. 정부 조직은 병조판서 이재원을 의정부 좌의정, 홍영식을 우의정, 박영효를 전후영사前後營使 겸 좌포도대장, 서광범을 좌우영사左右營使 겸 우포도대장, 김옥균을 호조판서, 박영교박영효의 형를 도승지, 서재필을 병조참판 겸 정령관正領官에 각각 임명하였다.

역사의 현장, 서울

그러나 고종과 왕비 민씨는 재차 한시라도 빨리 창덕궁으로 환궁할 것을 강력히 요구하였다. 김옥균 등은 그 간청에 반대했으나 다케조에 공사는 '창덕궁의 수비는 일본군이 담당하므로 과히 염려할 필요가 없다.'고 하면서 국왕을 환궁하도록 하였다. 국왕은 창덕궁 안에서도 가장 좁은 관물헌觀物軒으로 이어하게 되었다. 이곳을 선택한 이유는 소수의 병력으로도 방어가 가능하다고 믿었기 때문이었다.

12월 5일, 김옥균 등의 개화당 간부는 봉건적인 전제주의 왕권체제를 개혁하려는 14개조의 시정 요강施政要綱을 국민에게 반포하기로 채택하였다.

시정 요강은 사대외교의 일대전환을 이루고 독립국으로서의 위신을 확보하자는 것을 비롯하여 문벌폐지와 인재등용, 인민의 평등권 인정, 지조법地租法개혁 등을 실시함으로써 인민의 어려운 생활을 구제한다는 것과, 또한 일체의 불필요한 국가기구와 인원의 축소정리를 함으로써 국가재정의 정상화를 추진하는 한편, 탐학貪虐한 대신·관리·토호의 엄벌과 환상還上제도를 폐지하며, 경찰과 군사제도를 개혁하고, 국가행정을 내각합의제로 실시한다는 것이었다.

'3일천하'로 끝난 쿠데타

그러나 조선의 내정과 외교를 당시 적극적으로 간섭하고 있었던 청나라는 종주국宗主國으로서의 체면상 갑신정변 사태는 방치할 수 없다고 판단하였다. 당시에 서울에 주둔하고 있던 청나라 오조유吳兆有 제독은 고종을 배알拜謁한 후 군사를 동원하여 개화당을 탄압하기로 결정하였다. 이에 우의정 심순택, 외무대신 김윤식金允植, 남정철南廷哲 등에게 12월 6일 이른 새벽에 청국군의 파병을 요구토록 하였다.

오조유 제독은 다케조에 공사에게 서한을 보내어 조선국왕 보호를 위하여 군사를 이끌고 왕궁내로 진입한다는 것을 성명聲明하였다. 그러나 다케조에 공사는 오조유에게 아무런 회답도 보내지 않고 완전히 묵살해 버렸다. 그래서 오조유는 위안스카이와 함께 군사를 이끌고 12월 6일 오후 3시경, 선인문宣仁門과 돈화문 쪽에서 공격을 개시하였다. 당시 청국군은 1,500명이고, 일본군은 불과 200명이었으며, 조선 4영군營軍의 총병력은 약 4,000명이었다.

그런데 조선군의 대부분은 청국식의 훈련을 받고 편성되어 있었던 만큼 항상 주한 청나라군영과 밀접한 연락을 유지하고 있었다. 조선의 좌·우영의 군사는 곧 청국군에 합류하여 일본군과 교전하게 되었음으로 전·후영은 전의의 상실과 더불어 순식간에 무너지고 말았다. 따라서 일본군은 병력이 절대 우세했던 청나라군에 비하여 중과부적으로 당하지 못하고 드디어 패퇴하게 되었다. 이때 김옥균과 홍영식은 국왕을 인천으로 이주시키고, 전투를 계속하자고 주장하였으나 고종은 이에 반대하였다. 사태의 불리함을 인정한 다케조에 공사도 전투 중지와 더불어 일본군의 총퇴각을 명하였다.

개화당은 일본의 배신적 행동에 분노했지만 김옥균·박영효·서광범·서재필·변수邊燧 및 사관생도들은 부득이 일본군을 따라 일본 공사관으로 피난하였다. 오조유 제독은 고종이 총격을 피하여 북관왕묘北關王廟에 있다는 기별을 듣고, 고종을 영접하고자 급히 참상參上하였다. 이때 홍영식은 고종의 어의를 잡고 끝까지 개화당과 행동을 함께 해 줄 것을 애원했으나 고종은 이를 거절하였다. 당시 고종을 따르고

역사의 현장, 서울

있던 박영교를 비롯한 사관생도 등 7명은 홍영식과 함께 그곳에서 청 국군에게 참살되었다.

이처럼 갑신정변은 청군의 개입으로 '3일 천하'로 끝나고 말았다. 이에 김옥균, 박영효 등 주요 인물들은 간신히 일본으로 망명을 떠났 지만 나머지 사람들과 고대수도 체포되어 처형을 기다리게 되었다. 이 윽고 고대수는 다른 죄수들과 함께 묶이어 시구문 밖 사형장으로 끌려 갔다. 종로 거리에는 이들을 보려고 사람들이 인산인해를 이루고 있었 다. 흥분한 군중들은 거녀巨女 고대수에게 욕설과 함께 때리고, 차고, 머리채를 낚아채고 손톱을 세워 할퀴었다. 살갗에서는 피가 흐르고, 옷은 찢어져 보여서는 안 될 곳까지 노출되었다.

그녀는 이를 악물고 울음을 참으면서, "나는 미구에 죽어가지만 내 가 할 일은 다했어. 새로운 나라를 이룩하려는 임무를 다하고 죽는 게 야." 하고 가슴속으로 부르짖었다.

수구문 밖의 처형장에 이르기 전에 군중들의 돌팔매와 몽둥이 세 례는 기어이 그녀를 더 걷지 못하게 하고 말았다.

노인정 회담

| 갑오개혁 |

　오늘날 서울 각 동과 아파트에는 노인을 위한 경로당 또는 노인정이 세워져 있다. 그런데 조선 말에 일본이 갑오개혁을 강요한 노인정은 중구 필동 2가 134번지 2호에 있었다. 전일에는 대한극장 남쪽에 미주아파트가 있고, 이곳을 지나 남산기슭으로 오르면 느티나무 고목이 있는 한옥집이 있었는데 이곳이 조선후기 헌종 때 영의정 조만영趙萬永이 세운 노인정 터다. 이 정자를 노인정이라고 불리게 된 것은 조선말 이곳에 많은 노인이 항상 모여 한가한 시간을 보냈기 때문이다. 이 집 서쪽 바위벽에는 '조씨노기趙氏老基'란 넉자가 크게 새겨져 있었는데 현재는 한옥 대신 높다란 양옥이 세워져 있고, 노인정의 흔적은 찾을 수가 없다.

　원래 이 정자는 조선 말 헌종 때 세도정치를 했던 풍양 조씨豊壤趙氏의 거두 조만영이 세웠다. 그 뒤 그의 후손이 대대로 이곳을 지키며 정자 뒤 바위에 '조씨노기'라고 새겼다고 전해온다. 조만영은 그의 딸趙大妃이 익종翼宗의 왕비가 되고, 그가 낳은 헌종이 왕위에 오르자 동생

노인정 터(조씨노기)

인 조인영趙寅永과 함께 안동김씨安東金氏에 대립하여 세도정치를 한 인물이다.

노인정이 있던 이 마을은 전일에 팽나무가 많이 자라 팽나무골 또는 팽목동彭木洞이라 하였다. 또한 골이 깊고 음침하여 도깨비가 많이 출몰하였으므로 '도깨비 골'이라고 부르기도 하였다. 그래서 서울의 한량閑良들이 모이면 밤에 이 도깨비 골을 다녀오면 술을 사 주는 내기를 걸곤 했다는 이야기가 전해온다.

노인정 회담

한편 이 노인정에서는 청일전쟁1894이 일어나기 2개월 전, 일본의 강요로 조선대표 신정희申正熙와 일본의 오토리 게이스케大鳥圭介 공사 간에 회담이 진행되었던 역사적 사건이 있었다.

당시 일본은 민씨 정권이 동학농민군을 진압하기 위해 청나라 군대를 요청하자 톈진조약天津條約을 빌미로 조선에 대한 침략야욕을 채우기 위해 일본군을 대대적으로 파병하였다. 이에 일본과 청나라는 조선을 점유하기 위한 전쟁이 불가피하였다.

조선에 군대를 파견한 일본은 동학농민군이 전주성全州城에서 해산하였는데도 불구하고 당시 조선의 내정개혁을 조선을 침략하기 위한 정략적인 선전 구실로 활용하였다. 즉 동학농민운동과 같은 내란의 발생을 예방하기 위해서는 조선의 내정을 개혁하지 않으면 아니되며, 조선의 내란을 근절하지 못하면 동양 평화를 유지할 수 없다고 주장하였다. 이러한 명분을 내세운 일본은 조선 내에서의 청나라세력을 밀어내고, 조선을 식민지로 삼기 위해 조선의 내정개혁을 적극 추진하게 되었다. 일본은 청나라에 대해 조선의 내정개혁을 공동으로 추진하자고 제의했다가 거절당하자 서울에 주둔하고 있는 일본군의 무력을 배경으로 단독으로 추진하기로 하였다.

즉 갑오년1894 6월 1일 오토리 공사는 조선의 내정개혁을 추진하라는 본국 외무대신의 훈령을 받고, 5개조의 내정개혁안을 조선정부에 제시한 뒤 6월 6일 정오까지 회답을 요구하였다. 5개조의 내용은 다음과 같았다.

- 중앙정부의 제도 및 지방제도를 개정하고 새로운 인물을 뽑아 쓸 것.

- 재정을 정리하고, 부원富源을 개발할 것.
- 법률을 정돈하고 재판법을 개정할 것.
- 국내의 민란을 진정하고 안정을 유지함에 필요한 군제를 설치할 것.
- 교육 제도를 확립할 것.

조선정부는 부득이 신정희 등 3명을 위원으로 임명하여 회담에 참여키로 통보하였다. 고종은 6월 6일, 이제까지의 폐단을 없애고 자주적으로 내정을 개혁하겠다는 전교傳敎를 내렸다. 이것은 외부로부터의 압력에 의한 개혁이 아니라 자주적으로 내정을 개혁한다는 독립국가로서의 위신을 세워 보려는 의도에서 취해졌다.

일본 측은 조선정부가 자주적으로 개혁한다는 의사를 표명하였음에도 불구하고, 그들의 내정개혁안을 거부할 경우 병력을 동원, 경복궁을 포위하고 강압적으로라도 목적을 달성시키고자 하였다. 이와 같은 일본 측의 강압적인 위협으로 6월 8일, 남산 노인정에서 조선 대표 3인은 오토리 공사와 제1차 회담을 가진 것이 이른바 '노인정회담'이다.

이 회담에서 오토리 공사는 5개조의 내정개혁 세목강령과 그 시행방침 등 두 가지 문서를 장시간에 걸쳐 설명했다. 그리고 조선의 모든 분야를 10일 이내에서 2년 이내에 개혁할 것을 요구하였다. 이 개혁을 강요한 일본의 의도는 조선의 정치·경제적 세력의 침투와 확장은 물론 광산·철도·체신 등에 관련된 이권 장악을 꾀하려는 것이었다.

이틀간 열린 노인정 회담에서 조선 대표 위원 3인은 일본 측의 제안을 강요하는 것은 내정간섭이므로 수락할 수 없다고 반대 의사를 표명하였다. 조선정부는 중신회의를 긴급 소집하고, 대응책의 강구를 위해 논의를 거듭하는 동시에 내정개혁을 독자적으로 실행하기 위한 교정청校正廳을 설치하고, 내정개혁 강요에 앞서 일본군의 철수를 요구하였다.

갑오개혁의 추진

6월 21일, 일본은 남산에 설치한 일본군 포대砲臺의 포구를 경복궁을 향하여 조준한 다음 1개 연대 이상의 병력이 경복궁을 포위·점령한 뒤 고종과 흥선대원군을 위협하여 민씨 정권을 해체시키고 김홍집 친일 내각을 구성시켰다. 그리고 선뜻 응낙하지 않는 흥선대원군을 끌어내어 국왕 섭정의 자리에 앉혔다. 그리고 김홍집 정부에 의해 내정개혁을 위한 협상이 일본과 진행되었다. 그리고 일본은 조선에서 청나라 세력을 몰아내기 위해서 청일전쟁을 도발하였다.

조선정부는 이 해 6월 25일에 군국기무처軍國機務處를 설치하여 6개월 동안 근대적인 개혁조치를 단행한 것이 갑오개혁甲午改革이다.

군국기무처는 김홍집을 총재관總裁官으로 박정양·안경수·유길준 등 주로 개화파 인사들을 의원議員에 임명했다. 오토리 일본공사는 군국기무처의 고문이 되어 배후에서 간섭하게 되었다.

군국기무처의 임무는 군국기무 및 일체 사무의 개혁을 관장한다고 되어 있으나, 실제 행사할 수 있는 권력은 초정부적인 것으로서 방대한 것이었다. 따라서 군국기무처는 오토리 일본공사에 의해 조종되었고, 김가진·안경수·유길준 등이 그의 손발이 되어 연락을 맡아 운영

되었다.

원래 군국기무처는 모든 개혁안건을 의결하여 국왕의 재가로써 시행하게 되어 있었으나 행정·사법·경제·재정에 관한 일체의 규칙은 말할 것도 없고, 학교·군정·식산·흥업에 관한 안건을 심의 결정하되 의결은 다수결로 하였다. 모든 정무는 군국기무처의 심의를 거쳐야만 하였기 때문에 왕권이나 정부보다도 더 큰 권력을 가지게 되었다. 군국기무처는 7월 26일에 개청하여 약 6개월간 설치되어 있었는데, 개청한 이후 3개월 만에 208건의 법안이 의결되었다.

조선왕조의 제도는 왕실관계의 여러 부서와 일반적 정치기구가 명확히 구분되어 있지 않아 행정·사법이 명확히 분리되어있지 않았다. 그리하여 궁내부宮內府와 의정부議政府 관제로 각각 분리하고, 종래에 명확한 구분이 없었던 재정상의 분리를 꾀하는 데 큰 의미가 있었다.

종래의 의정부 관제는 의정부를 최고기관으로 삼고 그 밑에 내무·외무 등 8개 아문衙門을 두고, 총리대신을 우두머리로 각 아문에 대신 등의 관직을 두었다. 또한 의정부 관제에는 부설기관으로서 군국기무처·도찰원·중추원·의금사·회계심사원·경무청 등을 두게 하였다.

조선 500년간 관리를 임용하던 과거제를 폐지하고 근대적인 시험제도를 실시한 것은 큰 변화였다. 보통시험제와 특별시험제를 두어 일반 하급관리를 채용케 했다. 그리고 정치제도 개편과 함께 회계·출납·조세·국채·화폐 등 일체의 재정 업무는 탁지부度支部에서 전관하게 하고, 왕실관계 제기관의 경비 지출도 탁지부에서 취급하게 하였으며, 각 지방의 징세기관을 체계화하였다.

이와 동시에 모든 현물 징세법을 폐기하고 전면적인 징세의 금납金納화를 실시함으로써 금납화는 현물경제가 화폐경제로 전환하게 되었다. 그러나 화폐제의 근대화 내지 정비 안정을 위한 필요성에 따라 일본의 은본위제銀本位制를 모방하는 이른바 신식화폐를 발행한다는 것을 선포·시행하면서 은화·동화銅貨 등 근대 화폐를 일본화폐와 같은 가치로 발행하여 전일의 화폐와 공용하게 하였다. 또한 일본화폐의 조선 내의 유통을 합법화함으로써 결과적으로 일본의 경제적 세력침투를 용이하게 하였다.

사회제도의 개혁은 양반이 지배하는 제도를 개혁하여 양반·중인·상민·노비 등으로 엄격히 고정화된 신분계급을 타파하여 신분에 구애되지 않고 인재를 등용하게 하였다. 따라서 노비제를 혁파하여 인신매매를 금지하는 동시에 특수한 천인신분에 대해서도 그들의 신분 해방이 약속되었다. 이로써 일본은 조선의 정치·경제적 침투가 용이하게 되고 각종 이권을 차지할 수 있게 되었다.

갑오개혁은 일본의 강요로 시행되었지만 개화세력의 주도로 조선의 봉건체제를 타파하고 근대국가 체제로 바꾸기 위한 근대적 개혁이다.

명성황후의 시해

| 을미사변 |

일본은 조선을 차지하기 위해서 청과의 전쟁이 불가피하다고 판단하여 1894년 7월 25일 청국 군함에 불의의 포격을 가하여 전쟁을 도발하였다. 이것이 청일전쟁이다. 전쟁의 승기를 잡은 일본은 명성황후 민씨를 실각시키기 위해 흥선대원군을 입궐시켜 정권을 잡게 하고, 김홍집을 영의정으로 하는 내각을 구성하여 내정개혁 담당기구인 군국기무처를 설치하였다. 이에 동학농민군이 다시 봉기했으나 일본군의 신식무기의 우세한 화력에 밀려 패배하고, 청나라도 일본에 패배함으로써 일본은 조선에서 절대적인 우위에 서게 되었다.

일본과 청이 맺은 시모노세키下關조약도 사실상 조선에서 일본의 우세를 확인하는 것이다. 일본은 명성황후 민씨의 등장을 원천봉쇄하고, 대원군도 퇴진시키는 한편 갑신정변 당시 일본으로 망명했던 박영효를 불러들여 김홍집과 연립내각을 만들도록 하였다. 또 의정부를 내각으로 고치고 일본인 고문관을 두어 내정간섭을 더욱 강화하였다.

그러자 일본에 의해 결정적으로 권력이 약화된 고종과 명성황후 민씨는 러시아를 이용하여 일본을 견제하기로 하고, 러시아에 중재를 부탁하였다. 이에 러시아에는 프랑스, 독일과 손잡은 이른바 3국 간섭을 통해 청나라가 일본에 넘겨준 랴오둥遼東반도를 반환하게 하였다. 세 열강을 상대로 전쟁을 수행할 힘이 없었던 일본은 할 수 없이 랴오둥반도를 청나라에게 돌려주고 말았는데 이는 조선에서 러시아의 위세를 한껏 드높인 계기가 되었다.

러시아의 힘을 빌린 명성황후 민씨는 즉시 박영효 등을 추방하고, 이범진·이완용·이윤용 등으로 친러 내각을 구성하는 결단력을 보였다.

청일전쟁에 승리하고도 국제 정세를 이용한 명성황후 민씨의 정치력 때문에 오히려 러시아에 밀리게 된 일본은 드디어 명성황후 민씨 암살이라는 극단적인 방법을 동원한 '여우사냥' 이라는 작전을 사용하

명성황후 민씨(영정)

기로 하였다. 일본은 명성황후 민씨 암살 날짜를 1895년 10월 8일 오전 4시로 잡고, 작전에 들어갔다. 당시 흥선대원군이 은거하고 있던 공덕리의 아소정我笑亭에 일본군 장교가 훈련시킨 조선군대가 일본 낭인 무사 100여 명과 함께 야간 훈련을 핑계로 나타났다. 그리고는 서정쇄신을 명분으로 흥선대원군을 사인교에 태우고, 경복궁

역사의 현장, 서울

건청궁(옥호루)

으로 나아갔다. 궁궐 수비대장 홍계훈이 이들을 가로막고 나서자 일본 낭인 무사들은 홍계훈을 사살하고 곧장 궁궐로 침입하여 명성황후 민씨를 찾아다녔다.

명성황후 민씨는 궁녀 복으로 갈아입고 건청궁 곤녕각으로 피신해 있었는데 낭인 무사들이 찾아내자 내부대신 이경직이 두 팔을 벌려 명성황후 민씨를 가로막았다. 이경직의 양 팔목을 잘라버린 무사들은 마침내 명성황후 민씨의 온몸을 칼로 난도질했고, 명성황후 민씨는 세자를 부르며 죽어갔다. 그런 후 무사들은 증거를 없애기 위해 피로 범벅된 명성황후 민씨의 시신을 홑이불에 말아 들것에 싣고 근처의 녹산으로 옮긴 후 석유를 붓고 태워버렸다. 그리고 남은 뼈 조각은 근처 향원정에 던져 버렸다. 일설에는 연못에 던지지 않고 근처에 묻었다고도 한다.

명성황후 민씨는 이처럼 참혹한 모습으로 세상을 떠났다. 이러한 참변이 일어난 후 명성황후 민씨는 일본인들에 의해 폐서인廢庶人이 되었으나 곧 고종에 의해 그해 10월 다시 복위되었다. 고종은 명성황후 민씨가 임오군란 때처럼 다시 돌아올지도 모른다는 희망에 2년을 기다리다가 끝내 1897년 11월, 시신 없는 국장을 거행하였다. 또 그해 고종이 국호를 대한제국이라고 선포하고 황제라 칭했기에 명성황후 민씨를 명성태황후로 추존하였다. 끝내 유골은 찾을 수 없었지만 고종은 서울 동대문구 청량리동 홍릉에 명성황후 민씨를 안장하였다. 이후 홍릉은 현재 경기도 남양주시 미금면 금곡리로 이장되었지만 시신 없이 고종과 함께 합장되어 있다.

명성황후 민씨는 조선의 어느 왕비보다 영특했으며 누구 못지않은 정치력과 결단력을 소유하였다. 명성황후 민씨는 청과 일본 그리고 러시아가 각축하는 치열한 현장에서 열강들을 이용하여 견제할 줄 아는 국제적인 정치력을 지닌 여걸이었다. 그러나 아들 세자에게 '백성이 근본이다.' 라는 말을 했던 명성황후 민씨는 정작 자신의 행보에 있어서는 자신과 친정의 권력을 가장 중요하게 생각하였다.

남성 중심 사회의 조선에서 명성황후 민씨는 심지어 시아버지 대원군과도 권력을 다투어 끝내 승리할 정도로 당찬 여걸이었으나 다툼의 목적이 조선 자체의 발전이 아니라 자신과 친정의 권력 강화에 있었으므로 그 의미는 반감될 수밖에 없었다. 올바른 방향으로 자신의 모든 역량을 던졌다면 명성황후 민씨는 조선의 국모로 오랫동안 기억되었을 것이다.

명성황후 민씨의 소생으로는 순종이 유일하다. 원래 순종 이외에도 3남 1녀를 낳았으나 모두 일찍 죽었다.

러시아공사관에 머문 고종

| 아관파천 |

　중구 정동 15-1번지의 구 러시아공사관은 고종이 1896년 2월 11일 세자순종와 함께 옮겨 와서 다음해 2월 20일 경운궁으로 환궁할 때까지 1년간 이곳에 머물렀던 '아관파천俄館播遷'의 현장이다.

　구 러시아공사관 건물이 위치한 곳은 조선 초 연산군 때 왕실의 말을 기르던 마장馬場의 운구雲廐로 사용한 곳이었다고 한다. 고종 25년1888에 이 건물이 지어질 때에는 시내 중심가의 높은 곳에 세워졌으므로 어디서나 볼 수 있었다. 3층의 이 건물은 러시아인 토목기사 사바틴Sabatine이 설계한 것으로 추정되는데 고종 27년1890 8월에 제정 러시아 르네상스식으로 건축하였다. 이 건물은 줄여서 아관俄館으로 불리었다.

　사바틴은 1883년 봄에 서울에 와서 20여 년간 체류하였다. 그는 1860년경 스위스계로 러시아에서 출생하였다. 그의 이름은 영어식 표기로는 사바틴 혹은 사파진이라 부르는데, 러시아식은 사바쩐이다. 그는 우리나라에서 활동한 대표적인 외국인 건축가로 근대건축 초기에 이만큼 중요한 인물도 없다. 1883년 여름 사바틴은 중국 상하이上海에

구 러시아공사관

서 고종으로부터 유럽식 정주지定住地의 설계와 관청건물의 건축을 맡아 달라는 초빙을 받았다. 그해 9월, 조선에 도착해서 이듬해인 1884년 초에 왕궁의 축조설계와 저렴한 벽돌 공장, 불연소성의 이엉지붕 설비안 및 서울의 전차 선로 설비안 등의 몇 가지 안을 마련하였다. 사바틴의 건축은 서울의 한복판 덕수궁과 정동 일대 그리고 서대문, 경복궁 그리고 인천 등지에서 이루어졌다.

사바틴은 왕실 직속 시위대侍衛隊 교관으로 있던 미국인 다이William Mce Dye, 茶伊와 함께 경복궁 내 건청궁乾淸 宮 옥호루玉壺樓 부근에 거처한 관계로 1895년 8월 20일의 명성황후 시해사건의 목격자가 되었다. 을미사변 이후 고종 황제는 일본에 불신을 갖게 되었고, 러시아공사관으로 거처를 옮겨 버렸다. 이 아관파천 시기는 조선과 러시아와 가장 가까웠던 때였고, 아울러 건축 면에서도 그러하였다. 사바틴은 그 과정의 일익을 담당하였다. 이에 따라 사바틴은 손탁호텔과 프랑스 공사관도 설계한 것으로 나타난다.

조선 말인 1890년대에 왕실에서 사용하는 화장품은 러시아 공사 베베르의 부인이 공급하였다. 베베르 부인은 러시아제 각종 화장품을

역사의 현장, 서울

갖고 들어와 손수 명성황후 민씨에게 서양식 화장을 해주었으며, 명성
황후 민씨도 서양식 화장을 한 얼굴을 굉장히 흡족해하였다고 전한다.
베베르 부인의 화장품 공급은 명성황후의 나르시시즘narcissism : 自己愛
취향을 충분히 이용한 것으로 조선 왕실을 친러쪽으로 기울도록 하는
데에 기여하였다.

춘생문 사건

　고종 32년1895 10월 8일, 미우라 고로三浦梧樓 일본공사가 동원한 일
본 낭인浪人에 의해 명성황후 민씨가 시해된 을미사변이 일어나 친일정
부가 들어서자 이에 대한 반동으로 고종을 러시아공사관으로 파천시
키려는 시도가 있었다. 을미사변이 일어나자 배일정치단체인 정동구
락부의 구미파歐美派 인사들은 명성황후 시해에 대한 복수와 친일내각
타도, 경복궁에 갇혀 있던 고종 구출 등을 정치적 투쟁 목표로 표방하

화재 이전의 구 러시아공사관

고, 정동에 있는 손탁孫澤 : Miss Sontag 사저에 모여 배일排日운동을 전개하였다. 정동구락부를 중심으로 한 주한 외교관들은 고종의 신변보호에 적극적으로 나섰다.

1895년 11월 28일에 명성황후계 친미·친러파의 관리와 군인에 의해 기도되었던 춘생문사건春生門事件이 있었다. 을미사변 이후 친일정권에 포위되어 불안과 공포에 떨고 있던 국왕 고종을 경복궁 밖으로 나오게 하여 친일정권을 타도하고 새 정권을 수립하려고 시도하였다. 이 사건은 정동구락부에 출입하던 고종의 시종 임최수林最洙 등이 주동한 것으로 이범진李範晉·윤치호 등 정동구락부 멤버가 배후에서 조종, 또는 호응하여 친일내각을 타도할 목적으로 계획되었으나 실패하였다. 이 사건으로 미국공사 실Sill. H. B.은 본국 정부로부터 조선 내정에 간섭하는 일체의 행동을 엄금하라는 훈령을 받기도 하였다.

일본이 을미사변을 일으켜 친일 내각을 성립시켜 급진적인 개혁사업을 재개하자 국모 시해로 인해 고조되었던 백성들의 반일 감정은 단발령을 계기로 폭발하여 전국적인 의병 봉기를 초래하였다. 전국에 걸쳐 의병이 일어나자 김홍집 내각은 지방의 진위대鎭衛隊를 이용하여 의병을 진압하려고 했으나 기대에 못 미치자, 중앙의 친위대親衛隊 병력까지 동원하게 되었다. 이로 말미암아 서울 경비에 공백이 생겼고, 이 기회를 틈타 친러파측은 고종을 러시아공사관으로 옮기려는 모의를 하게 되었다.

여기에는 정동파貞洞派 관리 이범진李範瑨·이윤용李允用·이완용李完用·윤웅렬尹雄烈·윤치호尹致昊·이하영李夏榮·민상호閔商鎬·현흥택玄興澤 등이 호응하였다. 또 친위대 제1대대 소속 중대장 남만리南萬里와 제

역사의 현장, 서울

2대대 소속 중대장 이규홍李奎泓 이하 수십 명의 장교가 가담하였다.

그리고 언더우드Underwood, H. G. · 에비슨Avison, O. R. · 헐버트Hulbert, H. B. · 다이Dye, W. Mc 등 미국인 선교사와 교사 및 교관, 그리고 미국공사관 서기관 알렌Allen, H. N., 러시아공사 베베르Veber, K. I.와 같은 구미 외교관도 이 사건에 직 · 간접으로 관련되어 있었다.

1895년 11월 28일 새벽, 친위대 남만리와 이규홍 등의 중대장은 800명의 군인을 인솔, 안국동을 경유하여 건춘문建春門에 이르러 입궐을 기도하였다. 뜻대로 안 되자 삼청동으로 올라가 경복궁 북쪽의 춘생문에 이르러 담을 넘어 입궐하려고 하였다. 그런데 이 계획에 협력하기로 약속했던 친위대 대대장 이진호李軫鎬가 배신하여 서리 군부대신 어윤중魚允中에게 이 계획을 밀고하였다.

그리하여 거사군이 춘생문에 나타나자 궁성 내의 친위부대가 즉각 반격을 가하고, 또 어윤중 대신이 직접 현장에 달려와 선무공작을 폄으로써 일부 거사군은 체포되고 나머지는 도주하였다. 이 사건으로 체포된 임최수 · 이도철은 사형, 이민굉 · 이충구 등은 종신 유배형, 이재순 · 안경수 · 김재풍 · 남만리 등은 태笞 100, 징역 3년 등의 처벌을 각각 받았다.

한편, 거사가 실패하자 정동파 인사들은 재빨리 미국 및 러시아 공사관 또는 선교사 집으로 피신하였다. 일본 측은 이른바 '국왕탈취사건'에 서양인이 직접 · 간접으로 관련되어 있다고 국내신문에 대서특필하였다.

그리고 이를 기화로 히로시마廣島 감옥에 수감 중이던 을미사변 관련 주모자들을 증거 불충분이라는 이유를 내세워 전원 석방하였다. 그러나 이 사건의 주동세력인 정동파는 아관파천을 성사시켜 일시적이나마 일본세력을 물러나게 하였다.

춘생문 사건 당시 해외로 탈출하였던 친러파 이범진李範晉이 비밀리에 귀국하여 이완용・이윤용 및 전 러시아공사 베베르와 신임 러시아공사 스페이어 등이 고종의 파천계획을 다시 모의하게 되었다. 그들은 궁녀 김씨와 고종이 총애하던 엄상궁后의 엄귀비을 통하여 고종에게 접근, 대원군과 친일파가 고종의 폐위를 공모하고 있으니 왕실의 안전을 위해 잠시 러시아공사관으로 파천할 것을 종용하였다.

을미사변 이래 불안과 공포에 싸여 있던 고종은 그들의 계획에 동의하여 러시아의 베베르와 스페이어 공사에게 비밀리에 요청하였다. 그리하여 1896년 2월 10일에 러시아공사관 보호를 구실로 인천에 정박 중이던 러시아군함으로부터 포 1문과 러시아 수병水兵 120명이 서울에 들어왔다.

아관파천

1896년 2월 11일 새벽, 이렇게 준비를 갖춘 후 고종과 왕세자는 극비리에 궁녀의 가마에 타고 위장하여 경복궁 영추문迎秋門을 빠져나와 러시아공사관에 도착한 것은 오전 7시경이었다. 이리하여 고종의 러시아공사관 파천아관파천은 성공하였다.

아관파천 직후 고종의 명령에 의하여 총리대신 김홍집과 농상공부대신 정병하鄭秉夏가 참형되었고, 내부대신 유길준兪吉濬을 비롯한 10여 명의 고관은 일본 군영으로 도피하여 일본에 망명하였다. 탁지부대신 어윤중은 도피 중에 백성에게 살해되었고, 외부대신 김윤식金允植은 제

역사의 현장, 서울

주도에 유배되었다. 이와 같이 친일정권이 무너지자 그동안 은신 중이었던 친러·친미파 인물이 대거 등용되어 내각을 구성하였다. 그 결과 법부대신과 경무사를 겸임하게 된 이범진을 비롯하여 이완용·이윤용·박정양·조병직·윤용구·이재정·안경수·권재형·윤치호·이상재·고영희 등의 인사가 요직에 임명되었다. 친러내각은 친일파를 국적國賊으로 단죄하는 한편, 단발령의 실시를 보류하고, 의병을 회유하며 공세를 탕감하는 등 인심수습에 노력하였다. 그리고 갑오·을미의 개혁사업을 폐지하였다.

고종이 러시아공사관에 머물자 서대문은 폐쇄되었고, 정동일대는 통행금지가 되었다. 고종 일행은 이듬해 2월 20일까지 이곳에 머물렀다. 1년 9일간의 정동생활이 시작된 것이다. 고종은 그곳 2층 어거실御居室과 몇 개의 방에서 침대와 의자가 있는 러시아식 생활을 경험하게 된다. 러시아 공사는 시해당한 명성황후 민씨의 제단祭壇도 특별히 마련해 주었다.

당시 북경에 근무했던 살로비예프 서기관은 자신의 회고록에서, 고종의 아관파천 기간 중 조선의 전 부처 대신들이 러시아공사관의 대회의실을 병풍 칸막이로 나누어 집무를 보는데, 각 부처별로 회의를 할 때마다 병풍을 여기저기로 옮겼던 것이 무척이나 인상적이었다고 당시 상황을 기술하고 있다.

조선 말 아관파천 때 러시아공사관에 들어가 본 에비슨 박사는 건물 내부의 모습을 이렇게 적었다.

르네상스식으로 장식한 넓은 만찬실은 고종이 거실로 사용하였는데 방의 벽은 꽃무늬 융단이 장식으로 걸려 있고, 천정 가운데에는 일곱 가지의 촛불 샹들리에가 달려 있어 환하게 비추고 있었다. 동쪽 벽에는 소파 모양의 용상龍床이 마련되고 그 앞에는 호피虎皮 한 장이 깔려 있었다. 그 용상 오른쪽에 찻 잔이 놓인 삼각받침대, 왼쪽에 돌사자 조각, 그 뒤에 3층 조선 장이 놓여 있었다. 그리고 거실 서쪽 벽에는 왕의 침대, 남쪽 벽에는 소파 세트가 있었다.

이 만찬실에 잇따른 작은 측실에는 왕의 시중을 드는 상궁들 이 거처하였고 나머지 궁녀들은 거처할 방이 없어 공사관 복 도에 칸을 막아 지냈다. 그리고 공사관의 무도실舞踏室에서는 정치를 논의하였다. 이 당시 무도실은 러시아공사 베베르 부 인이 수요일마다 외교관 부부를 초대하여 사교댄스를 즐겼던 곳인데 아관파천 후에는 친러파의 이완용, 이윤용, 이범진 등 의 친러파 대신들의 출입이 잦았다.

고종이 거실로 사용한 만찬실 창 밖에는 행인이 볼 수 있도록 대포 1문이 장치되어 있었고, 정문에서 현관에 이르는 길에는 100명의 러시아 수군과 해병대가 수비하였으며, 정문 밖에는 조선 군사가 착검한 채 길목을 지켰다. 한편 이 공관 마당에 서는 러시아 사관들이 조선의 양반 자제들을 뽑아 훈련시켰으 므로 고종은 러시아공사관에 머무는 동안 이들의 제식 훈련하 는 것을 바라보는 것이 소일거리였다.

고 하였다.

역사의 현장, 서울

고종이 러시아공사관에 머무르는 1년 동안 조선 정부의 인사와 정책은 러시아 공사와 친러파에 의하여 좌우되었다. 그리고 경원·종성 광산 채굴권, 인천 월미도 저탄소 설치권, 압록강 유역과 울릉도 삼림 채벌권 등의 경제적 이권이 러시아에 탈취 당하였다.

이 밖에도 러시아는 알렉시예프Alexiev, K.를 조선 정부의 탁지부 고문으로 앉히고 조선의 재정을 마음대로 휘둘렀다. 그리고 러시아 황제 대관식 때 열린 로바노프·민영환閔泳煥비밀 회담에서 러시아 측은 5개조의 원조를 약속하는 조건으로 조선에게 17개조의 이권을 요구하기도 하였다.

러시아뿐만 아니라 열강도 경제적 이권 쟁탈에 열중하였다. 열강은 아관파천에 대해서는 정치적 불간섭주의를 표명하였지만 경제적 이권에는 기회 균등을 요구하여 전차·철도부설권, 삼림 채벌권, 금광·광산 채굴권 등 시설 투자와 자원 개발에 관한 각종 이권을 획득하였다. 일본은 열강으로부터 전매하는 방법으로 이권 쟁탈에 참가하였다. 그 결과 조선의 국가 재정이 더욱 어려워지면서 국운이 크게 기울어졌다.

고종은 아관파천 초에 조칙을 내려 경복궁이 아닌 경운궁현재의 덕수궁으로 환궁할 것을 약속하였다. 그것은 경운궁이 수리중인 관계로 환궁 시기를 늦출 수 있었을 뿐만 아니라 경운궁 부근에 있는 구미 공사관의 보호를 받기 위함이었다. 독립협회를 비롯한 여론은 정부의 대외 의존 자세를 비난하고 조속한 환궁還宮을 요구하였다. 정부의 대신과 각계 요로에서도 환궁 계획을 추진하였다. 그러나 그때마다 친러파들의 방해공작 때문에 실패하고 말았다.

경운궁으로 환궁

그러나 전국의 유생들이 상소 운동을 개시하고, 장안의 시전市廛들이 철시를 단행할 조짐을 보이는 등 여론이 더욱 거세어지자, 고종은 환궁을 결심하고, 파천 1년 만인 1897년 2월 20일에 경운궁으로 환궁을 단행하였다. 환궁 후에 고종은 독립협회의 진언을 받아들여 그해 10월 12일 황제즉위식을 환구단圜丘壇에서 거행한 후 국호를 대한大韓, 연호를 광무光武라 고치고 대한제국을 대내외에 선포하였다.

현재 이화여자고등학교 북문 건너편 언덕정동 125-1번지에는 구 러시아공사관사적 제 253호이 있다. 65.2평의 3층 벽돌 구조의 이 건물 탑 아래의 석단石壇 시설을 보면 유구遺構만으로는 당초의 모습을 짐작할 수 없는데 이와 이어지는 별도의 건축물이 있었던 것으로 추측된다. 현재 이 탑의 동북쪽에는 지하실이 있고, 1981년에는 20.3m의 비밀통로 일부가 발굴되었다. 이 통로는 아관파천 시 고종황제가 러시아공사관에서 동쪽의 미국공사관으로 피신하기 위해 뚫은 것으로 추측하고 있다.

1897년경 가을, 경운궁 주변의 각국 공사관과 영사관에는 작은 통로가 만들어졌다. 미국공사관U.S. Legation과 러시아공사관Russian Legation 마당 사이에 담장이 쳐졌다. 담장을 따라서는 좁은 길이 나 있었다. 여기 이 길은 당시 고종 일행이 덕수궁에서 러시아공사관으로 가던 비밀통로였을 것이다. 이 도로는 광복 무렵까지 나 있었던 것으로 보인다.

1925년 실업교통사가 인쇄한 「경성시가지도, 최신 색인부索引附 영업안내」를 보면 현 성공회 성당, 영국대사관 길 앞으로 해서 덕수궁 서쪽 정동 돌담길을 가로 질러 미국대사관 관저 후문을 지나 신문로 파출소 쪽으로 빠지는 길도 있었음을 알 수 있다. 현재 그 도로는 미국

역사의 현장, **서울**

구 러시아공사관 비밀 지하터널

부대사 관저 쪽에서 끝나고 있다. 영국공사관 거리는 '가구거리' 라 불렸던 곳이다.

그리고 1929년에 발행된 『조선여행안내기조선총독부 철도국 발행』를 보면, 영국영사관에서 전일 경성방송국정동 2번지, 덕수초등학교 동쪽으로 나 있는 길을 볼 수 있다. 이 도로는 1927년 2월 경성방송국을 세우면서 개통한 것으로 보인다. 현재 이 도로는 막혀 있다. 조선일보사 정동별관 뒷담에 해당한다.

1904년 초에는 한반도를 둘러싸고 러시아와 일본의 관계가 악화되다가 러일전쟁이 발발하였다. 이 해 2월에 인천 앞 바다에서 러시아군함 두 척이 일본 해군에 의해서 격침되는 등 러시아의 전세가 불리하여 패전하게 되자 러시아 공사와 그 부인을 비롯하여 러시아군 80여 명은 일본군에 의해 무장 해제 당한 후 인천항을 통해 러시아로 강제 송환되었다. 이어 공관 직원들도 이 건물을 폐쇄하고 프랑스 공사에게 관리를 맡긴 다음 출국하였다.

그 후 러시아와 일본의 국교가 재개되면서 이 건물은 다시 러시아 영사관으로 쓰였다.

8·15 광복 후에도 러시아공사관에는 한동안 소련 국기가 게양되다가 미·소공동위원회의의 결렬로 1947년 6월, 러시아의 니콜라이 영사는 추방되다시피 하여 38선을 넘어 북으로 갔다. 이 건물은 6·25 때 화재를 입어, 르네상스식 건물의 탑 부분과 지하 2층만 남은 것을 1973년에 서울시에서 보수하였지만 이제는 조선 말에 찍은 사진으로 그 옛 모습을 겨우 볼 수 있을 뿐이다. 이 건물은 사적 제253호로 지정되었다.

황제가 된 고종

| 대한제국 수립 |

서울의 한복판인 현재 조선호텔중구 소공동 87번지 1호이 자리하고 있는 곳은 대한제국이 설립된 환구단圜丘壇이 있었던 곳이다. 이 환구단은 원구단, 또는 원단圓壇이라고도 불렸다. 이곳은 일찍이 조선 초의 태종의 둘째 공주경정공주慶貞公主와 부마 조대림趙大臨이 살아 소공주댁小公主宅이라고 불리다가 소공동이란 동명이 유래되었다. 선조 16년1853에는 이 집을 화려하게 개축하여 3남 의안군 성城에게 하사하였으나 임진왜란 이후에는 남별궁南別宮이라 하여 중국사신이 유숙하였다. 조선 말에 지은 『한경지략漢京識略』에 보면 남별궁에는 명설루明雪樓라는 누각이 있고, 그 뒤뜰에는 작은 정자가 있다고 하였으며, 또한 돌 거북이 있는데 사람들이 영험하다고 하여 이 돌 거북에게 빌기도 하였다는 것이다.

1896년 2월 11일 오전 6시, 을미사변이 있은 후 4개월 만에 고종은 치밀한 사전 준비로 이른 아침에 왕세자와 함께 상궁이 타고 다니는 가마로 한 많은 경복궁을 탈출하여 오전 7시경 러시아공사관에 머물

환구단

게 되었다. 고종의 아관파천은 친러파 인물들과의 계획에 의해 시도되었지만 한편으로는 러시아공사관이 경운궁에 이웃하여 있으므로 미리 경운궁으로의 이어移御를 의중에 두었던 것으로 보여진다.

즉 아관파천 다음 날, 고종은 국민에게 조서詔書를 내렸다. 고종은 아관파천이 부득이한 일임을 말하면서,

아, 임금은 백성의 표준이니 임금이 아니면 백성들이 무엇에 의거하겠는가. 그러므로 임금은 일거일동을 백성들에게 명백히 보이는 것이 귀중하다.
그저께 일은 차마 말할 수 있는가. 역적의 우두머리와 반역 무리들의 흉악한 음모와 교활한 계책의 진상이 숨길 수 없게 되자 막아버리고 억누르는 방도가 혹 허술할까 걱정하여 외국

역사의 현장, **서울**

에서 이미 시행한 규례대로 임시방편을 써서 내가 왕태자를 데리고 대정동大貞洞에 있는 러시아공사관에 잠시 가 있는 뒤에 왕태후王太后는 왕태자비를 데리고 경운궁으로 갔으며, 나는 유사有司에 지시하여 모든 범인을 잡게 하고, 그들이 묶인 다음에 곧 돌아오려고 하였다.

그런데 범인을 묶을 때에 어리석은 백성들이 갑자기 들고 일어나 대뜸 살해하고 나머지 범인은 모두 목숨을 건지려고 도망쳐 버리는 통에 여러 사람들의 심정은 더욱 흉흉하여 안정되지 않고 있다. 이때를 당하여 내가 있는 곳을 너희들 백성들에게 명백히 알릴 겨를이 없었는데 이제 대궐이 무사하고, 민심이 여느 때와 같게 되었으니 내가 경사스럽고 다행하게 여기는 바이다. 며칠 안으로 장차 대궐로 돌아가려고 한다.

그래서 명백히 알리니 너희들 백성들은 각각 의심을 풀고 생업에 안착할 것이다.

고 하였다. 즉 고종은 경복궁 탈출과 함께 왕대비·왕세자비를 경운궁으로 이어하게 하였다. 이러한 조치는 곧 아관파천과 동시에 경운궁 이어도 이미 계획되었음을 알 수 있다.

뿐만 아니라 고종은 아관파천과 함께 친일내각을 바꾸고, 을미사변 관계자들을 제거하는 등 여러 가지 조치를 취하면서 경운궁과 경복궁을 수리하도록 관계자에게 명령하고, 공사가 우선 끝나는 대로 돌아가든지 거처를 옮기든지 하겠다고 널리 알렸다.

아관파천으로 갑오개혁 내각이 붕괴됨으로써 개화파들의 국왕을

'황제'로 격상시키려는 운동도 중단되었다. 뿐만 아니라 이권은 열강에 빼앗기고, 정권은 친러 수구파에 의해 좌우되었다. 이처럼 외세로 인하여 나라의 자주성이 크게 위협받게 되자 자주적인 국가 수립을 염원하는 백성들의 목소리가 점차 높아져 갔다.

개화파의 사회정치단체인 독립협회와 자주적 수구파들은 연합하여 고종의 환궁還宮에 총력을 기울였다. 그 결과 1897년 2월 20일 고종이 러시아공사관에 파천한 지 약 1년 만에 경운궁으로 환궁하여 정상을 되찾게 되었다. 고종이 환궁한 뒤 개화파와 수구파들은 힘을 모아 '칭제건원稱帝建元'을 추진하였다. 그들은 이것이 조선의 자주독립을 강화하는 하나의 방법이라고 보았던 때문이었다.

이에 국왕과 정부는 '칭제稱帝'는 뒤로 미루고, 우선 '건원建元'을 하기로 하여 1897년 8월 16일 '건양'을 '광무光武'로 고쳐 '건양 2년'을 '광무 원년'으로 고쳤다. '건원'에 성공한 개화파와 수구파는 연합하여 '칭제운동'을 벌였다.

대한제국의 선포

이에 고종과 정부는 조선의 국호를 '대한제국大韓帝國'으로 고쳐 내외에 선포하였다. 대한제국의 성립은 대한이 자주독립국가임을 내외에 거듭 밝힌 것이며, 자주독립의 강화를 국내와 세계에 알린 중요한 역사적 사건이었다.

고종을 환궁시키고 칭제건원하여 대한제국을 성립시킬 수 있었던 것은 개화파인 독립협회와 집권파인 수구파 사이에 연합과 협조가 비교적 잘 이루어졌기 때문이다.

역사의 현장, 서울

경운궁의 수리 공사가 마무리됨과 함께 건양 2년1897 2월 20일, 왕과 세자가 러시아공사관으로부터 경운궁에 이어하니, 경운궁은 오래간만에 다시 왕이 거처하고 정치를 행하는 궁궐이 되었다. 결국 고종이 경운궁에 들게 된 것은 아관파천이 이루어졌기 때문이다.

국왕이 환어하는 날, 러시아공사관에서 경운궁으로 가는 길에는 친위대 군인과 순검巡檢들이 늘어섰고, 배재학당 학생들이 독립신문사 건너편에 정렬하고 늘어서서 갓을 벗고 만세를 불렀으며, 학생들은 어가御駕가 지나는 길에 꽃을 뿌렸다. 이는 당시 국가의 자주독립을 기원하는 국민적 감정을 여실히 설명해 주는 예로 볼 수 있고, 대한제국을 수립하는 데 있어서 중요한 기반이 되었다.

고종 34년1897 2월 26일 고종은 전국에 대사령大赦令을 반포하였다. 대한제국 수립을 선포하고, 황제 자리에 올라 조선왕조 부흥에 불을 지폈다. 러시아공사관으로 파천한 지 약 1년 9일 만이다.

그런데 1897년 3월 7일, 독립협회 회원들은 황제의 구 궁궐, 즉 경복궁으로의 환궁을 요구하는 경운궁 대궐문 앞 시위를 기도하는 등 경복궁으로의 환궁을 요구하는 의견이 있었지만 고종황제는 듣지 않았다.

황제 존칭의 건의를 제일 먼저 국왕에게 건의한 사람은 근대적 개혁을 추진하려던 김옥균을 암살한 홍종우洪鐘宇로 전해지고 있다. 천주교 신자인 그는 마침 프랑스로부터 귀국하자, 천주교 신부를 통하여 프랑스공사公使에게 황제 존칭에 관해 의견을 타진하였다. 프랑스공사는 자주 독립국인 조선이 왕을 황제로 개칭하고 왕국에서 제국帝國으로 개칭하는 것은 조선 자체의 자유에 속하며, 제3국에서 이의를 제기할 것이 못되므로, 프랑스로서는 각별한 이의가 없다는 뜻을 홍종우에게 전하였다. 홍종우는 이를 고종에게 전주轉奏하였고, 그 공으로 궁내부宮內府 외사과장外事課長에 임명되었다고 한다.

경운궁으로 환어한 지 3개월이 지난 1897년 5월, 고종을 황제에 오를 것을 요청하는 각계각층의 빗발치는 상소가 있었다. 10월 3일, 고종은 땅에 떨어진 나라의 위신을 다시 일으켜 세우기 위해 조선의 국호를 대한제국으로 고치고, 황제의 칭호를 사용하는 건원建元 칭제稱帝의 건의를 받아들였다. 9월 21일에는 황제즉위식을 거행할 원구단圜丘壇을 쌓으라는 명을 내려 남서南署 회현방 소공동현재 조선호텔 자리으로 자리를 정하여 공사가 시작되었다. 이 해 10월에 들어서면서 의정대신 심순택, 특진관特進官 조병세 등이 황제 위에 오를 것을 요구하는, 또 한 차례의 의례적인 '정청庭請'이 계속되었고, 이에 '면종勉從'하는 형식을 취하여 10월 12일에 즉위식을 거행하기로 결정이 내려졌다.

예정대로 1897년 10월 12일에 황제즉위식이 거행되었다. 경운궁에서 원구단 정문에 이르는 길가에는 축기祝旗를 들고 환호하는 군중들로 메워졌다. 고종이 원구단에서 하늘과 땅에 제사를 올린 뒤 의정대신 심순택이 백관을 거느리고 늘어선 가운데, 고종이 즉위단即位壇 금의상좌金椅上坐에 오름으로써 즉위식은 끝났다.

다음날 13일에는 고종은 태극전太極殿, 즉조당에서 백관百官의 조하朝賀를 받으면서 국호 조선을 대한大韓으로 하고, 광무光武의 연호를 사용하게 되었다. 이어 14일에는 이 사실들이 외부外部에 의하여 각국 공사관·영사관에 통보되었다. 이로써 대한제국大韓帝國이 성립되어 자주독립국가임을 내외에 선언하였다. 대한제국의 성립은 당시 국제정세

역사의 현장, 서울

환구단 황궁우

에서 보면 조선에서 청나라 세력의 후퇴와 열강의 세력균형이 그 배경이 되었다.

대한제국이 선포되자 각국은 대한제국을 직·간접적으로 승인하였다. 그중 제정 러시아와 프랑스는 황제가 직접 승인·축하하였으며 영국, 미국, 독일 등도 간접적으로 승인 의사를 표시하였다. 그러나 당시 대부분의 열강은 대한제국의 성립을 그다지 반기지 않았다. 즉위 직후인 11월 12일에 그간 미루었던 명성황후의 국장國葬을 치렀으며, 11월 20일에 독립문을 완공하였다.

환구단은 태조를 고황제高皇帝로 추존하고, 하늘과 땅의 신에 제사를 올렸던 단이며, 황궁우는 천신지기와 고황제의 위패를 모신 사당이다. 황궁우는 환구단을 쌓은 지 2년 뒤인 1899년에 완공되었는데 이 건물의 상량문上樑文은 윤용선尹容善이 짓고, 서정순徐正淳이 글씨를 썼다. 그 후 1901년 12월에 광무황제의 성덕聖德을 찬양하기 위하여 관리들과 민간인들이 모여 석고단을 세우기로 하여 이듬해에 준공한 것이 오늘날까지 남아 있다.

황궁우는 8각으로 쌓은 화강암 기단 위에 세워져 있는데 남쪽 섬돌로 오르내릴 수 있게 되어 있다. 3층 팔각집의 1·2층은 통층으로 되어 있는데 그 중앙에 신의 위패位牌를 모셔 놓게 하였으며 3층은 각 면마다 3개의 창을 내었다.

석고단은 중국 주周나라 때 선왕宣王의 덕을 칭송하는 글을 북 모양의 돌에 새겨 10곳에 세웠다는 고사故事가 있으므로 이를 본떠 고종의 성덕을 찬양하는 석고문石鼓文을 새긴 것이다.

황제즉위식은 고종이 아관파천에서 나와 덕수궁에 머물게 된 직후에 치르게 되었는데 이 의식을 별로 달가워하지 않았다. 즉위식이 있던 날 아침, 고종은 지난 밤 꿈에 어느 선왕이 나타나 "예로부터 있어온 유풍遺風을 변혁해서는 안 된다."라며 노한 얼굴을 하고 사라졌다는 꿈 이야기를 근시近侍들에게 말하였다. 그리고는 즉위식장으로 떠날 시각이 훨씬 지나도 마련해 놓은 대연大輦에 탈 생각을 하지 않았다. 고종은 40명이 메는 호화로운 대연을 보자 화를 내면서 4명이 메는 소연小輦으로 바꾸지 않으면 타지 않겠다고 고집을 부렸다.

결국 3색기를 든 전위대가 앞을 서고 대신들이 말을 타고 뒤를 따랐으며 일본군의 호위를 받는 행렬이 이루어졌다. 그런데 철종의 부마이며 내부대신인 박영효朴泳孝가 말에서 떨어지자 고종은 뒤돌아보고 '불길한 일이로다.' 하고 크게 한숨을 내쉬었다.

환구단 정문(우이동의 그린파크 호텔 정문으로 사용)

황제즉위식이 있던 날 수구파의 대신들은 이 황제즉위식을 반대하여 며칠 전부터 단식을 하고 있었고, 지방에서는 선비들이 망배望拜하면서 통곡을 하고 있었다. 이를 지켜본 외국인은 세계 역사상 이토록 즐겁지 않은 황제즉위식은 전무후무하다고 기록하였다.

황제즉위식을 올린 지 3년 후에도 고종황제는 대신들을 거느리고 환구단에서 제사를 지내기 위해 삼엄한 경계 속에 행차하였다. 원구단에 포장을 두르고 제사를 올리는 데 갑자기 하얀 포장 틈으로 중 한사람이 불쑥 뛰어 들어와 "초능력인 천안통天眼通으로 황제의 앞날을 예언 하겠다"며 큰소리치는 변이 일어났다. 엄숙하게 제사를 지내던 사람들이 혼비백산하여 제사가 난장판이 되고 말았다. 소란을 일으킨 중을 잡아 문초를 해보니 개운사의 승려임을 밝혀냈다. 이에 따라 개화를 주장한 봉원사의 이동인李東仁 승려 덕분에 한때 허용했던 승려의 도성 안 출입은 3년 만에 다시 금지되었다.

일제는 1913년 4월에 환구단을 헐어 버리고 석고단도 1927년에 광선문과 함께 헐어 버렸으므로 석고石鼓만 남은 것을 현재 자리로 옮겨 놓았다. 이 자리에 건평 580여 평의 조선총독부 철도호텔을 짓기 시작하여 이듬해 9월에 준공하였다. 철도호텔 건물은 광복 후에 조선호텔로 사용하다가 1968년에 철거한 후 현재와 같은 고층 건물이 들어섰다.

현재 환구단 터에는 8각형 3층 건물의 황궁우皇穹宇 한 채와 그 동쪽에 용무늬를 그린 돌북, 석고石鼓 3개만 볼 수 있다. 이 석고의 용무늬 조각은 조선 말의 최고 솜씨라고 알려져 있다. 2009년 말에 서울시는 일제 때 우이동 유원지 입구의 그린파크 정문으로 사용하기 위해 옮겨 갔던 환구단의 정문을 이전하여 환구단 터 서쪽에 세워 놓았다.

국권을 빼앗기고

| 을사늑약 |

    <u>일본은</u> <u>러일전쟁에</u> 승리하여 미국 포츠머스에서 강화조약을 체결한 지 2개월 뒤인 1905년 11월에 조선의 보호국화를 주지主旨로 한 을사 5조약 체결을 위해 일본의 추밀원의장樞密院議長이며, 한국 침략의 핵심 인물이었던 이토 히로부미伊藤博文를 조선에 파견하였다. 더욱이 조선과 외교관계를 맺고 있는 영·미·러로부터 조선을 보호국으로 한다는 것을 승인받은 일본으로서는 이제 절차만 거치면 한국을 이른바 '보호'할 수 있게 국제적으로도 인정을 받았던 것이다.

    이토 히로부미보다 앞서 11월 2일 서울에 온 하야시林權助 일본공사는 주한일본군사령관 하세가와 요시미치長谷川好道와 상의하고, 만반의 준비를 완료함과 동시에 일진회로 하여금 보호를 찬성하는 선언서를 발표케 하여 여론을 조성하였고, 원로대신 심상훈沈相薰을 조종하여 고종을 설득하도록 하였다. 이는 사전의 방어책을 쓰지 못하게 하기 위함이었으며, 이완용 등 5명의 관련대신을 사전에 찬성토록 매수해 두는 등 치밀한 계획을 실천해 간 것이다.

고종황제

뿐만 아니라 1905년 11월, 하세가와 요시미치 일본군사령관 등 군인, 경찰 관계 지휘관들은 고종황제가 거처하고 있는 경운궁 궁궐 내외를 삼엄하게 경계하여 을사조약에 대한 한국인의 사전 탐지나 저항을 불가능하게 하였다. 이어서 이토 히로부미이등박문는 일본 국왕의 친서를 갖고, 1905년 11월 9일 오후 7시,

서울에 들어와 정동의 손탁호텔에 여장을 풀었다. 이토는 손탁호텔을 을사조약 체결을 위한 거점으로 확보해 놓고, 다음날부터 조약 체결을 위한 모든 침략적인 행동을 전개하였다. 그는 이곳에 참정대신 한규설 韓圭卨을 초청, 외교권을 빼앗는 을사조약 체결을 회유·강요하였다. 이토 히로부미는 한규설보다 열다섯 살이나 연상이고, 오랜 정치 생활을 한 노회老獪한 정치꾼이었다.

이토는 이튿날 11월 10일, 경운궁 수옥헌漱玉軒 : 중명전에서 고종황제를 알현하였다. 11월 15일에 다시 알현했는데 그는 '대좌對坐했다.'고 쓰고 있다. 오후 7시까지 4시간 넘게 수옥헌 별관 식당에서 향응을 받았다고 하였다.

역사의 현장, **서울**

강제로 체결한 을사늑약

그러나 고종은 이토가 강요한 조약안을 물리치고, 의연하고 자주적인 태도를 보였다. 그럼에도 불구하고 11월 16일, 이토는 그 다음날 저녁에 조선의 대신들을 자신의 숙소인 손탁호텔에 초대하였다. 이 날 오후 4시부터 오후 7시 반까지 손탁호텔에서 대신들을 회유·공갈하였다. 다음날 17일 오전 11시에는 일본공사관에서 회견을 하였다. 하야시 일본공사는 외부대신 박제순朴齊純을 일본공사관으로 불러놓고, 5개 조약안을 즉각 체결할 것을 강요하는 한편 이토는 박제순에게 각 대신을 그의 숙소로 유인하여 연금해 놓은 뒤 전일 고종에게 협박하였던 것과 같이 을사조약 찬성을 윽박질렀다.

11월 17일 새벽, 일본군이 남대문을 통해 들어왔다. 일본헌병들이 덕수궁 대안문을 지키고, 담장 주변을 둘러쌌다. 이들은 10여 칸씩 띄워서 늘어섰다.

참정대신을 비롯하여 8명의 대신이 경운궁 내 수옥헌 서쪽 휴게실에 모였다. 이윽고 이토 히로부미가 나타났다. 오후 3시, 고종이 참석한 어전회의가 열렸다. 협상 같지 않은 협상이 시작되었다. 회의 도중에 고종황제는 함녕전으로 돌아갔다. 조약에 반대하는 한규설 대신은 수옥헌 서쪽 휴게실에 감금되었다. 이에 학부대신 이완용·내부대신 이지용·외부대신 박제순·군부대신 이근택·농상공부대신 권중제 등 이른바 '을사 5적신乙巳五賊臣'은 조약체결이 불가피하다고 인정함으로써 사실상 이를 찬성한 것이다. 단지 참정대신 한규설·법부대신 이하영·탁지부대신 민영기의 3대신만 거부하였다.

11월 18일 오전 0시 20분, 이토 대사가 궁궐을 나간 뒤 오전 1시, 하야시 공사와 박제순 외상 간에 조인이 이뤄져 을사늑약이 강제로 체결되었다. 수옥헌의 중명전重明殿이 그 치욕의 장소가 된 것이다. 늑약 체결 후 대신들은 남별궁 앞 대관정大觀亭의 하세가와 요시미치 조선군사령관 관사에 모여 회합을 했다고 한다.

청천벽력과 같은 을사늑약이 체결되어 조선의 외교권이 탈취당하였다는 소식이 천하에 알려지게 된 것은 조약 체결 다음날인 1905년 11월 18일 이후였다. 또한 참정대신 한규설韓圭卨이 3년 유배형을 받고, 후임으로 박제순朴齊純이 참정대신이 되었다는 것도 서울 시민을 비롯하여 전 국민을 격분케 하였다.

을사늑약에 분개한 시민들

하룻밤 사이에 세상이 뒤집힌 것으로 생각할 수밖에 없었던 서울 시민은 통곡과 격분 속에서 한때나마 방향 감각을 찾지 못하였다. 이에 서울 종로 상인들은 철시撤市한 채 통곡하였고, 각급 학교는 폐문하고 스승과 제자가 손을 맞잡고 개탄과 비분에 빠져 있었다. 길거리에는 격문과 연설로 이 비감한 정황을 달래기도 하였다.

이 당시 『황성신문』은 1905년 11월 20일자에 실린 '시일야방성대곡是日也放聲大哭'이라는 480여 자의 논설은 온 국민의 울분을 대신해서 풀어준 결과를 가져왔고, 시민항쟁의 도화선이 되었다. 이 논설을 쓴 장본인은 『황성신문』의 사장이며 주필主筆이기도 한 역사학자이자 애국지사인 장지연張志淵이었다.

장지연은 이 논설을 통해 을사늑약에 서명한 망국 5적신들을 통렬히 성토·규탄하였고, 평화를 가장하고 온 이토의 침략성을 공격 규탄하였다. 이로 인해 일본침략의 수뇌부들은 아연실색, 초긴장하여 사태 수습에 나서서 우선 『황성신문』을 정간시키고, 장지연 이하 사원을 경무청警務廳에 투옥하였다. 이 논설이 실린 『황성신문』은 그날 아침 800부가 검열을 무시하고 서울 시민에게 배달되었으나 300여 부의 지방 분 발송은 즉각 압수당하고 말았다.

『황성신문』이 정간당한 이후에 『제국신문』이나 『대한매일신보』역시 을사늑약의 무효를 주장하고, 그 탈법성을 규탄하였다.

이에 앞서 1905년 9월에 13도 유생대표 김동필金東弼 · 김석항金錫恒 등 26명이 각국 공사관에 일본의 14개 죄목을 열거, 논박하기도 하였다. 의정부 참찬議政府參贊 이상설李相卨은 11월 18일 사직하고자 했으나 윤허가 되지 않아 19일에는 순사소殉死疏를 올려 국민을 비감케 한 상소항쟁上疏抗爭도 있었다.

또한 법관양성소 교관 정명섭丁明燮 등은 연명상소를 통해 박제순 등을 참형에 처할 것을 주장하고, 을사 5조약의 무효를 강조하였다. 그 외에도 김석진金奭鎭 등이 5적賊의 처형과 을사늑약의 무효 그리고 일본의 침략성을 투옥당하면서도 지속적으로 상소를 통해 항쟁하였다.

순국으로 시민항쟁의 열기를 높인 의지의 애국자도 속출하였다. 을사늑약이 체결되기 직전 주영대리공사 이한응李漢應은 영국이 일본과 동맹을 맺고 사세가 일본 측에 유리하게 전개되자 1905년 5월 12일 유서를 남기고 그곳에서 음독 자결하여 애국의 처절한 모습을 보였다.

을사늑약이 체결된 지 10여 일 만인 그해 11월 28일, 홍영식洪英植의 형 홍만식洪萬植이, 11월 30일에는 시종무관장侍從武官長 민영환閔泳煥이 순국하였다. 그는 두 차례나 상소한 뒤 이날 새벽 6시 서울 전동典洞의

관議官 이완식李完植의 집에서 작은 칼로 자결하면서 5통의 유서를 남겨 우국적 기개를 드높였다. 이어 그의 인력거부人力車夫가 따라 죽고, 12월 1일에는 조병세趙秉世가 자결한 뒤 전 참판 이명재李命宰 이후 학부주사學部主事 이상철李相哲 · 주사 이건석李建奭 · 송병선宋秉璿 · 김봉학金奉學 등이 차례로 음독자살함으로써 큰 충격을 주고, 연쇄적으로 자결보국자自決報國者가 경향 각지에서 줄을 이었으며 이 같은 흐름은 1910년 경술국치 초기까지 계속되었다.

이에 자극 받은 시민들은 경향각지에서 항쟁의 봉화를 드높이 들었다. 이 같은 상소나 순국자들이 속출하자 일본은 그들을 매수하여 조종하기도 하는 등 그 대책에 부심腐心하였으나 아무런 효과가 없는 가운데 오히려 시민의 항쟁은 요원의 불길같이 저변으로 확산되어 나아갔다.

을사늑약이 체결된 중명전

하야시 공사와 박제순 외상 간에 조인이 이뤄져 을사늑약이 강제로 체결된 덕수궁의 일부인 수옥헌의 중명전重明殿은 을사조약 후 일제가 통감정치를 하던 시기에 당시 이토 통감의 소실로 조선의 국권을 침탈하기 위한 밀정 노릇을 하던 사교계의 여왕 배정자裵貞子가 살았다고 전한다. 배정자는 이곳에서 화려한 파티를 열어 노래와 춤이 있고, 웃음이 넘쳤다는 것이다.

중명전은 1897년 대한제국 때에 독립구락부클럽가 된다. 그런데 수옥헌에 불이 난 것은 1901년 10월 16일이었다. 이때 화재 원인을 법부法部에서 조사하지 않고, 내사한 일이 있다.

역사의 현장, 서울

중명전

1907년 7월 19일, 고종은 헤이그 밀사사건을 빌미로 하는 일제의 강압에 의해 퇴위당하고, 수옥헌에 유폐당한다. 순종은 황태자 때부터 1907년 황제가 될 때까지 중명전에서 살았다.

여기에 더하여 다시 1907년 7월 23일 이토 히로부미 통감은 남산의 통감 관저에서 친일파 이완용 내각총리대신과 송병준 농상공부대신을 회유하였다. 다음 날인 24일에는 남산동 3가에 있던 송병준의 집에서 내각회의를 열어 일본의 강압을 받아들이게 하였다. 이는 한국 군대를 해산하는 정미7조약인데 이 조약을 체결한 곳 역시 중명전이었다. 또한 이 해에 이곳에서 헤이그 특사가 파견되었다.

1915년에 중명전은 경성구락부Seoul Union에 임대되어 1960년대까지 사교장으로 사용되었는데 1925년 3월 12일에 일어난 화재로 외벽과 내부의 복도만 남기고 대부분 타버렸다. 그 후 이를 다시 복구할 때 원형을 많이 훼손시켰으므로 이제는 제 모습을 찾아볼 수 없다.

광복 후 이 건물은 오제도 검사가 공산당을 검거하여 취조하던 곳으로 알려져 있다. 그 후 자유당 정부가 들어서면서 구왕실재산은 모두 국유재산으로 몰수되었다. 그런데 1963년 11월, 박정희 대통령은 일본에 있던 영왕 이은李垠 왕세자의 귀국에 맞춰 레스토랑 서울 클럽으로 쓰이고 있었던 중명전의 대지와 건물을 구舊 왕가王家에 돌려주기로 하여 영왕의 부인 이방자李方子 여사에게 넘겼다.

의왕의 후손 이수길과 영왕의 아들 이구는 함께 사업을 했다. 그런데 사업이 부진하여 은행대출을 갚지 못해 중명전은 은행에 저당되고, 자금은 분산되었다. 드디어 중명전은 1977년 4월, 개인에게 팔렸고, 그 판매 대금 일부가 이방자 여사에게 넘어갔다. 일부는 명휘원明暉園 기금이 되었다. 최근에 서울시에서 이를 구입하여 서울시 유형문화재 제53호로 지정하여 복원·수리하였다.

문화재청은 덕수궁 권역에서 빠졌던 중명전을 2007년 1월 31일, 덕수궁 구역에 포함시키고, 국가지정문화재인 사적에 추가하였다.

서울에는 일제의 만행을 알리는 현장이 몇 곳 없다. 따라서 역사성 있는 이 문화재 건물을 복원하여 역사의 현장으로 원상회복해야 할 것이다.

역사의 현장, 서울

조선의 멸망

| 경술국치 |

1907년 8월 이후 해산된 한국군이 경향 각지에서 항일전쟁을 치열하게 전개하자 당황한 일본은 서둘러 한국침략을 앞당기더니 1909년 7월 12일에는 이토 후임으로 2대 통감이 된 소네 아라스케曾彌荒助가 한국정부를 협박한 뒤 한국의 사법 및 감옥 사무위탁監獄事務委托에 관한 기유각서己酉覺書 전 5개조를 조인·교환하였다.

기유각서 5개조 중 제1조에서 '한국의 사법과 감옥사무가 완비되었다고 인정할 때까지 한국정부는 사법과 감옥사무를 일본국 정부에 위탁할 사事'에서 이의 사무를 일본에 위탁한다고 한 것을 보면 완전히 사법 및 감옥사무監獄事務를 탈취한 것이다. 이렇게 사법권을 탈취한 일본은 경찰권을 한국이 장악하고 있어 사법기관 운용에 장애가 있다 하여 그 처리 방안을 검토 중이었다. 그리하여 1910년 6월 24일에는 박제순이 데라우치寺內正毅 통감과 한국경찰권 위탁람서韓國警察權委托覽書를 체결·조인하였던 것이다.

한편 이보다 앞서 1909년 7월 12일, 일본이 한국정부 내에 사법부

를 폐지한 뒤 7월 30일에는 군부 및 무관학교武官學校를 폐지하여 병력
은 친위부親衛府에서 흡수케 하고, 사관士官 이상은 일본정부에 위탁케
함으로써 사법부司法府와 군부를 완전히 철폐시켰다.

1909년 12월 4일에는 친일매국단체 일진회가 회장 이용구의 명의
로 100만 회원의 연명聯名이라 칭하고 '한국 합방성명서韓國合邦聲明書'를
중외中外에 발표하였다. 그는 또한 한일병합 상소문을 올리고 내각과
통감에게도 한일합방청원서를 제출하였으나 각하却下되었다. 고의적으
로 민의를 날조, 마치 병합론이 2,000만 한국 사람의 전체의사인 것처
럼 허위 선전하자, 흥사단 · 서북학회 · 국시유세단 · 한성부민회 · 대
한흥학회 · 황성기독교청년회 · 천도교 · 대한협회 등 100여 개 애국단
체의 규탄과 성토를 받았다. 따라서 12월 25일, 국민대연설회國民大演說會
가 원각사에서 4,000여 명이 참석한 가운데 열려 일진회의 병합론을

통감부

역사의 현장, 서울

규탄하고, 일진회는 한국 사람이 아니라고 규정하였으며, 대한협회의 김가진, 장효근 등은 일진회의 병합론에 반대하는 국민대회를 열 것도 의결하였다. 물론 이것은 일본통감부에 의하여 정지당하여 12월 21일 그 대신 정부에 질문장서質問長書를 제정提呈하기로 결의하였다.

일제는 한국을 병합할 방침을 세워 1910년 2월 18일, 일본 외무대신이 재외사신在外使臣에게 통보하였다. 이어 2월 28일에는 재미일본공사 기타에게 이에 관한 각의 결정 전문閣議決定全文을 보냈다. 이어 6월 3일에는 일본각의日本閣議에서 병합 후 한국의 시정방침施政方針까지 결정하였을 정도였다. 따라서 이미 7월 17일에 일본외무대신이 재영在英 일본공사에게 훈령하여 일본이 한국을 병합하게 되는 부득이한 사정 및 병합 후의 한국과 열국列國과의 조약이 당연히 소멸되지만 일본정부는 열국의 경제상의 이해를 중시하여 영국 외상外相에게 다짐해 두었다. 따라서 사실상의 경술국치庚戌國恥는 8월 29일이 아니고 7월 초순이라고 할 수 있을 것이다.

1910년 5월 5일, 일본은 소네 아라스케 통감이 무능하다고 사임시키고, 데라우치 육군대신이 5월 30일자로 신통감新統監으로 겸임 발령되었다. 신임 부통감 등은 7월 4일 먼저 착임着任하여 대기하고, 데라우치 통감은 7월 23일 인천을 경유하여 입경入京하였다. 그가 한국의 경찰권을 탈취한 것은 서울에 오기 1개월 전의 일이었다.

데라우치 통감이 서울에 온 후 한국의 경찰은 헌병경찰제로 바뀌면서 무단통치가 개시되었다. 데라우치 통감은 일본의 경찰비 250만 원도 한국 황실에 떠맡기고, 주한 일본헌병을 800명에서 2,000명으로 급히 증원하는 한편 배일 자주적排日自主的인 『대한민보』·『대한매일신

순종황제

보』·『제국신문』 등에 탄압을 가하였다.

7월 29일, 일제는 매국내각을 친일적인 인물로 다시 개각하고, 8월 12일 서울 용산 일본군 사령부는 서울시내 경비경계문제를 위해 긴급회의를 개최한 뒤 8월 16일, 데라우치 통감은 총리대신 이완용 등을 남산의 통감 관저로 불러 한일병합에 관한 각서를 교부交付하였다. 2일 후인 18일에는 총리대신 이완용과 단독회담을 통해 망국각의亡國閣議에서 합의를 보도록 협박하였다.

드디어 8월 22일, 창덕궁 대조전 흥복헌興福軒에서 마지막 어전회의가 열렸다. 회의 안건은 단 하나였다. 한일병합조약의 전권을 내각총리대신 이완용에게 위임하는 것이다. 이완용은 병합의 필요성과 불가피성, 그동안 일본과 교섭한 내용 등을 설명하자 각료들은 모두 마지못해 "옳다."라고 고개를 주억거렸다. 순종은 "권신이 모두 가可하다면 짐朕도 이의가 없다. 동양평화를 위해 기쁜 일이다."라며 조약에 관한 전권을 이완용에게 위임하는 것에 동의했다.

이완용은 위임장을 들고 지체 없이 농상공부대신 조중응과 함께 마차에 올라타고 데라우치가 있는 통감관저로 달려갔다. 그리고 자신

역사의 현장, 서울

의 명의로 8개조의 '한일병합조약'을 데라우치와 함께 체결하고, 함께 샴페인을 마시며 자축했다. 데라우치 통감은 1주일 동안 이 사실을 공포하지 않은 채 예비 검속을 단행하여 수천 명의 항일인사를 체포했으며, 민족주의 단체는 대부분 해산시켰다.

1910년 8월 29일, 이날 서울 거리는 평온하기만 했다. 순종은 끝내 조약서에 국새國璽를 찍지 않는 소극적인 방식으로 저항했지만 한일병합에 관한 양국조서讓國詔書가 공포됨으로써 1392년 이성계에 의해 건립된 조선왕조는 518년 만에 종국을 고하는 동시에 조선의 국권은 일본에 강제로 탈취당하고 말았다.

한국의 주권을 강탈한 일본은 한국인의 저항을 예방하거나 무마하기 위해 백방으로 그 대책에 부심하였다. 우선 『대한매일신보』를 접수하고, 『매일신보』로 개편하여 그해 10월 1일자부터 조선 침략의 종합청사綜合廳舍로 발족하는 총독부의 기관지機關紙로 되었다. 동시에 일본문日本文인 『경성일보』와 영문英文인 『서울프레스』만을 남기고, 모든 한국인의 신문을 폐쇄하였다. 또한 대한제국을 조선으로 개칭함과 동시에 10월 1일부터 설치된 조선총독부의 초대 총독에는 데라우치가 취임하였다. 무력한 나라의 가여운 백성들은 하루아침에 나라를 잃고 황국의 신민이 되고 말았다. 이날의 공로로 이완용은 훈1등 백작이라는 작위를 받고 은사금 15만 원을 '하사' 받았다.

일본은 그해 9월 일진회 · 조선협회 등 10여 단체에 대하여 해산을 명하였으며, 조선 주차헌병조령朝鮮駐箚憲兵條令을 공포하고, 10월 1일 조선총독부 관제가 발포됨으로써 정식으로 침략의 권부權府가 출발하게 되어 광복이 되는 1945년까지 착취와 탄압을 일삼았다. 조선총독부는 회사령會社令 · 어업령 · 사찰령 · 산림령 · 교육령 · 광업령 · 형사령 · 민사령 등을 차례로 공포하여 정치 · 경제 · 문화에 관한 식민지 통치를 수행하면서 헌병경찰적인 무단체제武斷體制로 한국인을 탄압하고 착취하였다.

6

일제강점기

탑골공원의 만세

| 3·1운동 |

잘 알려진 사실이지만 3·1운동 원인의 하나는 일제가 고종 황제를 독약을 먹여 죽인 것이라는 설이 파다하게 퍼졌기 때문이다. 즉 1919년 1월 21일, 당시 덕수궁에서 기거하던 고종황제가 중병에 걸려 다음날에 승하하였다는 일제의 발표가 있자,

"건강하시던 고종 황제께서 갑자기 하루 만에 승하하시다니……"

"어허, 일제가 파리 강화 회의에 보낼 신빙서信憑書에 고종황제께 도장을 찍으라고 강박하다가 실패하니까 죽였다는 소문을 듣지 못했나."

"아니, 어떻게 돌아가시게 했단 말인가."

"일제가 윤덕영, 한상붕을 시켜 두 궁녀에게 황제께서 밤에 드시는 식혜에 독약을 넣어 마시게 했다는 군."

"저런 천인공노할 놈들이 있나. 그런데 무슨 신빙서이길래, 고종황제께서 도장을 찍지 않았을까."

"그 신빙서란 게 다름 아니고 한국이 일본에 병합을 자원했다는 내용이라네."

"저런."

"그뿐 아니라 비밀이 새지 않도록 하기 위하여 독약을 바친 두 궁녀까지 죽였다는군."

이와 같이 고종의 독시설毒弒說에 한국인이라면 치를 떨지 않는 사람이 없었다.

이에 종교계 지도자와 학생 대표들은 고종황제의 장례식을 기해 독립운동을 일으키기로 비밀리에 계획하였다. 먼저 33인의 민족 대표가 선정되어 거족적으로 참여하고 독립선언서가 작성되자 2만 매를 몰래 인쇄하였다.

당초 민족 대표들은 고종의 국장일인 3월 3일을 거사일로 잡았으나 이를 앞당겨 3월 1일 오후 2시, 탑골공원에서 독립을 선언하기로 하였다. 그러나 다시 이날 많은 학생과 민중들이 모이는 탑골공원에서 독립을 선언하면 일본 경찰과 큰 충돌이 일어날 것을 우려하여 인사동의 태화관泰和館 : 인사동 194번지에서 거행하기로 바꾸었다.

거족적인 3·1운동의 거사계획은 비밀리에 추진되었고, 예정대로 3월 1일 정오부터 민족 대표 33인 중 29인길선주, 김병조, 유여대, 정춘수는 불참

태화관 건물

이 태화관에 모여 오후 2시가 되기를 기다려 간단한 식사를 마쳤다.

민족 대표들이 독립선언서를 읽고 난 뒤, 최린崔麟이 주인에게, "민족 대표가 태화관에서 독립선언식

을 거행하고 축배를 들고 있다."고 총독부에게 전화를 걸도록 하였다.

현재 탑골공원 자리에는 원각사圓覺寺란 절이 있었지만, 그 이전에는 흥복사興福寺가 있었다. 이 절이 컸던 관계로 이 일대를 대사동大寺洞이라고 불렀다. 1914년 일제는 이 지역의 관인방의 '인' 자와 대사동의 '사' 자를 따서 인사동이라 불렀다.

조선시대에는 중부中部 대사동이라 했으니 옛날이나 지금이나 이곳은 서울의 중심지였음을 알 수 있다. 인사동은 3·1운동의 발상지로 유명한 것은 이곳에 태화관이 있었기 때문이다.

그런데 지금부터 90년 전, 민족 대표들이 모여 독립선언을 했던 유서 깊은 태화관은 도시 재개발 사업으로 건물이 헐리고 대신 태화빌딩이 높이 솟아 있다.

원래 태화관 터는 조선 초 중종 때 공신 구수영具壽永의 집과 정자가 있던 곳임을 알 수 있다. 즉『동국여지비고東國輿地備攷』에 의하면, 구수영 집 뜰에 태화정太華亭과 부용당芙蓉堂이 있는데 이 부용당 앞에는 연못이 있었다고 씌어 있다. 이른바 호화주택이 지어져 있었음을 알 수 있다. 또한『한경지략漢京識略』에는 이 일대를 이문안里門內이라고 부른다고 했으니 이곳에 이문, 즉 방범초소 같은 것이 있었던 까닭에 붙여진 마을이름이다.

이로부터 1백여 년 뒤 구수영의 저택은 인조가 왕위에 오르기 전에 살던 잠저潛邸였다. 인조는 부용당 앞 연못가에서 글을 읽었으므로 후에 영조는 이를 잠룡지潛龍池라 이름 짓고 친히 현판에 써서 걸어 놓았다.

다시 집주인은 바뀌어 안동 김씨의 김흥근金興根 대신이 이곳에 살았는데 그가 살던 인연으로 헌종의 후궁 경빈 김씨慶嬪金氏가 세상을 떠나자 그의 위패를 모시고 제사를 지내는 순화궁順和宮이 되었다. 대한제국 말기1908에 와서 순화궁은 미동渼洞으로 옮기고 나서 이 터에는 매국노 이완용이 살았다고 한다. 그가 이사한 뒤에는 이곳이 여관으로 일시 사용되다가 태화관이란 간판을 건 음식점이 되었으니 변천도 변천이려니와 태화관 이름은 전에 구수영의 정자 이름을 딴 것인지도 모른다.

한편 탑골공원에서는 시내 남녀중학생 이상의 학생 4,000~5,000명이 모였다. 학생들은 이미 강기덕과 김원벽의 연락을 받고 오전 수업을 마친 후 학교 단위로 모였으며, 경성의전京城醫專 학생들은 만약을 위하여 이날 아침부터 전원 결석하고 그 시각에 모이기로 하였다. 그리고 이날 새벽 서울의 거리에는 각종 격문과 독립운동의 정확한 소식을 알리기 위한 『조선독립신문朝鮮獨立新聞』 제1호가 독립선언서獨立宣言書와 함께 민중에게 배포되었다. 또 이날 새벽 동대문과 남대문 등 큰 거리에는 다음과 같은 벽보가 붙어 있었다.

> 희噫라! 아我 동포여, 군수君讐를 쾌설快雪하고 국권을 회복할 기회가 왔다. 동성상응同聲相應하여 써 대사大事를 공제共濟함을 요한다.

3·1 독립선언

오후 2시 정각이 되자 탑골공원 팔각정 단상에는 10년 만에 태극기가 내걸리어 모인 군중들의 감격과 흥분은 절정에 달했다. 드디어 한국의 독립을 선언하는 역사적인 의식이 개막되었다.

역사의 현장, 서울

탑골공원 팔각정

　이 식전에 33인의 민족 대표가 예정을 바꾸어 나오지 않았기 때문에 경신학교 졸업생 정재용鄭在鎔이 단상에 올라가 독립선언서를 낭독하였다. 낭독이 끝날 무렵 군중 속에서 '대한독립만세' 소리가 터져 나왔다. 당시 탑골공원에는 서울시민과 고종황제의 국장을 보러 올라온 지방민들로 입추의 여지가 없었다.

　탑골공원에서 독립선언식을 마친 학생과 군중들은 공원 문을 나와 시위행진을 하였다. 이 시위행진 대열은 학생·신사·상인·농민 등 남녀노소를 막론하고 한국 사람이면 누구나 할 것 없이 가담하여 서울 시가를 누비면서 독립만세를 외쳤다. 이것은 민족 대표들의 예상대로 국장國葬으로 인하여 전국 각지에서 상경한 수십만 민중이 거리로 뛰쳐나왔고, 또 서울시민이 만세시위행렬에 참여했기 때문이다. 공원에서 시작된 시위행렬은 날이 저물도록 계속되었다.

경성부윤京城府尹과 경무국警務局의 보고에 의한 이날의 시위운동을 보면 종로통鐘路通에서 군중은 중심체인 학생시위대의 분열에 따라 여러 개의 집단으로 나뉘어져 일대는 2열 종대로 종로에서 광교, 경성부청 앞, 남대문 등을 거쳐 남대문 정차장서울역을 돌아 의주통의주로으로 꺾어 프랑스공사관으로 행진하였다. 다른 일대는 종로에서 덕수궁 대한문 앞에 이르러 만세를 불렀다. 그중의 일부는 제지하는 일본 군경을 물리치고 대한문 안에 들어가 고종황제의 영전에 조례弔禮를 행하고 나왔다.

그 후 대한문 앞 광장에서 독립연설회를 가진 다음 구리개현 을지로 방면으로 행진하였다. 여기에서 다시 갈린 일파는 미국영사관 앞으로 행진하고, 일파는 종로에서 지금의 광화문을 지나 경복궁 앞에 집합하여 만세시위를 벌였다. 또한 다른 일파는 창덕궁 앞으로 행진하였으며, 다른 일파는 일제의 조선보병사령부朝鮮步兵司令部 앞으로 행진하여 영내까지 들어가려 하였다.

그 밖에도 한 일파는 소공동을 거쳐 총독부 쪽으로 향하려고 진고개현 충무로로 행진하였다. 좁은 골목에는 일제의 기록으로도 6천 명 이상의 인파가 몰려들어 제지하는 일군경의 저지선을 두 번이나 뚫었다고 한다. 이 만세시위행진 중에 미국영사관 앞에서는 한 학생이 '조선독립'이라고 쓴 혈서를 들고 시위하다가 미국영사의 격려를 받기도 하였다. 또 서울에서 가장 넓은 육조 앞현 세종로 거리도 만세시위 군중으로 메워졌다. 이때 군중 속으로 인력거를 타고 퇴근하던 일본인 경기도지사京畿道知事가 군중들의 강요로 모자를 벗고 '대한독립만세'를

역사의 현장, 서울

부르는 웃지 못할 장면도 벌어졌다.

만세시위행진은 해질 무렵부터는 시가지에서 교외로 번져나가 오후 8시경에는 마포 전차종점 부근에서 다수의 군중이 시위하였고, 연희전문학교 부근에서는 학생들이 오후 11시경까지 해산하지 않고 모여 독립만세를 외쳤다. 이처럼 이날 서울에서의 독립만세시위는 해가 저물도록 계속되었다. 그러나 독립선언의 공약삼장公約三章에서 밝힌 바와 같이 질서를 유지하였기 때문에 수십 만 명의 군중이 활동하였는데도 단 1건의 폭력사건도 발생하지 않았다. 이는 우리 민족이 가장 평화적이고 비폭력적인 방법으로 독립의지를 표시하려는 것이 3·1운동의 정신이었기 때문이다.

한편으로 일제는 군국주의의 본성을 드러내어 무력으로 진압하기 위해 경찰과 헌병 이외에도 용산에 있는 보병 3개 중대와 기병 1개 소대를 동원해서 시위 군중을 해산시키려 하였다. 그러나 빈손일망정 결사적으로 전진하는 시위 행렬은 막지 못하였다. 따라서 일제는 진고개에서의 시위행렬을 비롯하여 여러 곳에서 주동자로 보이는 학생 군중을 체포하였고, 태화관에서의 민족 대표 29명을 포함하여 약 130여 명을 체포하였다.

이날의 시위운동은 서울에서 뿐만 아니었다. 평남의 평양, 진남포, 안주와 평북의 의주 선천, 함남의 원산 등지에서는 3월 1일, 서울과 비슷한 시각에 독립선언식을 전개하였다. 이날의 서울과 이북 6개 도시의 독립선언과 만세시위운동은 거족적인 3·1운동의 전체로 볼 때 그 첫 봉화에 불과하였다.

서울의 만세시위운동

서울은 3·1운동의 전국적인 진원지이므로 3월 1일의 수십만 명의 대시위에 이어, 2일 이후에도 크고 작은 만세시위가 4월 초까지 1개월간에 걸쳐 매일 계속되다시피 하였다. 서울에서의 만세운동의 주도층은 각 종교단체 신도, 각급 학교 학생, 노동자와 지방에서 고종황제 국장을 보고 참배하러 상경한 사람까지 참여한 각계각층과 각 지역인의 통합으로써 전국적인 운동의 축소판이나 다름이 없었다.

서울의 시위상황을 살펴보면 3월 2일에는 주요 시가지마다 전날과 마찬가지로 국장에 참배하기 위해 상경하여 만세를 불렀던 인파로 뒤덮였으며, 종로거리에는 노동자와 학생이 중심이 된 약 400명이 만세를 부르며 종로경찰서 방면으로 시위하였다. 이 시위대는 경찰서 앞에서 일본경찰에 의해 강제 해산되고, 주동자 20명이 체포되었다.

3일에는 고종황제의 장례식이 훈련원에서 거행되었으므로 민중들은 조례弔禮를 표하느라고 시위가 중단되었으나 밤에는 신정新町 : 묵정동

3·1 만세시위운동

역사의 현장, 서울

쪽에서 만세시위가 일어났다. 이 시위군중 속에는 서양인이 4, 5명이 끼어 있어 일본경찰의 신경을 날카롭게 하기도 했다.

4일에는 각 학교 학생들이 거의 결석하고 지방학생들은 귀향하여 만세운동의 추진을 숙의하고 있었다. 그리고 이날 시내 요소 및 전차 등에는 각종 격문과 『국민회보國民會報』 등이 나붙어 민족운동을 고취시켰다.

5일에는 남대문 역에서 남대문에 이르는 사이에서 큰 시위가 발생하였다. 오전 9시, 남대문역 광장에서 독립연설회獨立演說會가 개최되고, 일단의 학생은 평양에서 일반 여행자를 가장하여 상경한 약 300여 명의 학생을 맞이하여 태극기를 흔들면서 시위에 나서 남대문 쪽으로 행진하였다. 학생 중에는 붉은 완장을 두르고 격문을 일반시민들에게 배부하였으므로 많은 군중이 이에 가담하였으며, 몇 차례 일본군경의 저지선을 뚫고 시위운동을 전개하였다. 지방에서 상경한 학생은 서울의 학생 활동이 너무 완만하다 하여 각 도에서 결사대를 조직하여 재경학생을 도와주었다.

이날 남대문역 광장에서 뿐만 아니라 대한문 앞과 종로 등지에서도 남녀학생 및 일반 군중이 모여 시위하였다. 대한문은 3·1운동 이전 고종황제가 러시아공사관에서 덕수궁으로 환궁한 후 항일 민중운동의 중심지가 되었던 곳이다. 이때 모인 군중은 일제측 기록에도 약 10,000명에 이른다고 하였다. 일제측 기록은 3월 1일의 시위도 겨우 3,000~4,000명의 시위 군중이었다고 기록한 것으로 보아 이날의 시위 규모는 대단히 큰 것임을 짐작할 수 있고, 이날 주동자로 체포된 자는 100여 명이었다고 한다. 또 특기할 만한 것은 이날부터의 시위에는 중등학교 이상의 학생들만이 아니라 보통학교 학생들까지 시위행렬에 가담하기 시작하였다.

한편 종로 보신각 앞은 서울의 만세시위운동 중심지로서 3월 1일부터 계속적으로 일어난 만세시위는 거의 이곳이 중심이 되었다. 시위 군중들은 보신각종도 울렸으며, 2차 대규모 시위인 3월 5일의 남대문역 광장에서 여러 대로 나누어졌던 모든 시위대는 정오경에 모두 이곳에 집결하여 일본군경과 충돌, 독립연설회를 개최하였다. 3월 5일의 시위 후 며칠간은 대운동을 기획하는 학생과 일반인을 일본군경이 대대적으로 검색하였기 때문에 서울 중심가에서는 시위가 크게 벌어지지 못하였다.

3월 9일부터는 서울 상인들이 일제히 동맹하여 철시撤市하였다. 4월 초까지 1개월간 계속된 철시의 동맹공약서同盟公約書는 다음과 같다.

- 9일 일체 폐점閉店할 것 .
- 시위에 가담할 것. 단 폭행은 하지 말 것.
- 위약違約한 상점은 용사容赦없이 처분할 것.

일본군경은 이 동맹을 철회·개점시키기 위하여 온갖 수단을 다하였다. 심지어 총구를 들이대고 개점開店을 강요하였으므로 상인들은 마지못하여 개점할 경우 그들만 돌아서면 다시 상점을 문을 닫고, 또한 경성부청, 경찰서 등에서 상인을 불러다가 개점을 강요하면 운동에 의하여 구속된 자를 석방하면 개점하겠다는 등의 대담한 요구로 일제를 곤란하게 하였다.

역사의 현장, 서울

상인들의 철시와 아울러 8일부터는 각종 공장직공이 파업 저항과 집단적인 시위를 전개하였다. 이같은 행동을 가장 먼저 시작한 곳은 총독부 경영의 용산 인쇄

3·1 만세시위운동을 탄압하는 일본군

소 직공들이었다. 8일 밤 야간작업을 하던 직공 200여 명은 갑자기 일을 중단하고 뛰어나와 만세시위를 벌이자 부근의 일반 민중이 이에 가담하였다. 일본군경과 소방대가 동원되어 강제로 해산시키고 주동자로 보이는 20여 명을 체포하였다. 그 후 철도국鐵道局 직공, 연초회사煙草會社 직공들의 시위가 있었고, 10일부터는 전차 운전사電車運轉士가 가담하여 서울시내의 전차는 모두 운행되지 않았다. 이 저항운동에 가담하지 않고 운행한 전차는 시위 군중에 의해 모두 파괴되었다. 일본경찰의 3월 15일자 보고에 의하면 이 같은 파업이 성행하여 서울시내의 대부분의 공장은 직공이 10% 정도밖에 취업하지 않았다고 한다.

그 후의 시위는 3월 22일 오전 9시에 봉래동 방면에서 일반 노동자 수백 명이 시작한 것이 발단이 되어 서울은 다시 만세시위운동으로 휩쓸리게 되었다. 봉래동 철도 교차점 부근에서 4, 5명이 태극기를 세워놓고 독립만세를 부르자 부근에 모인 전차 차장, 공장 직공, 노동자, 일반시민 등이 합세하여 수백 명의 군중이 되었다. 이로부터 이들은 의주통을 향하여 독립문까지 행진한 것이다. 이 사이에 시위군중은 점

점 더 증가하여 시위대는 종로, 본정本町·충무로 경찰대원과 고양군청에 주둔하고 있던 일본군과 충돌하여 강제로 해산되었다. 또 이날 밤 11시경에는 종로 단성사에서 영화 상영 중 관객이 일제히 일어나 독립만세를 외쳤다.

다음 날인 23일에는 오전 9시경부터 만세운동이 계속되었고, 그 규모도 더욱 확대되었다. 훈련원 부근, 동소문 안, 미생동도원동, 원효로, 창덕궁 앞 등 각처에서 50명 이상 500명 이하의 군중이 모여 24일 새벽까지 제지하는 일본 군경에게 쫓기면서도 만세시위를 전개하였다. 또 이날 교회에서도 시위가 발생하여 시내의 시위 군중에 호응하였다. 그 중요한 곳으로는 동묘리, 돈암리현 돈암동, 청량리, 왕십리, 마포, 양화진, 수색, 녹번리, 동막, 양진리, 행주, 창천리, 구파발리당시는 고양군 내 등이었다. 그리고 이날 정동과 어의동효제동의 보통학교에서 졸업식이 거행되었는데 졸업식 도중에 모든 학생들이 독립만세를 외쳤다.

위와 같이 3월 22일부터 다시 벌어진 서울의 시위운동은 26일과 27일에 그 절정에 달하였다. 26, 27일 양일간은 3월 1일과 마찬가지로 서울이면 어느 곳을 막론하고 시위운동이 전개되었고, 전봇대와 전선에는 태극기, 격문 등이 붙어 있었다. 와룡동과 재동의 일본경찰관파출소에서는 시위군중이 체포된 시민들의 구출을 기도하여 투석投石·습격하여 폭력사태가 벌어졌으며, 일본군경의 발포로 인해 사상자가 발생하였다. 한편 27일의 시위에는 만철경성관리국滿鐵京城管理局 직공 800여 명이 원효로 일대에서 시위를 벌이기도 하였다.

3월 하순부터 격렬해진 서울의 시위운동은 일본군경의 저지와 그들의 무자비한 발포로 4월에 접어들면서부터는 현저히 줄어들기 시작하였다. 그리하여 4월부터는 표면적인 시위운동보다는 비밀결사秘密結社라는 새로운 양상의 운동이 전개되었다.

3월 1일에 시작하여 4월 초까지의 서울의 총 시위 횟수는 64회이며, 여기에 동원된 인원은 약 57만 명에 이르고, 피살자가 5명, 부상자는 69명, 체포된 자는 12,000명에 달하였다고 전한다. 그러나 실제의 통계숫자는 발표된 숫자보다 훨씬 많으리라고 짐작된다. 이 당시 3·1운동의 행동대원으로서 운동의 주역을 담당했던 계층은 학생들이었다. 이들은 3·1운동의 중앙지도층 인사들이 투옥되어 투쟁의 대열에서 멀어져 민중에게로 넘겨지자 당시의 유일한 조직세력이었으며, 실천력 있는 행동으로써 운동을 전개하는 과정에서 한층 더 중요한 역할을 담당하였다.

순종황제의 국상

| 6 · 10 만세운동 |

창덕궁의 순종황제가 승하한 지 39시간 25분 만인 1926년 4월 26일, 국상國喪의 발표가 있는 후로 서울의 거리는 애도와 긴장 속에 싸여 있었다. 이날 돈화문 앞에는 많은 군중들이 모여 서서 애수어린 가운데 발상發喪의 소식을 기다리고 있다가 9시 40분쯤 되어 그 소식을 속히 들은 어떤 늙은 부인 한 사람이 창덕궁 서쪽으로부터 구슬픈 목소리로 곡을 하며 돈화문 앞에 나타나자 군중들도 일시에 설움이 복바쳐 가장 비장한 목소리로 일제히 통곡하기를 시작하였다. 혹은 엎어지고 혹은 누워서 뒹굴며 혹은 가슴을 두드리고 혹은 두 손으로 굳은 땅을 긁으며 요란히 통곡하는 애끓는 소리가 하늘에 사무치고 땅위를 진동하였다. 곡성哭聲을 따라 네거리가 터지도록 뒤를 이어 모여드는 흰 옷 입은 시민들은 삽시간에 수만 명으로도 헤아릴 수 없을 만큼 돈화문 앞에 모여 들어 구곡간장九曲肝腸이 슬퍼지는 듯 참마음으로 통곡하여 돈화문 부근 일대는 사람의 바다와 눈물의 바다를 이루었다.

조선의 마지막 임금을 조곡弔哭하기 위하여 많은 민중들이 몰려들

역사의 현장, 서울

자 일제 경찰은 혹시라도 7년 전 고종황제 상사를 계기로 일어났던 3·1운동과 같은 항일독립운동을 예상하고, 창덕궁 일대는 물론 온 시내에 비상경계망을 폈다. 그리고 4월 28일에 송학선宋學先 의사의 세칭 「금호문사건金虎門事件」이 일어나자 인심은 한층 긴장하고 일제의 경계는 더욱 삼엄해졌다.

경찰·헌병의 대량 동원뿐만 아니라 일제는 각처에 있는 주둔군의 병력도 동원하였다. 뿐만 아니라 서울로 집결한 군대의 일부를 조선군사령관 삼강森岡의 직접 지휘 아래 허울 좋은 의장병儀仗兵이란 명목으로 호위를 담당하게 하며, 조금만 수상하게 보이는 한국인은 연행하여 무서운 고문과 감금을 자행하였다. 당시 창덕궁을 중심으로 한 일제의 삼엄한 경계는 대단하였다.

6·10 만세운동은 순종의 인산일因山日인 6월 10일을 기하여 3·1운동과 같은 만세시위를 하며 마지막 황제는 세상을 떠났지만 한민족의 항일의 의지, 독립의 정신은 변함없이 남아 있음을 보여주자는 것이었다. 처음 6·10 만세운동을 계획한 것은 사회주의운동 계통의 권오설權五卨 등이었다.

6·10 만세운동

기성층의 만세운동 준비와 함께 학생들 간에도 순종의 인산因山을 계기로 만세운동계획이 진행되었다. 이들의 운동은 대개 2개 파로 구분할 수 있다. 흔히 조선

순종황제의 인산

학생 사회과학연구회원들을 중심으로 하는 학생들을 사직동계社稷洞系
라 하고, 중앙고등보통학교 학생을 중심으로 한 파를 통동계通洞系라 하
였다. 이는 모의와 준비를 사직동社稷洞과 통동通洞 : 통인동에서 있었기 때
문에 연유된 호칭이었다.

　그중에도 사직동계의 모의는 바로 순종 국상이 발표되던 4월 26일
부터 시작되었다. 즉 이날 이병립연희전문과 2년, 이천진李天鎭, 경성제대예과 1년,
이선호李先鎬, 중앙고보 5년 등 과학연구회원 80여 명이 세검정에서 춘계 야
유회가 있었는데 마침 이날 순종의 국상 발표가 신문 호외로 알려졌기
때문에 회원들 간에 공감을 가지게 되었다. 그 후 5월 20일에는 죽첨정
竹添町 1정목지금 충정로 1가에 있는 박두종朴斗種 : 중앙기독청년학생의 하숙집에서
각 학교 대표 40여 명이 모임을 가짐으로써 6 · 10 만세운동계획을 결정
하고, 여기서 박두종 · 이천진 · 이선호 · 이병립 · 박하균연전생이 준비

　　　　　　　　　　　　　　역사의 현장, 서울

책임을 맡게 되었다. 그리고 6월 5일에는 책임자들이 산책을 가장하고, 북아현동에 위치한 애기릉 소나무 숲에 모여 태극기와 '대한독립만세'라고 쓴 깃발을 만들었으며, 이튿날은 다시 인쇄기를 구입하여 사직동에 있는 이석훈李錫薰의 하숙방에서 밤을 새워가며

　　이천만 동포여! 원수를 구축驅逐하라. 피의 값은 자유이다.
　　대한독립만세.

라는 격문 수만 장을 인쇄하고, 다시 이를 각 학교 학생들에게 배부하여 6월 10일을 기해서 일제히 운동을 전개하기로 하였다.

　　한편 통동계의 이동환李東煥, 박용규朴龍圭, 이상 중앙고보 5년, 김재문金載文, 황정환黃廷煥, 곽재형郭載炯, 이상 중동학교 특과생 등은 5월 16일에 집합을 갖고, 역시 6월 10일 순종 인산일을 기하여 거사하기로 합의를 보았다. 각 학교에 연락을 취하여 5월 23일에는 학교 대항 축구시합을 한다는 명목으로 동대문 밖 삼선평지금 삼선동에서 대표자회의를 가졌다. 이때 소집 취지를 설명하던 이동환은 만세 몇 번을 부르고 마는 미온적인 투쟁방법보다는 일본인들의 집단거주지인 본정지금 충무로 일대를 습격하고, 총독부를 때려 부수자고 제의하였다. 그러나 이동환 등의 제의는 다수의 찬성을 얻지 못하였으며, 5월 25일 이동환 등 대표자 5명이 다시 통동 김재문의 하숙집에 모여 토의한 결과 6·10 만세운동을 일으키기로 결의하였다.

　　따라서 5월 26일부터는 이들도 인쇄기를 마련하여 격문을 인쇄하는 등의 준비를 진행하고, 6월 8일에는 격문을 서울, 지방 각 학교에 배

부하기까지 하였다. 이때 이들이 인쇄 배포하였던 격문은 다음과 같다.

조선민족아!
우리의 철천지원수는 제국주의帝國主義 일본이다.
삼천만동포야!
죽음을 결단코 싸우자.
만세, 만세, 조선독립만세朝鮮獨立萬歲.

단기檀紀 4259년 6월 10일
조선민족대표 김성수金性洙 최남선崔南善 최린崔麟

인산일이 가까워지자 일경의 경계는 더욱 엄중해졌다. 더구나 권오설, 박내원 등의 만세운동계획이 탄로되어 많은 인원이 체포되고, 격문이 발견되니 일제는 더욱 신경을 날카롭게 하여 요시찰인을 검속하고, 각 사상단체를 수사하여 문서를 압수하였다. 또 학생들의 동태를 감시하며, 학교별 봉도식奉悼式을 중지시키고 당일에는 공사립고등학교, 전문학교 학생 2만여 명을 상여가 지나는 길 양쪽 일본군경의 도열한 뒤쪽에 배치하고, 그 뒤에는 다시 사복경찰을 배열하여 행동의 자유를 취할 수 없게 하였다.

그러나 피 끓는 학생들의 의기는 소침되지 않았다. 밤새워가며 전열을 정비하고, 당일에는 중요한 곳곳에서 예정계획을 실천에 옮겼다.

6·10 만세운동 전개

6월 10일 아침 8시경, 상여가 창덕궁을 떠나 영결식장인 훈련원前日

동대문운동장으로 향하여 행진하였고, 연도에는 30만 인산 인파가 거리를 메웠다. 동아일보의 기사 제목인,「오호! 오천 년사의 최후 인산, 산하는 의구依舊한데 왕손은 하처귀何處歸냐」처럼 서울은 온통 민족적 비애와 역사적 감회에 잠겼다. 이러한 비애와 감회는 황제의 유해를 실은 상여가 창덕궁을 떠나 거리로 지나가면서 고조되었으며, 이런 고조된 슬픈 감회를 깨우치기라도 하는 듯이 상여가 지나가는 곳에서는 여기저기서 '독립만세' 소리가 울려 나왔다.

아침 8시 30분경, 방상씨方相氏를 선두로 각색 의장기儀仗旗가 휘날리는 행렬이 종로3가 단성사 앞을 지날 때, 중앙고보생 대열에서 이선호李先鎬의 선창에 호응하여 40여 명 학생의 '조선독립만세' 소리가 우렁차게 외쳐지고, 태극기가 휘날리며 격문 2천여 장이 살포되었다. 여기에 따라 연도의 시민들이 일제히 호응하니, 일제의 경계망은 구멍이 뚫어졌다. 경찰 헌병이 갈팡질팡 달려들어 학생 40여 명을 붙들어가자 이 일대는 수라장으로 변하였다.

그리고 행렬이 관수교觀水橋를 통과할 때에는 다시 연희전문학교의 이병립李炳立 박하균朴河鈞 이천진李天鎭 등을 주동으로 하는 연희·보성 두 전문학교 학생 50여 명이 3천여 장의 격문을 뿌리며, '조선독립만세'를 불러 기세를 올리자 민중들이 여기에 호응하고 학생 50여 명이 검거되었다. 또 9시경에 황금정지금 을지로 5가 경성사범학교 앞을 지날 무렵에는 중앙기독청년학관 학생 박두종 등 3명이 군중을 헤치고 뛰어나와 만세를 고창하고 격문 1천여 장을 뿌렸는데, 이때에도 학생 30여 명이 검거되었다.

이렇게 하여 상여가 훈련원의 식장으로 들어가기까지 연도에서 세

차례에 걸친 만세시위가 있자 일제 당국은 경계와 검거에 진땀을 뺐다. 그리고 그때마다 부근은 큰 혼란을 이루었는데 6월 11일자 「동아일보」에서는 당시의 상황을 보도하기도 하였다.

창덕궁 돈화문 앞을 비롯하여 약초정若草町, 지금 중구 초동 네거리를 지나 훈련원訓練院 일대와 또 동대문 부근을 비롯하여 그 문 밖에는 모두 봉도奉悼하는 뜻으로 최후의 인산을 배관하고자 하는 사람들이 40~50만으로도 헤아릴 수 없을 만큼 연도沿道 좌우로 사람의 성벽을 쌓아 놓고 모두 비참한 심정을 억제치 못하고 있는데 별항 보도와 같이 만세사건이 돌발하자 그 군중들의 심경은 돌연히 일변하여 시내 대중의 파동이 일어나 마치 벌의 집을 찔러 놓은 듯이, '와' 하고 살기가 가득하여져 그 형세가 자못 험악하였었다. 그 안으로 육혈포六穴砲권총를 빼어 들고 칼자루 소리를 데그럭 거리며, 이리 저리 들리는 만세 부른 학생들을 잡고자 정복순사正服巡査와 사복순사私服巡査들이며 또는 기마 순사騎馬巡査들이 군중 사이로 우왕좌왕하여 완연히 수라장을 이루었다. 그와 동시에 또한 이상한 폭성爆聲으로 봉결장奉訣場에 폭탄을 던지었다는 소문이 군중들 사이에 전파되자 그 순간의 군중들의 동요는 더 한층 대단하여지고 국장행렬國葬行列까지 동요가 생겨 많은 사람들이 엎어지고 자빠지며 약한 여자와 어린 아이들 중에는 부상자가 다수히 있었고⋯⋯.

이날 훈련원에서 영결제전을 끝내고 나가는 중에도 동대문 밖 창신동 동묘 근처 신설동 등 여러 곳에서 만세 소리·격문 배포가 있었다. 그중 창신동 채석장 부근에서는 노인이 단지斷指 혈서血書한 태극기를 들고 나와 독립만세를 불러 이채를 띠기도 하였다. 또 국장일國葬日을 전후하여 지방에서도 전주·통영·순창·원산·개성·홍성·신천·평양·마산·공주 등 여러 곳에서 인산 행사로 하여 경찰과의 충돌이 일어나고 학생들은 동맹휴학을 하기도 하였다. 배재고보생 문창모文昌模·손성엽孫盛燁 등은 국장일 거사에서 큰 성과를 거두지 못한 데 분개하여 다시 다른 학교 학생 수십 명과 함께 비밀리에 격문 수만 장을 인쇄하여 재차 거사를 계획하다가 이루지 못하기도 하였다.

한편 서울에서 국장 당일의 만세운동으로 하여 검거당한 학생은 200여 명에 달하였다. 취조한 결과 주동 인물로 인정된 이선호·이병립·박두종·박하균·이천진·유면희·박용규·곽재형·김재문·황정환·이동환 등 11명은 끝내 기소되어 그해 11월의 경성지방법원 공판, 이듬해 3월의 복심법원 공판을 거쳐 실형 선고를 받게 되었다. 그러나 이들은 일제의 경찰고문이나 법정 심문에서도 기개를 굽히지 않고 당당히 항쟁하였다.

참|고|문|헌

| 자료 |

『經國大典』(경인문화사), 1972.

『京兆府誌』(李承敬, 서울특별시사편찬위원회), 1992.

『舊韓國官報』(아세아문화사), 1973.

『宮闕志』(서울특별시사편찬위원회), 1957.

『大東野乘』(경희출판사), 1968.

『大韓季年史』 상 · 하(鄭喬, 국사편찬위원회), 1957.

『東國輿地備攷』(서울특별시사편찬위원회), 1956.

『萬機要覽』(조선총독부 중추원), 1912.

『梅泉野錄』(黃玹, 대양서적), 1986.

『磻溪隨錄』(柳馨遠, 명문당), 1982

『備邊司謄錄』(국사편찬위원회), 1982~1990.

『西遊見聞』(俞吉濬, 경인문화사), 1969.

『新增東國輿地勝覽』(동국문화사), 1964.

『燃藜室記述』(李肯翊, 민족문화추진회), 1966~1968.

『五洲衍文長箋散稿』(李圭景, 동국문화사), 1959.

『慵齋叢話』(成俔, 한국고전번역원), 1971.

『六典條例』(경문사), 1979.

『朝鮮王朝實錄』(국사편찬위원회)

『增補文獻備考』(동국문화사), 1959.

역사의 현장, 서울

『擇里志』(李重煥, 이익성 역, 을유문고), 1972.

『漢京識略』(서울특별시사편찬위원회), 1956.

「독립신문」(독립기념관건립추진위원회), 1980.

「황성신문」(한국문화간행회)

| 저서 |

강만길. 「경강상인 연구」.『아세아연구』제14권 제2호, 1971.

_____.『조선후기 상업자본의 발달』, 고려대학교출판부, 1973.

_____.『한국 상업의 역사』교양국사총서 13. 세종대왕기념사업회, 1976.

경성거류민단역소.『경성발달사』. 1912.

경성부.『경성부사』제1∼3권. 1936∼1941.

국사편찬위원회.『한국사』제1∼52권, 2002.

김영상.『서울육백년』. 한국일보사, 1989.

박경룡.『서울 개화백경』. 수서원, 2006.

_____.『문화유산과 관광자원, 서울 편』, 한국관광공사, 1987.

_____.『개화기 한성부 연구』. 일지사, 1995.

_____.『남산 아래 큰 동네』. 수문사, 1997.

_____.『망원정』. 마포문화원, 1998.

_____.『서울 사화』. 정음문화사, 1986.

_____.『서울 역사이야기』. 수서원, 2003.

_____.『서울문화유적』(1), (2). 수문사, 1997 / 1999.

_____.『서울을 알고 역사를 알고』. 수서원, 2003.

_____.『역사문화 유적의 현장을 찾아서』. 서울특별시, 1995.

_____.『역사의 무대 서울·서울·서울』. 수서원, 2003.

_____.『정동, 역사의 뒤안길』. 서울 중구문화원, 2007.

_____.『중구의 시장, 어제와 오늘』. 서울특별시 중구청, 2000.

_____.『한성부연구』. 국학자료원, 2000.

백남신.『서울대관』. 조양문화사, 1955.

새비지-랜도어.『고요한 아침의 나라 조선』. 신복룡 · 장우영 역. 집문당, 1999.

서울특별시사편찬위원회.『동명연혁고』제1~15권. 1992.

_____.『서울명소고적』. 1958.

_____.『서울육백년사』제1~6권. 1977~1996.

_____.『서울통사』(상). 1973.

_____.『한강사』. 1986.

서울학연구소.『서울, 제2의 고향: 유럽인의 눈에 비친 100년 전 서울』. 1994.

손정목.『조선시대 도시사회연구』. 일지사, 1977.

_____.『한국 개항기 도시변화과정연구』. 일지사, 1982.

숭실대학교.『숭실사학』제9집. 1996.

알렌 · 게일.『조선견문기 전환기의 조선』. 신복룡 역. 평민사, 1986.

이재룡박사환력기념간행위원회.『이재룡박사환력기념, 한국사학논총』. 한울, 1990.

정기용.『조선왕조 오백년 역사이야기』상 · 하. 수서원, 2008.

조풍연.『서울잡학사전』. 정동출판사, 1989.

진단학회.『한국사』최근세 편. 을유문화사, 1978.

천관우선생환력기념간행위원회.『천관우선생환력기념, 한국사학논총』. 정음문화사, 1985.

한글학회.『한국지명총람』(1) 서울 편, 1966.

한우근.『한국개항기의 상업연구』, 한국학술정보, 1985.